鈴木しづ子

『男女同権論』の男

深間内基と自由民権の時代

日本経済評論社

はじめに

深間内基という名前を知ったのはずいぶん以前であった。とはいえ、翻訳者の名前よりも『男女同権論』の書名が私の記憶の中に確かなものとして残っていた。明治の初めにこんな本が出版されていたのかという驚きが強かった。だがその後すっかりこのことを忘れていた。

一九九三年から五年間、縁あって福島県女性史編纂に加わったとき、『男女同権論』の書名が突然よみがえった。あらためて『明治文化全集』に収録されている『男女同権論』を探し出し、柳田泉の解題を読み直してみた。そして氏が深間内基を高く評価しながらも、伝記もなくその人物について不明であることが残念である、ということを書いていることを知り、それならばこれは私がやらなければならないのではないかと思った。しかも基の出身地三春は私の住む隣町でもある。何かしら運命的な巡り合わせを感じてしまったのである。

だが実際にはなかなか手をつけられず、気がかりなまま時を過ごし、二〇〇二年秋、それまでの研究が一段落したのを機に取組むこととなった。当初は伝記をめざしたが、基は翻訳以外には著書がなく、日記、手紙の類も全く残っていないため、伝記はあきらめ、彼の仕事と存在した場所、交際のあった人々をただひたすら追求し、周辺情報を調べることで少しでも基の人物像に迫ってみようとした。そしてその調査に五年というタイムリミットを自らに課した。可能性への希望と不毛感の交錯する中での調査であった。

J・S・ミルの婦人論を日本で最初に訳し、『男女同権論』の書名で世に問うた人物が忘れられたままの存在でいいのか、という思いはますます強くなった。ミル婦人論は戦後の大内兵衛・節子訳『女性の解放』まで何度も翻訳されているにもかかわらず、初訳者深間内基の名は忘れ去られつつある。基の存在を歴史の一頁に刻んでおきたい、これが私の研究動機のすべてである。

以上の理由から本書の構成は第一部で深間内基の足跡をたどり、彼の生きた時代を章毎にまとめた。また翻訳の業績が一括してわかるように補章（二〇〇六年『福島史学研究』第八三号に発表したものを書き直した）として整理した。第二部ではミル婦人論がその後どのように日本に紹介されていったかをたどる翻訳史である。興味のある章から読んでいただいてもよいと思う。

なお第一部は明治時代のことであり、元号中心に記述したが、第二部は戦前から戦後にかけての長い時代の流れの中にあるので、西暦を基本として記述した。また人物の年齢は月日は無視し、生年を〇歳として数えた。外国人名は当該書に使われているまま紹介し、筆者の説明文においては一般的な英語読みを使用した（例　チェンバー、チャンブル→チェンバーズ。ウィルレム→ウイリアム）。御了解願いたい。

『男女同権論』の男

目　次

第二部 ミル婦人論翻訳史——『男女同権論』から『婦人の解放』まで

第一部　深間内基の生涯

――翻訳・教育・自由民権運動

序章

この書で取り上げる一人の男、その名を「深間内基」という。といっても、今日その名を知る人はほとんどいないであろう。

彼の名前は、「ふかまうち　もとい」と読む。この読みも、漢字だけがならんでいると姓を「深間」、名を「内基」と半々に分け、「ふかま　ないき」と読んでしまうこともある。現にある研究者は、当初「ふかま　ないき」と読んでいたが、調査の途中で「ふかまうち　もとい」であることがわかったことを告白している。人名の読み方はむずかしい。ふりがながなければ読みようのない名前もあるし、同じでも二通りの読み方もある。またこの書の主人公でもある「深間内基」のように姓と名がどこで区切れるのか判別しにくい場合もある。過去の人物の名前が、歴史書や歴史事典などであっても、違うふりがながふってあることもある。本人は当然ながら、本人に連なる人々も現存しない状況では、確かめるすべもない。歴史には、音声は残らないので、残念ながらやむをえないことである。しかし、姓と名の区分はちょっと調べればわかる。「深間内基」はその部類である。

さて、あまり知られていない深間内基である。本文に入る前に、簡単に彼の横顔、略歴を述べておかなければならないだろう。

図序-1　深間内基
高知市立自由民権記念館、1993年度特別展「自由の足跡」より。

深間内基は、弘化三（一八四六）年八月、奥州三春藩士深間内家の長男として生まれた。現在の福島県田村郡三春町である。三春は東北南部、北関東に近い。三春は何といっても自由民権家河野広中を輩出したことで有名である。

深間内基は戊辰戦争による会津落城後すぐに上京し、明治元（一八六八）年一一月、二二歳で慶応義塾に入って英学を学んだ。そのとき習得した語学力によって、彼が最初になした社会的な仕事は、翻訳であった。明治六（一八七三）年から明治一一（一八七八）年にかけて、彼は七種十数冊の翻訳書を上梓している。したがって、深間内基の第一の横顔は、翻訳家、あるいは英学者というところにある。では、とりあえず彼の翻訳書（抄訳による編著もある）を列挙しておこう。

〈明治六年〉
・啓蒙修身録　全二冊（サアゼント）
・幼童教の梯　全二冊
〈明治七年〉
・輿地小学　全三冊（ヒュース他）

・百科全書のうち「電気及磁石」（チャンブル）
〈明治九年〉
・道理之世　全八冊（トーマス・ペイン）
〈明治一一年〉
・男女同権論　一冊（ジョン・スチュアート・ミル）
・今世西哲伝　全三冊（カァレー）

以上であるが、右の翻訳書中、百科全書は文部省の企画編集によるもので、のち丸善が版権を譲り受けて出版している。ここでは「電気及磁石」の項目を担当しており、物理学の分野の翻訳ということで他の本に較べ異色である。これは現在復刻されていて入手可能である。

また『男女同権論』は昭和三四（一九五九）年という早い段階に、『明治文化全集』に採録され、歴史に記録された。これは現著者がジョン・スチュアート・ミルで、明治初期の文明開化に大きな影響を及ぼした人物であることと、「男女同権」という新しい思想を扱っていることから、『明治文化全集』編纂時に取り上げられたのであろう。現在ではさらに女性史、女性学の研究の進展を受け、『世界女性学基礎文献集成』第一巻にも収録されている。

さてこの翻訳活動の後半、明治九（一八七六）年一月に土佐（高知）の立志学舎（立志社の学校）から英学教員として招聘され、翌年七月頃まで英学を教えていた。高知を去ったのがいつか、正確なところはわからない。立志学舎で教えたことが教員のはじめで、一度東京に戻った後、一時郷里に戻り、明治一一（一八七八）年一〇月仙台に移り、明治一二年三月には仙台師範学校の教員となった。ここに深間内基の第二の横顔、つまり教育者としての彼がいる。

しかし、教員時代は永く続かなかった。明治一四（一八八一）年三月、彼は師範学校を辞職した。そして第三の横顔、自由民権運動家としての深間内基がいる。

故郷三春には自由民権の指導者河野広中がいる。深間内基も河野の影響を受けた同志の一人であった。仙台に移った彼は、宮城県における最初の民権結社である「鶴鳴社《かくめい》」の結成に加わった。明治一一年一〇月下旬のことである。師範学校教員になる四カ月ちょっと前のことである。以後彼は政談演説会にたびたび参加し、演説をした。そして河野広中の構想である東北における自由民権運動統一の実現をめざして活動した。これはしかしきわめて困難な事業であった。師範学校教員を辞職した明治一四年一一月には「宮城政談社」を設立した。だが、明治一五（一八八二）年一二月福島事件のあと、仙台における自由民権運動にもその影響が及び、演説会への弾圧もきびしくなる中で運動が衰退化し、また改良主義化していく中で、深間内基は女性の政治への参加と組織化に力を尽くした。明治一六年の仙台女子自由党結成には、影に彼の援助があった。この頃にはもはや初期の翻訳家深間内基の顔は消えているが、彼の翻訳の成果である「男女同権」の思想、精神は、仙台において女子自由党結成への道を開いた活動の中に生き続けていた。

以上のように、深間内基には主に三つの顔があった。ほかにさほど大きな位置を占めることはなかったが、代言人としての深間内基の側面がある。明治一七年七月、深間内基は詞訟鑑定社「明法社」を設立した。果たして明法社の業務が成功したのかどうかはわからない。

明治一八（一八八五）年すべての民権結社が解散させられ、自由民権運動が終息してゆく頃から、彼の消息は不明瞭となる。ようするに社会の表面から消えてしまっている。一時北海道函館に渡り、その後上京したが、再び仙台に戻る。明治二七（一八九四）年、日清戦争に従軍したと墓碑銘にあるが、確認はできない。明治三四（一九〇一）年仙台の妻の実家で病没。五四歳八カ月の生涯を終えた。翻訳家、教育家、自由民権家として活躍した前半生、そして全く社会の表面から遠去かった後半生がある。

深間内基は、翻訳書以外には彼自身の書を何ひとつ残していない。彼の行った演説も記録がないので、若干の演説についてその演題を新聞で知る以外にない。したがって彼の思想を彼自身の書物から知るということは不可能である。したがって、彼のなした仕事と行動を拾い集め、彼が身を置いた時代の状況を積み重ねることで、彼の実像に迫る以外にないのである。

ただ、ジョン・スチュアート・ミルの訳本『男女同権論』は、深間内基という人間を大きく変えるきっかけとなった。この書の翻訳によって彼は、以後の彼自身を成長させていった。『男女同権論』が彼の翻訳書であることによって、彼の思想として結実していった。

『男女同権論』が、早い時期に活字となって今日に残されたのも、ミルの著作である以上に、深間内基の「男女同権論」として、社会化され、明治初期の日本における女性の権利への覚醒に貢献した結果である。

私の関心をひいたのは、「男女同権論」の深間内基であり、彼の人生に「男女同権論」がいかに内在化されたのか、ということである。そのためには基の歩んだ軌跡を忠実にたどることが必要と考え

図序-2　仙台宗禅寺にある墓と墓碑銘

た。

深間内基は決して社会における成功者ではない。彼は政治家にもならなかったし、学者として有名にもならなかった。どちらかといえば、埋もれ、忘れ去られた人である。だが彼の残した『男女同権論』は、その後も時代を経て幾人かの人々の手によって何度も翻訳され、絶えまないひとつの流れを作ってきた。

深間内基の履歴を刻むものは、今も仙台の宗禅寺に残る墓碑銘のみである。とりあえずその碑文を紹介しておこう。

深間内基君墓碑銘

君諱基初称久蔵深間内氏磐城三春藩士父諱基
其先出自秋田藩士深内内膳母五十川氏君以弘
化三年八月十六日生明治元年遊于東京入慶応
義塾修洋学四年卒業翻訳英書其著有今世西哲
伝行於《ママ》世十二年任宮城県師範学校教諭専担当

理科在職六年爾後日清之役勇奮従軍有功矣君配鹿又敬子有一男一女長男先没女亦早世故養鹿又璇機氏次男廉為長《ママ》男死後遺腹男子生称勉三十四年四月二十四日君病没享年五十五葬

□山壹向山宗禅寺

宝跡□行

大正二年四月廿四日　　深間内廉建立

右の墓碑銘は形から説明すると、墓の正面に「基徳院実相良機居士　深間内基之墓」とあり、その左側面から三面にきざまれている。最後の三行は最後の側面、つまり右側面に記された建立者深間内廉の名と寺名と建立年月日である。この面は風雨に強くさらされたと見え、ほとんど読みとれない。

さてこの墓碑銘にはいくつかの誤りも発見された。出自が「秋田藩士深内内膳」とあるが、「深間内内膳」の「間」が脱落している。また生まれが「八月一六日」とあるが、一一日が正しい。宮城県師範学校に在職六年とあるが実際は二年であった。こうした間違いはあるものの、この墓碑銘をひとつの手がかりとしつつ、深間内基の思想、生涯について、各章で解明してゆきたい。

第一章　深間内家と少年久蔵

一　三春・深間内家

近世の深間内家

深間内家は、三春藩秋田家（五万石）譜代の家臣である。秋田氏は、秋田・宍戸（常陸）を経て正保二（一六四五）年三春へ転じた。このため秋田家の家臣団は、秋田由来、宍戸由来、三春由来と、それぞれ家臣となった時代によって三種に分類されている。深間内家は秋田由来の家臣であった。

秋田県には「深間内」の地名がある。『角川　日本地名大辞典　秋田県』によると、「深間内」は「横手盆地東部に突き出た猪岡・前森丘陵（中山丘陵）の西側平野部に位置する。（中略）古くは田子《たご》内《ない》川（成瀬川）が当地方を北流していたといい、その時期に当地区が流れの悪い淵であり、地名の由来をなすという」、そして近世には出羽国平鹿郡のうちにある「深間内村」は秋田藩領、「正保国絵図」「元禄七郡絵図」では二二〇石の村であったという。

深間内家の高祖は、深間内内膳といわれている。その子孫吉之助のときに三春に藩主秋田氏に従っ

表1－1　家中禄高分布（10石以上）

石高	寛文元年（1659）	万延元年（1860）	明治2年（1869）
1,000石	1人	人	人
900		1	1
600以上	3	1	1
500	4	2	2
400	3	2	2
300	9	7	7
200	40	22	24
150	28	15	14
100	27	44	42
10～80	8	6	6

出典：寛文元年分限帳（『福島県史』第10巻近世資料3）、万延元年・被官別禄高分布表（『福島県史』第3巻近世2）、明治2年分限帳（『三春町史』第8巻近世資料1）により作成。

て入った。以来深間内家は三春に定着した。したがって、深間内吉之助が三春深間内家の初代として以下代を重ねている。

初めのころは藩内でもさほどの地位にはなかったようで、『三春町史』の近世資料編には深間内兵左衛門の名が、万治二（一六五九）年三両三人口として初見できるが、兵左衛門が深間内家の誰であるのかはわからない。

二代目の理右衛門（彦右衛門）は三両六人扶持であった。その後徐々に加増されているが、寛政のころより深間内家が中級からやや上級へと上昇している。「三春藩諸役人年次別任免帳」[1]から拾ってみると、六代深間内吉助（已蔵、時恕）が寛政元（一七八九）年に元〆仮役となってより、寛政六（一七九四）年元〆本役、文化元（一八〇四）年大目付になっている。七代目深間内惣蔵（時敏）は文化一三（一八一六）年小納戸役から始まって、文政六（一八二三）年には御近習目付となった。八代深間内基（時敬）は嘉永二（一八四九）年大目付、嘉永五（一八五二）年御武具奉行、安政元（一八五四）年町奉行となっている。石高ははっきりしないが、九代の久蔵（のち改め基）が父親である基時敬から相続したとき一三〇石であるので、七代か八代の頃からは一三〇石を維持してきたのであろう。

表1-1をみると、一〇〇石以上三〇〇石未満が最も多い。これら二〇〇石前後の層が藩の中堅となる役職についている。深間内家の石高の推移を明確に知ることはできないが、一八〇〇年代には上級武士の下方のあたりに位置していたと考えていいだろう。

八代目の深間内基は慶応二（一八六六）年に亡くなり、その子久蔵が相続する。近世三春の深間内家はこの八代目基で終わり、九代目深間内久蔵が当主となって以後、時代は近代へと入ってゆく。久蔵は明治五（一八七二）年父と同じ基の名を襲名する。つまり、私が本書で取上げる主人公となる。

久蔵とその家族

基時敬の長男久蔵は弘化三（一八四六）年八月一一日、現在の福島県三春町会下《えげ》谷《たに》五六番地で生まれた。三春の城下は低山に囲まれた狭い谷である。城は小高い丘の頂にある「平山城《ひらやまじろ》」で、街が狭いため、街を囲む山襞に、家中の武士・足軽約九〇〇戸の屋敷があった[2]。会下谷もそのひとつで、ちょうど旧三春城と道路をはさんで向かいあった低山の中腹である。三春は廃藩置県後、三春県、磐前《いわさき》県の時代を経て、明治九（一八七六）年に磐前県、若松県が福島県に合併されると、福島県田村郡三春町村となった。

さて、久蔵はこの山間の三春城下で生まれたとき、父基時敬は一三〇石の三春藩中堅藩士であり、母いそは、三春藩士五十川藤馬の次女であった。五十川家は二〇〇石、奉行職を勤め維新後は家知事の家柄で、深間内家よりも上級である。深間内家には久蔵を頭に六人の弟妹がいた。

明治三（一八七〇）年一一月藩政改革以後深間内久蔵は「現米拾六石」取である[3]。生活は苦しかったろう。

さて、久蔵は戊辰戦争に参戦したろうと思われるが、会津降伏後すぐ上京し慶応義塾で英学を学んでいたが、明治四（一八七一）年の春、義塾を一応修了（卒業）して三春に戻った。しかし、久蔵は三春に戻って永住する意志はなかった。このときの帰省の目的は三春藩にさらに洋学修業学生を上京させることを建言すること、つまりは慶応義塾への塾生を募ることにあった。同時に、留守にしていた深間内家の当主として、家族の先行きを決めておく必要があったろう。

久蔵は、この帰省の際に同じ三春藩士滋野益太郎の長女寿と結婚した。久蔵二六歳、寿一八歳である。

深間内家と滋野家は非常に深い縁で結ばれている。久蔵の父基時敬の妻、つまり久蔵の母であるいそと、滋野家の当主益太郎の妻が同じ五十川家の姉妹であった。益太郎の妻は五十川藤馬の長女、基時敬の妻は次女である。こうしたことから深間内家と滋野家は親密な交際があったことがわかる。そしておそらく久蔵と寿の結婚は、すでに親同士の決めていた約束ではなかったろうか。

久蔵は寿との結婚を済ませると、二人の妹の婚姻を決めて再び上京した。

三女なおは滋野益太郎の次男荘治と、次女はまは滋野益太郎の長男官兵衛と、結婚した。しかし、なおは明治一八年に死去、滋野家の墓地に葬られた。はまはのち滋野家を離れ、同じ三春藩の鎌田陽一と再婚した。

滋野家は幕末頃は一二〇石で、物頭、郡奉行などを勤めた家柄であり、深間内家より一〇石ばかり低かったが、ほぼ同等の格式であり、父基時敬と益太郎の妻同士が姉妹ということもあって、このような非常につながりの濃い親類となったものであろう。

久蔵は再び上京する際、妻寿を三春に残して一人上京したので、この二人はほとんど一緒に生活をすることはなく、のちに結婚は解消したようだ。

さて久蔵は明治五（一八七二）年六月、東京在留のまま「改名御届」を福島県庁に提出し、父親と同じ基を名乗ることになった（第二章以降は基と記述する）。三春の屋敷は弟宗蔵（幼名善次郎）に委ねるつもりであったが、宗蔵は兄を頼って上京し、洋服店に入って修業、洋服仕立職人として独立した。

このため、三春の屋敷は伯父惣吉が管理することになった。

四女はなと、末の弟重吉は三春で母いそと共に暮らしていたが、久蔵が明治一二（一八七九）年仙台で師範学校に採用されたあと、母いそ共々一緒に仙台に移った。

四女はなは、久蔵と共に仙台で暮らし、裁縫学校である朴沢学園に学び、明治二〇（一八八七）年片柳豊四郎（一時三井姓を名乗っていたらしい）と結婚したが、明治四〇（一八八七）年離婚した。はなは当時としては勝ち気な女性であったのか、兄久蔵の思想的影響も受けていたのであろう、職業婦人（裁縫教師）として働き、晩年は三春に戻って、姉はまの嫁ぎ先である鎌田の家で亡くなった。はなについては久蔵の仙台での生活と一緒に改めて述べることにする。

母親いそは、久蔵と共に仙台、東京と移り住み、明治二六（一八九三）年六月東京で亡くなった。谷中で火葬に付され、遺骨は郷里三春に運ばれて深間内家の墓所のある龍穏院に埋葬された。

二　久蔵の少年時代

幕末の三春藩

天明の大凶作は、東北諸藩に大きな打撃となったが、阿武隈山系の高冷地である三春藩もまた例外ではなく餓死者も出る有様となった。領内の餓死者は一五〇〇人余にのぼり、周辺農村から三春城下に流れ込み乞食となる農民も増えた。藩財政も逼迫し、商人や幕府から借金してしのいだ。

その後も天候不順が続き、断続的に凶荒に襲われ、天保四（一八三三）年に長雨による冷害で、再び大飢饉の到来となった。このときの凶作は長引き、三春藩はもちろんのこと、幕府財政も疲弊し、幕藩体制そのものが危機を迎えることとなった。

三春藩領内の人口は享保四（一七一九）年に四万三〇〇〇人余あったが、以後人口減少が続き、熊耳村、七草木村、御祭村三カ村の人口損数は、享保四年を一〇〇とした場合、弘化三（一八四六）年は七九である。村によって差が大きいが、いずれも、天保から弘化にかけての時期が最も人口減少が進んだ時期とみられる(4)。

深間内久蔵が生まれたのは、こうした凶荒が続き人口減少が底をついたと思われる、弘化三年の夏であった。

藩の危機に際して行われるのは藩政改革である。藩政改革は財政緊縮政策が基本である。三春藩でも何度か藩政改革をくり返したが、天保の改革においては、藩政をになう中堅人物の交替ののち、天保七（一八三六）年、大飢饉のあとで崩壊しつつある財政を立て直すため、家臣に対する俸禄制に替わる面扶持制を採用した。

面扶持制とは「知行不残借上賄扶持」で、天保七年の面扶持制では、「外様足軽は無扶持、譜代足軽奉行人は一人扶持、小頭以上は内高に応じて支給される。御中小姓小従人までは最高額制限があるが、給人以上はまったく家内人高に応じて支給される。支給量は一カ年一人扶持四俵半積り、ほかに大豆一人につき一斗積り、薪は本知高の八割であった」[5]という。

こうして三春藩は「家臣団の内部崩壊」[6]へと向かってゆく。

久蔵の父深間内基時敬が浮上してくるのは、天保の改革が一段落した時期である。久蔵が三歳になった嘉永二（一八四九）年八月、父基時敬は大目付となった。三年後の嘉永五（一八五二）年に御武具奉行、さらに二年後の安政元（一八五四）年七月町奉行となった。安政三年祖父惣蔵が亡くなった。この頃には日本に開港を求めて欧米の船が次々にやって来た。嘉永六（一八五三）年のペリー来航後は、幕府の対外政策の弱点がさらけ出され、国内各藩への統制力も失われつつあることが明白となってきた。

東北の山間部にある小藩の三春藩が、こうした情勢にどう対応しようとしていたのかは定かではないが、攘夷思想の高揚と幕政への危機感は、武備の強化を促した。三春藩でも西洋砲術を取入れ、藩士やその子弟を指導した。ほかにも剣術、槍術、弓術が奨励された。安政六（一八五九）年の頃と思われるが、磐城平藩の戸田流柔術師範、加藤木直親が三春藩に招かれて三春藩の柔術師範となった。

こうした武芸奨励、武備強化の中にあって、父基時敬は、万延元（一八六〇）年に「長柄組三」を、元治元（一八六四）年には「先筒二十五人」を勤めている。[7]

さて、幕府の延命策も時代の流れを押し戻すことはできず、西南雄藩の討幕の運動は民衆の支持を受け、天皇を「玉」として掲げて鳥羽伏見の戦い（慶応四年）で勝利すると、すかさず奥羽鎮撫へと進軍、東北戊辰戦争が開始された。東北諸藩は勤王の精神と幕府への恩義によって引きさかれていたが、結局奥羽列藩同盟と新政府軍の戦いとなった。

東北の入口にあたる白河や棚倉は激戦の末落城した。三春藩への進攻もいよいよ間近となって来る中で、藩内で降伏のための工作が動き始める。このとき活躍したのが、河野広中（嘉永二年生まれ）である。河野は同志と共に棚倉に行き、東山道先鋒総督参謀板垣退助（土佐藩）と会った。ここで三春藩降伏の筋書きが出来上がったのである。河野らによる藩重臣の説得が実り、ついに三春は無血開城、降伏となった。慶応四（一八六八）年七月末のことである。三春藩の降伏に奔走したのは土佐断金隊長美正貫一郎で、河野広中ら三春藩の降伏工作を進めた三春藩の若い壮士たちは断金隊に入隊し、美正の下で二本松攻撃の案内を勤めた。美正は二本松攻撃のため阿武隈川を渡るところを狙撃されて死亡した。こうした戊辰戦争時代の交流から、河野広中はのちのちまで板垣と美正に対する尊敬と恩義の念を抱くことになった。また河野が自由民権思想家として東北を代表する人物となったことの背景にも、このとき以来板垣と知遇を得たことがあったことを忘れることはできない。

河野広中の家は三春の町で商業（呉服・太物・酒造など）を営み、広中の祖父の代より郷士として藩の末端に列せられ、いくらかの扶持ももらっていた。幕末の頃にはこうした下級武士や郷士など、藩の末端にあるものが、幹部らの旧いしがらみにとらわれることなく活躍できたことが特徴であり、それゆえに新しい時代を切り拓くエネルギーとなりえた。

ところでこの時代の戊辰戦争において三春は奥羽列藩同盟の側からすれば裏切りとみられていたため、会津落城後「会津其他の奥羽軍は三春が裏切りしたるを憤り、鎮定後三春を襲ふとの流言伝はり何れも安き心はなかった。其声を聞くと人々は火縄銃其他有合せの武器を持って立向ふ意気であった」といい、そのころ世間に「会津ゐのし、仙台むじな三春きつねにだまされた」とうたわれていたという。[8]

少年・深間内久蔵

幕藩体制が崩壊への道を歩み始め、三春藩内にも危機感が高まっていったであろうが、そうはいっても藩の上級武士として要職にある父の下に生まれた久蔵は、藩士の子弟として、それ相応の教育も受けていたであろう。

藩校は「講所」といい、授業を行う所を「明徳堂」と称した。藩士の子弟は八歳で講所に入り一五歳までに四書五経を学び、他に漢学・筆学・習礼・兵学・弓術・槍術・柔術があった。徒士以下の者には入学資格はなかったが、いろいろと学ぶ方法はあったようである。河野広中は郷士であるから入学はできないので、窓外で傍聴を続けたという。[9]また儒者川前紫渓の門に入って儒学を学んでいる。

深間内久蔵は当然ながらこの藩校で漢学その他を学んだはずである。八歳で入学というと、久蔵の入学は嘉永六（一八五三）年の頃であろうか。久蔵がどのような学問や武術を学び、また三春の自然の中で遊んでいたのか、本人の記録はないのでわからない。しかし、さきに述べた柔術師範・加藤木直親の次男重教（初め六三《ろくぞう》と称した）の回想記にその一端がうかがえるので、それを紹介しておきたい。

加藤木重教は、姉ぬい、兄周太郎と共に父直親の三春藩への仕官に伴って三春に住むようになった。三春移住以後弟富造が生まれる。重教は安政四（一八五七）年三月の生まれであるから久蔵よりも一一歳年下であった。重教は近くの吉田耕造の家で手習いを、また熊田嘉善・大山巳三郎の家で漢学を学んだ。加藤木家は徒士の身分だったために藩校には入れなかったのであるが、維新後下級武士も入学できることになり、明治二（一八六九）年藩校に入学した。重教が入った頃の教授法は、「初歩の素読の授業法、何れも坐して居り机は三四人並び得る長五六尺のもので、先生方は各机の内側に坐って居る。生徒は何れの先生の処でも勝手に空席の処へ行く。先生の受持とては定って居ない。一人毎に教ふるのである。生徒は子供ながらも妙なもので何れも親切で学問のありさうな先生の処へ競ふて行く。だから先生の中にはなか〳〵生徒が行かぬのもある。試験としては主として素読の試験で上級の方になると講義の試験もあった(10)」という。

では武芸の方はどうであろう。

馬術は藩士の子弟はほぼ義務として行われ、三春大神宮の下に馬場があって、ここで稽古をした。先生は徳田三平であったという。『三春町史』によれば、馬術は大坪流馬術で、徳田研山がその名手であったといわれる。その流れのものであろう。その他に騎馬打毬というものがあって、敵味方に分かれて地上に並べられた毬を馬上から竹の曲杖ですくい上げ網の中に投げ込むという。勇壮な競技であったようだ。

剣術は、「直心流」で師が黒岡庄七郎。これを教授できるのは純藩士子弟の特権であった。
さて加藤木重教の父直親が三春藩の柔術師範であったことはすでに述べた。したがって重教の回想記には柔術の部分が詳しい。重教は父の道場に通ってくる藩士の子弟たちと一緒に柔術の稽古をしていた。そこには河野広中も、深間内久蔵もいた。では、重教の記録(11)をみてみよう。

父は藩の柔術師範役であったので自分も幼少の時から頻りに練習した。戸田流と称し維新後は殊に藩主が武芸を奨励したため、士族たるものは別に命令とてはなかりしも自然に何人も入門しなければならぬ様になった。此処に入門して居ないと、士族の男子として肩身が狭い様な風になり、何人も皆やって来た。勿論農家の子弟も来たが士族の男子が多数であった。此内に河野広中氏、深間内久蔵氏（後に基と改む）等の青年もあった。深間内氏は明治初年、早くも慶応義塾に入り同塾で教鞭をとられた。其頃父直親は藩士の武芸訓練に功労ありとて藩より中等士に進められた。是は純士族の次席で中級に当たる。自分は幼年ながら柔術に精を出すと云われ度々藩主から御褒美を戴いたことあり。明治初年に廃刀令が出てから、護身のためと考えたものか稽古に来る人が益々増加した。

重教のこの回想記から、加藤木の柔術道場が、深間内久蔵・河野広中・加藤木重教ら三春の青少年たちの交流の場となっていたことがわかる。こうした場でのつながりが、維新後の彼らの活躍につながってゆくのである。

学問・武芸の教育を受ける他、少年たちには、三春の自然の中での遊びがある。またいずれの子どもたちもいたずら好きである。彼らが日常どんな遊びをしていたかも少しみてみよう。加藤木重教の記憶に残った少年時代の遊びは、ねんがら（先をけずって尖らせた小さな丸木を投げ打って土にさし、次の子がこれに同様の丸木を投げ打って倒す）、まひろ遊び（大根の輪切のようにした丸木を棒で打って飛ばす）、タッペスベリ（二つ割にした竹を下駄のようにはき、棒をまたいで氷った坂道をすべる）、凧揚げ、撃剣（敵味方に分かれての、いわゆるチャンバラ）など。また最大の楽しみは町の祭礼で、「薬師の祭」、「天神祭」、「神明の祭」、「明王の祭」などがあった。

河野広中の回想によれば、祭のとき各町の若者連の間でケンカになり、刀を持ち出すという争いにまでなったこともあり、広中は兄広胖から厳しく訓戒されたこともある。[12] 祭にケンカ・いたずらはつきものだが、重教は馬糞を竹皮に包み菓子のようにみせて路上に置き、子供がだまされて拾うなど、ふと笑いを誘ういたずらもある。

一方時勢に便乗したいたずらとも過激な行動ともいえるものに、維新直後の神仏分離政策に呼応して近隣の神社仏閣内の地蔵や仏堂などを破壊してまわることもあった。この若者集団には河野広中も加わっていたようだ。[13]

その他家の手伝いに、男子の場合、畑仕事や薪伐りがあった。武家は近在の農家から薪を、山の立木のまま買う習慣であったそうで、これを切り出すのは男の子供たちの仕事でもあったようだ。

これらはいずれも、幕末から維新前後の下級武士の日常であるが、深間内久蔵ら藩士子弟も、彼らと混ざって学び、遊ぶことがあったろう。

註

（1）『三春町史』第八巻近世資料1、一九七八年。
（2）『三春町史』第二巻近世、一九八四年。木村礎ほか『藩史大事典』第一巻、雄山閣、一九八八年参照。
（3）『明治四年明治六年　三春藩士人名辞典』古今堂、一九三三年参照。
（4）『三春町史』第二巻近世参照。
（5）同右、七一四頁。
（6）同右、七一六頁。
（7）『三春町史』第八巻近世資料1「三春藩諸役人年次別任免控」。なお三春藩の軍事編成については第二巻、一九八頁参照。
（8）加藤木重教『重教七十年の旅（前編）』電気之友社、一九二八年、三三頁。
（9）『三春町史』第二巻近世、八五七頁。
（10）『重教七十年の旅（前編）』一二頁。
（11）同右、二二頁。
（12）河野磐州伝編纂会『河野磐州伝』上、河野磐州伝刊行会、一九二三年、七四頁。
（13）『重教七十年の旅（前編）』二九頁。

第二章　慶応義塾時代

一　慶応義塾入社

基の入社

慶応四年九月、新政府は一世一元の制を定めて「明治」と改元した。その月のうちに会津藩が降伏して、東北地方の戊辰戦争の大勢も決した。この頃深間内基（この章より基に統一して記述する）二二歳、河野広中一九歳、加藤木重教一一歳である。

会津降伏後、基は東京へ向かった。いったん愛宕下の三春藩江戸藩邸（上屋敷）に入り、一一月二〇日、江戸留守居役吉見連蔵（二〇〇石）の子準蔵を証人として福沢諭吉の慶応義塾に入社した[1]（図2-1）。すでに英学者福沢諭吉の名は三春の辺までも聞こえていたのであろう。基がなぜこの時期に英学を目ざしたのか、詳しい事情は知る由もないが、戊辰戦争の経験、官軍のはなばなしい勝利の背後にある西欧文明の勢いが、三春の青年たちに新しい時代を予感させ、新たな人生への転換を促したのであろう。封建的なくびきから解かれて外部への目が急速に開かれ、それぞれの道を歩む自由と可

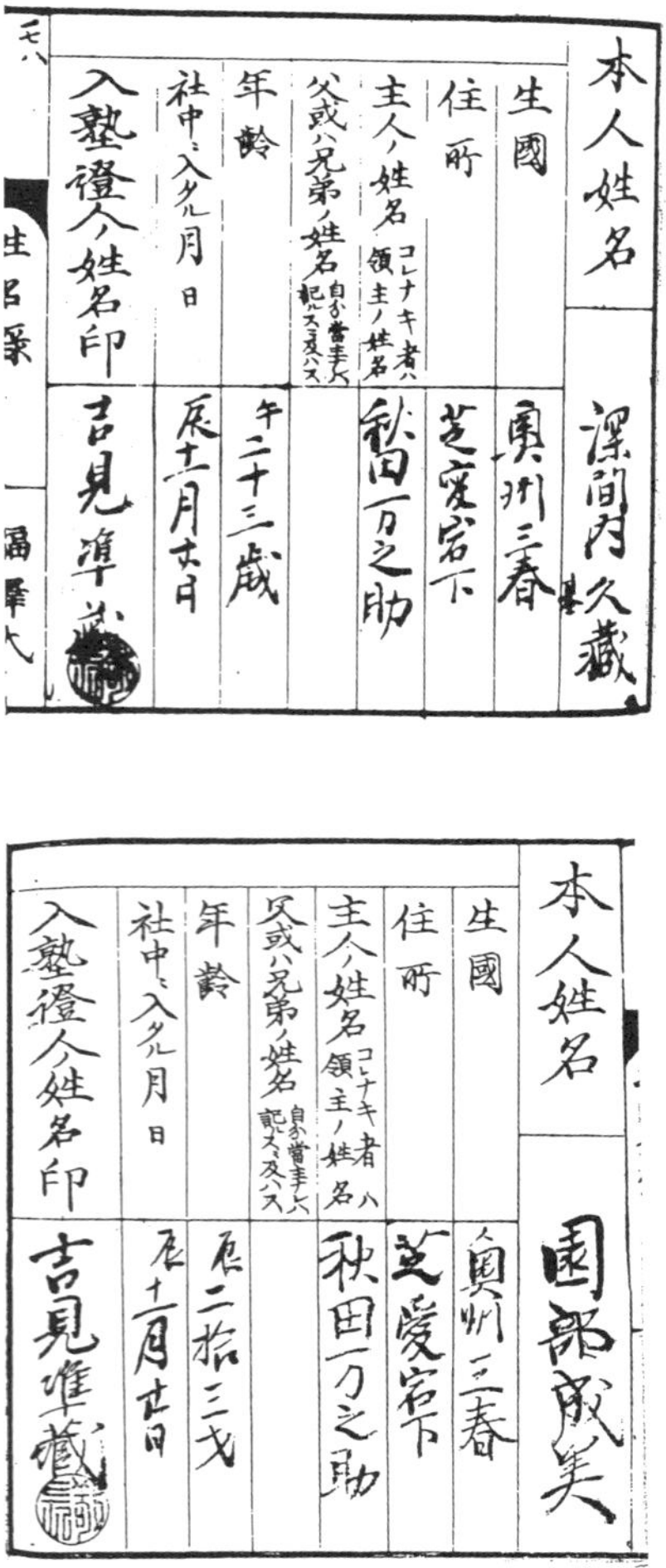

図2－1　慶応義塾入社帳

能性が開かれた。基の慶応義塾入社は、新しい時代への大きな希望と決断を感じさせるが、しかし当時すでに基は深間内家の当主であり、しかも、二三歳という年は、新しい学問を始めるにはやや遅かった。

この基入社のとき、同じ三春藩の園部成美が同じく吉見準蔵を証人として入社していることは、あまり知られていない。同日入社ということは、基は一人で上京したのではなく、園部成美と二人で上京したのであろう。園部成美は穴戸由来の家臣で、一〇〇石の家である。基とは、同世代であるが、詳しいことはわからない。明治三（一八七〇）年一〇月に改変された三春藩庁(2)の庶務係（大属）に園部成美の名があるので(3)、園部は義塾で二年程度学んだ後三春に戻ったのであろう。

福沢諭吉と慶応義塾

福沢諭吉と慶応義塾については、知らない人はいないだろうし、諭吉本人の著書や研究文献も多く、慶応義塾の歴史も〇年史という形で何度も出版されているので、下手な解説は不要であろう。しかし深間内基の入社に関連することもあり、多少その概略に触れておきたい。

福沢諭吉は安政五（一八五八）年、築地鉄砲洲の中津藩奥平家の中屋敷内の長屋に蘭学塾を開いた。これが慶応義塾の起源となる。ところが翌年横浜見物の際、自分のオランダ語では外国人と話もできず、看板も読めない、これからは英語でなければダメだ、ということに気付いて、福沢は英語を学び始める。その後三度の米欧訪問に恵まれ、その都度原書を購入、塾で英学を始めることになる。

文久元（一八六一）年、鉄砲洲から芝新銭座に塾舎を移転し、このときより英学教授を始めた。しかし本格的に英学の教授を行ったのは、文久元年暮れから翌年いっぱい、幕府の遣欧使節の一行に御雇翻訳方として加わって帰朝した文久三年以後であった。塾舎は秋には再び鉄砲洲の中津藩邸内に転居した。この年五月生麦事件が起こって、排外の気分がちまたに満ちていた。しかし英学を学ぼうという者も、初め六名の中津藩士で始まったが、徐々に入門する者が増え、翌元治元（一八六四）年の六月には二八名となった。その後毎月数名の入門者があり、慶応元（一八六五）年一一月には遂に百名を突破した。慶応三（一八六七）年、福沢諭吉は三度目の海外渡航で、幕府の軍艦受取委員に従ってアメリカに行き、このときはかなりの原書を購入して持ち帰った。そして年末、新銭座の有馬家中屋敷を購入、翌年四月鉄砲洲から新銭座に移り、これより塾名を「慶応義塾」と称した。この際「慶応義塾の記」を起草、規則や日課を定めた。

五月に上野彰義隊の戦争があって幕府は敗れ、いよいよ東北諸藩を追って、官軍と奥羽列藩同盟の最後の闘いとなった。しかし官軍の攻勢は明らかであった。東北諸藩は次々に降伏し、九月八日に明治と改元し、その月のうちに激しく抵抗していた会津藩が降伏した。

深間内基はこの直後おそらく会津征討に派遣されていた三春藩士たちが帰藩したのち秋頃(一〇月)に上京したのであろう。

明治元(一八六八)年となってからの入社生は、九月一二名、一〇月一六名、一一月一七名、一二月九名である。一一月一七名の中に三春の深間内基と園部成美がいた。三春藩からの最初の慶応義塾生が誕生したのである。

義塾の日課(新銭座)

「慶応義塾」という名称をつけて再編された塾は、もはや福沢の私塾というより、英学修業の先端を走り時代をリードする近代的学校のさきがけとしての性格をもつものであった。

「慶応義塾之記」[4]は、「今爰に会社を立て義塾を創め同志諸子相共に講究切磋し以て洋学に従事するや、事本と私にあらず、広く之を世に公にし、士民を問はず苟も志あるものをして来学せしめんを欲するなり」で始まり、日本における洋学の興りを説いてさらに言う。「抑も洋学の以て洋学たる所や、天然に胚胎し、物理を格致し、人道を訓誨し、身世を営求するの業にして、真実無妄、最大備具せざるは無く、人として学ばざる可らざるの要務なれば、之を天真の学と謂て可ならんか」とその方針を述べている。また「規則」一五条、「食堂規則」七条と「日課」がある。慶応義塾生の日常を知るに欠かせない。規則は、金銭の貸借の禁止や門限、掃除、受講態度などがあって現在の校則にも通ずるが、特に目を引くのは、規則中に抜刀を禁ずる一条があることである。初期の塾生がほとんど士族であったことから無用ないさかいを避ける必要があったのだろう。また若年者が多く、「楽書」(落書)の禁止や夜具の片付けなどしつけもきびしい。

食事は三食、食堂で食べることができるのであるが、食後に「木のぼり」「玉遊」など運動を奨励していることなど面白い。

明治二年に入社した門野幾之進の思い出話によれば、寄宿生の食事は、お菜は沢庵だけで他はほとんどないというひどい粗食のため、やむなく町へ出て煮物などを買いおかずにしたという(5)。

授業の日課としては、ウェーランドの修身書、経済書、クワッケンボスの合衆国歴史、窮理書(物理)、ピンノックの仏国歴史、テーロルの万国歴史の他、地理、文典、算術などを学ぶことになっている。

その他、「入社規則」によって明治元(一八六八)年には入社時に「金壱両可相納事」、「塾僕へ金弐朱可遣事」となっていたが、明治二(一八六九)年八月「慶応義塾新議」では、入社時には「金三両」を納め、授業料として「毎月金二分」を払うことが決められた。この他、慶応義塾は「半学半教」の制度をとっており、先学の上級生が、自ら学びつつ下級の者に教え指導するという、学ぶことと教えることを同一人が行う制度をとっていた。この制度はひとつには財政的貧困を補い、学費に苦しむ生徒の支援となった。同時にこの「半学半教」の制は、慶応義塾生が短期間に原書を翻訳できるほどの語学力を身につけ得たことの大きな理由のひとつとなったろう。「教える」ことで「学ぶ」ことの質が進化するという結果が、財政上の合理性から始められた「半学半教」の制によって獲得できたと思われる。

こうした塾を支える諸制度を「社中協力」と呼び、慶応義塾史の著者は義塾を「封建的なきずなを脱した独立の個人が志をともにして結んだ公共団体」と規定している(6)。

明治元(一八六八)年から二年にかけては入社生が急増し、二階建ての塾舎一棟を増築した。慶応義塾は寄宿生活をすることになっていたが、このころは百名を超えるほどになっており、寄宿できないものは通学生となった。そして、明治四(一八七一)年三月には三田に一万一八五六坪の土地を借り受け、島津藩邸の払下を受けて、ここに移転した。

二　洋学普及への努力

基の帰省と洋学推進

慶応義塾での洋学修業の途中、基は故郷三春に一時帰省した。時期は定かではないが、明治四(一八七一)年春先三春に戻っていたことは確認できる。

加藤木重教の回想記によれば、基は「或時三春に下りて、東京に於ける各藩学事の大勢を三春藩の当事者に報告し併せて貢進生外にも洋学修業学生を上京せしむる様建議」をした。この建議書は当時藩の大属であった学校係村田岐（のち石田と改姓）に提出されたという。[7] 残念ながらこの建議書は不明である。しかしこの深間内基の建議によって、加藤木重教は慶応義塾に入社することとなり、のちに電気技術者として大成する第一歩が刻まれることになったのである。

さて基の建議によって洋学修業学生一名（加藤木重教、ただしこの頃は山崎六三といった）と国学修業学生一名（五十川清次郎）がえらばれた。

この帰省中、基は洋服を着て加藤木の父親の道場を訪れ、柔術をやって楽しんだ。非常に背の高い人であった。三春は城下町といっても山間の小さな町であるから、洋服姿で背丈の大きな基の姿は、余程目立ったことであろう。十代半ばの重教の目には、基の姿が強く印象づけられたようである。

基はこの帰省に際して、洋学の推進を藩庁に建議することのほかに、留守にしていた深間内家の当主として、自身を含め家族の今後についても決めておかなければならなかった。自分の結婚、妹たちの婚姻を進め、四月中には東京に戻った。

基は、まず三春藩士湊直江の慶応義塾入社の保証人となった。五月三日である。湊直江は奥家老湊成渡の息子で、藩主秋田映季の近侍としてつかえていたので、藩主の信頼が厚かったのであろう。「藩主の命により」[8] 入社したという。直江は飯倉（東京都港区）の三春藩邸にいたので、藩主映季の義塾入社に先立って、直江を入社させて様子を知ろうと考えたのであろう。東京に戻った基が飯倉の三春藩邸にあいさつに行って、湊直江の入社と保証人の件が決定したものと思われる。

そして六月には加藤木重教が上京してきて、基は重教の塾内での生活の世話をしている。

加藤木重教の入社と基

基の洋学修業学生派遣の建議によって選ばれた加藤木重教は、まだ一四歳の少年であった。(9)

洋学修業申達候東京ニ於テ専令勉強往々藩用ニ供候様可致候依之修業料更ニ三人口下賜候事

山崎六三

辛未六月

三春藩

さらに「右ハ六月二日洋学修業被仰付　修業料三人口被下候(10)」というように「三人口分」を学費として藩から支給されることになった。

こうして六月一九日、重教は漢書類、木綿の羽織・袴、大小一腰、綿入れ衣を携帯し、藩用で上京する藩士二名と共に三春を出発した。

基を含めて三春藩士が上京するとき、どのような経路を通っていったのか。その頃の東京までの道順の検討もつくと思われるので、重教の上京の記録を追ってみる。

重教は六月一九日朝（七ッ半）出発、赤沼に宿泊、二〇日は馬で須賀川まで行き、その後も一部馬を利用してその晩白河に着き宿泊、翌二一日大田原（栃木県）に宿泊、二二日阿久津に宿泊して翌二三日は同所より鬼怒川を舟で下った。阿久津は近世に米を江戸に送る廻米船の船着場として開けていたところである。

久保田（茨城県）で上陸して境までは陸行、二三日夜再び舟に乗り二四日朝東京に入る。両国橋の下を通過したとき初めて橋の上を通る人力車を見たという。午前中に汐留（新橋）に入り上陸、芝飯倉の三春藩邸（江戸中屋敷）に到着した。

翌二五日から三春藩邸にいる人々に案内されて東京見物などするうち、藩邸役人より「八月三日入塾すべし」との指令があって、三日雨の中朝早く（五ッ頃）藩邸勤務の「須藤綱一氏に伴われ、三田二丁目慶応義塾へ参り、入塾中の同藩士深間内久蔵氏と塾の応接間にて打合、塾に於て須藤氏より三春藩士に相違無之旨藩印を押したる書面を差出し、美濃紙を数枚綴ちたる左の入塾帳に記名した」「入塾の際金三両先生へ謝礼、金四両月棒、壱両弐分道具料、会計へ納む」。[11]

こうして重教は丸六日かけて無事上京し、ひと月ばかり東京見物などして、八月三日慶応義塾で深間内基と再会し、基を証人として無事入社を果たした。[12]

こうして、基（当時はまだ久蔵）は、湊直江に引き続き、加藤木重教（このころは山崎六三）の二人を義塾に入れることができた（図2-2）。

すでに述べたように加藤木重教の父直親は三春において柔術の師であった人であり、重教とは旧知の間柄であった。しかし身分も違い、年齢も基の方が上であったから、重教にとっては友人というより畏敬する先輩という関係であったろう。

その頃慶応義塾では、一六歳以下の者は童子局に入ることになっていて、[13]基は大人局におり、正規には交流できなかったが、重教は何かと基を頼り、世話になった。

当時の義塾の生活の様子もわかって興味深いと思われるので、少々長くなるが、重教の入社直後の記録を左に掲載しておく。[14]

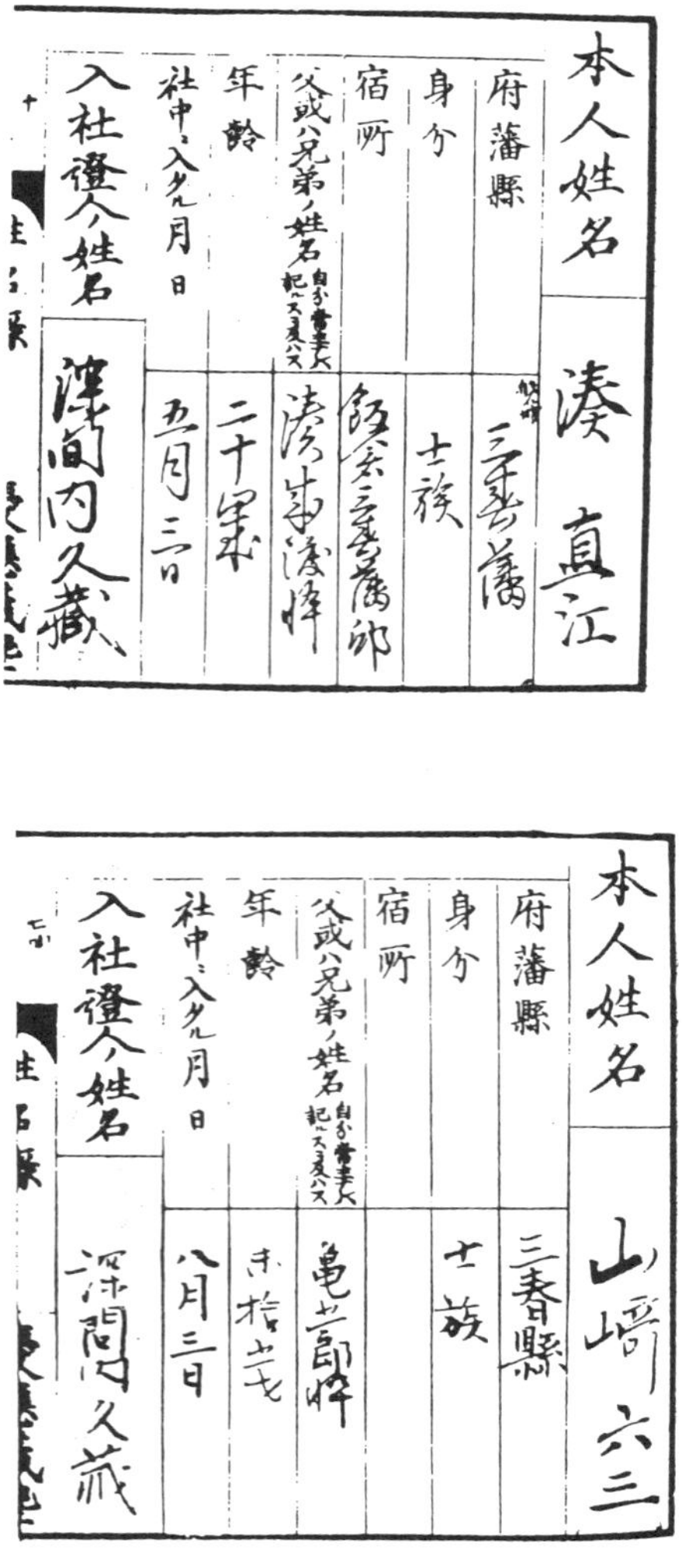

図２－２　慶応義塾入社帳

基が重教の文具購入などに付き添って出かけたりしている。

（八月）四日六ツ半頃起き、理学初歩、三冊買入、壱冊代壱分四百文、之を日本流に七ッ八ッの子供に大学中庸を教ふると同じく数回口を添へて二行位教ふ、午前九ッ過塾外の湯に行く、湯屋二階脱衣所へ茶銭五十文、下番へ同じく五十文

五日半晴、同塾生十一人皆十五六歳、入塾後三日四日五日は誰とも少しも話せず、大人局と童子

局とは妄りに出入せぬ規則なれば大人局の深間内氏の室に行かれぬが内々参りて色々塾の振合を承り候。

六日休業、朝食後飯倉の御屋敷へ参り帰途赤羽橋際の髪結所に立寄り長髪を散髪に改む床屋の主人曰く貴下は福沢の塾に居らるゝか、さすれば福沢塾は英学塾なれば英国風に切ってあげませうとて前の方を一寸位に挟み、後の方を五分位に挟みとりたり。

此頃髪結床の看板にはイギリス流床屋、アメリカ風床屋、横浜出張所等とありて、当時散髪の形もまち〳〵にて今より見れば随分奇妙なものもありたり、或る時イギリス流の新形で神田小川町淀稲葉邸内原田由己氏（山崎養母の実家漢学者）方を訪問したるに私の新式頭髪を家内皆笑ふた。東京の人さへをかしく思ふたからには当時最新式であったろう

八ッ時頃深間内氏と脱刀のまゝにて神明前に参り日用の文具類買求めたり

七日晴、十二時頃入湯百文、菓子二百文。

八日晴、追々友達出来て参りたり

東京で買入れたものを御覧に入れん

六月二十八日　金壱両弐分　御手宛金請取　同　金弐朱四百六十六文　薬代請取

七月五日　金弐朱　傘一本　同六日　金弐分弐朱　下げ巾着

同　金弐朱百文　石炭油ランプ（西洋のあんどんをランプといふ）

同　金壱朱　借馬代　同　金壱朱　用弓引

同十日　金壱朱（神田小川町原田方より三田の塾迄人力車代）

同十二日　　金弐朱　　ウナギめし

塾内での食事は、明治二年の頃の門野幾之進の思い出話に、お菜は沢庵ばかりとあったが、加藤木重教の回想によると「朝は豆腐汁、昼は鰯三疋、夕食は芋のにころばし」というから、塾費が高くなったこともあり、多少食事の事情も改善されたのかも知れない。

さて童子局ではまだ十代の少年ばかりであるから、いろいろな遊びやいたずらもあった。

重教の塾内でのイタズラにこんなエピソードがある。あるとき島原からきた本多というものの紙入れが紛失した。十代のイタズラ好きの男子たちの寄宿舎でのことだ。皆で丼を囲み、水を入れて水天宮のお札を浮かべ、お札の向かった方のものが紙入れをとったことにしようという、犯人探しの遊びである。東北の方から来ているものは、九州方面出身のものに軽んじられ、それとなく息をかけて、お札を東北出身の重教や熱海三郎（仙台藩）の方に動かす。初め熱海の方へ向けられたお札が、そのうち自分の方に向かってきたので、重教は怖くなって、同郷の深間内基と湊直江のいる部屋に飛び込んでこのことを訴えたという。そのとき「深間内氏はたゞ微笑したまゝ何も答へてくれなかった。室に帰って見ると札は熱海の方に向ったとて熱海は大分からかはれたが幸に私は免れた(15)」。

まだ子供らしさの残る同郷の後輩に対するやさしき気な基の気持ちが、何も言わず微笑している姿に連想できてほほえましい。

表2－1　慶応義塾初期入社生（明治5年まで）

（単位：人）

	文久～慶応	明治元年	2年	3年	4年	5年	計
福島県	0	2	0	0	8	3	13
宮城県	6	0	1	2	4	2	14
入社員総数		103	258	326	377	317	

註：ただし、出身県は明治九年合併後の県域を示す。
出典：慶応義塾入社帳、勤怠表、『慶応義塾百年史』より作成。

明治初年の入社生

明治初年、慶応義塾へ入社するものは、階級的には士族がほとんどで出身地は、福沢諭吉と同郷の大分県が多く、その他は高知県、山口県などが目立つ。東北地方においては宮城県、福島県、青森県など結構多い。もっとも統計がないので詳細はわからない。また入社帳にない名前が「慶応義塾学業勤怠表」（以下「勤怠表」）に見える場合もあり、その逆に入社帳にあるのに勤

表2－2　福島・宮城の初期入社生
（明治元～5年）

福島県		宮城県	
入社帳	勤怠表	入社帳	勤怠表
深間内久蔵	服部元素	大槻源治	三浦虎彦
園部成美	関　録造	水科　清	
湊　直江	木村三五郎	松居英造	
山田正宜	赤坂多計乎*	大塚薫之介	
山崎六三		熱海三郎	
赤坂玄朝*		佐藤恒四郎	
相馬誠胤		亘理胤元	
遠藤弘毅		鷲尾五郎	
秋田映季			
壁屋可六			

註：＊印の赤坂玄朝と赤坂多計乎は同一人物と思われる。
　　また、服部元素は誠一のこと。
出典：表2－1と同じ。

怠表には出てこない名前などもあり、入社員数や出身地を確定するのはむずかしい。

そこでとりあえず、深間内基との関連性を考え、福島県と宮城県（基がのちに仙台で活動することになるため）出身の入社生について調べてみた（表2-1、2-2参照）。しかし入社帳、勤怠表の差異のほか、名前が途中で変わることなどもあり、必ずしも正確には把握できないことをお断りしておく。

福島県からの慶応義塾入社生は明治元年の二人が最初である。この二人はすでに述べてきたように、三春の深間内基（当時久蔵）と園部成美である。その後明治四年に湊直江と加藤木重教が基の保証人により、翌五年に秋田映季と壁屋可六が秋田伝内（秋田家家令）の保証人によって入社を果たしている。

明治元年から五年までに福島県から入社した一三名中、六名が三春の人であった。三春からの義塾入社への道を開いたのは深間内基の力によるといっても過言ではない。

ほかに福島県からの入社生で注目されるのは旧二本松藩士服部元素である。彼はのち服部撫松の号で多くの著作物を著した服部誠一である。彼を一躍有名にした著作は『東京新繁昌記』である。いくつも号をもっているが、慶応義塾時代の元素の名を表記した文献、辞典等を見つけることができなかったので、元素＝誠一説は私の独断であるが、状況から類推して間違いないと思われる。服部誠一についてはあとでまた触れることになる（補章二参照）。

ほかに注目すべきは、赤坂玄朝、赤坂多計平《たけや》であるが、これも私は同一人物で、途中で名前を変えたものと思っている。赤坂多計平は『白河市史』によると東白川郡鮫川村の出身、河野広中と親交があり、自由民権運動にたずさわったということである。こうした人物が同じ時期に慶応義塾で基と共に学んでいたということを記憶に留めておきたい。

また宮城県出身の義塾生についてみてみると、最初に福沢門下生となったのは文久三年入社の仙台藩士横尾東作である。その後慶応三年までに計六名が入社している。維新後は明治四年の四人が多い。加藤木重教の回想記にも出てくる熱海《あずみ》三郎は明治四年六月の入社である。熱海三郎はのち一等機関士とし外国航路に従事した。また勤怠表にみえる三浦虎彦は明治一三年仙台で代言人となり、基らの自由民権運動にも参加している。

義塾の学課と成績

すでに述べたように、慶応義塾が学校としての体裁を整えたのは、明治四年、三田へ移転してからである。明治六（一八七三）年には入学（入社）・卒業の制も定められ、明治七年に第一回の卒業生を出した。初期入社のものは四年以上在塾のもの一五八名を正式に卒業生として認めた。深間内基はこのうちの一人ということになる。

基は明治五年後半から六年初め頃まで義塾内で「半学半教」の生活を送っていたものと思われる。明治五年一〇月に大試験があって、深間内基は第一等の一、湊直江は第四等、加藤木重教は第五等の一、秋田映季と壁屋可六は等外三の二であった、と加藤木重教はのちの回想記に記している。(17) 先輩基の優秀な成績に感嘆しての記憶と思われる。

成績は発表されて誰でも見ることができたのだろう。

しかしながら明治五（一八七二）年一〇月の勤怠表には深間内基の名は認められなかった。また加

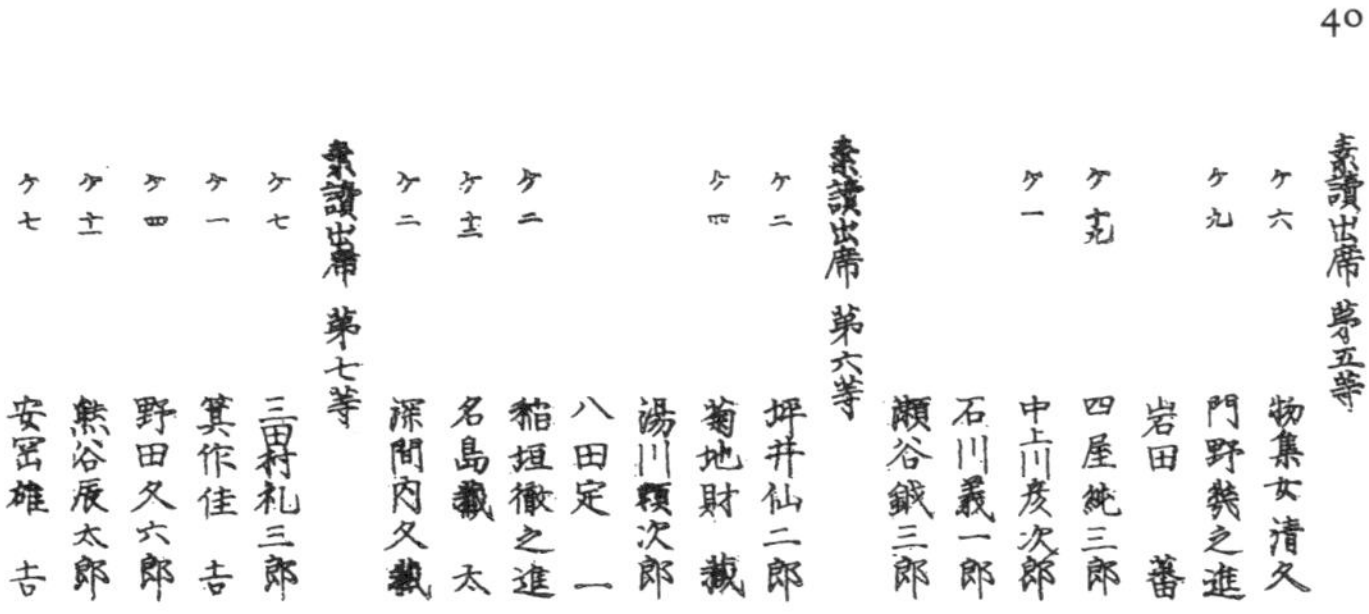
40

素読出席 第五等
ケ六 物集女清久
ケ九 門野幾之進
岩田 蕃
ケ十九 四屋純三郎
ケ一 中上川彦次郎
石川義一郎
瀬谷鉄三郎

素読出席 第六等
ケ二 坪井仙二郎
ケ四 菊地財蔵
湯川頼次郎
八田定一
ケ二 稲垣徹之進
ケ十三 名島職太
ケ二 深間内久蔵

素読出席 第七等
ケ七 三田村礼三郎
ケ一 箕作佳吉
ケ四 野田久六郎
ケ十二 熊谷辰太郎
ケ七 安宮雄吉

図2－3　慶応義塾学業勤怠表の一部

藤木重教や湊、秋田、壁屋らの等級からみると、これは一〇月でなく、一一月の成績ではないかと思われる。年末には大試験が行われることになっていた。一一月の「勤怠表」によれば、湊直江第四等、加藤木重教（このころ山崎重教）第五等の一、秋田映季と壁屋可六は等外三の二であって、重教の記憶と一致する。このときの第一等には四屋純三郎、門野幾之進ら一五名の名があるが、残念ながら基の名は載っていない。重教の記憶違いか、あるいは何か別の試験との記憶が混乱したのだろうか。

慶応義塾が勤怠表を記録し始めたのは三田移転後の明治四年四月以降である。毎月末に生徒の出欠、試業席順（試験の成績）を記録した。明治四年四月に第一等～十二等まで設定してあるが、「勤怠表」では、「第五等」が最上級で以下「第六等」「第七等」と順次降下し、「第十二等」までである。次に「文典会読」が第一番から第五番まで、以下「等外」「文典」がある。明治五年六月までは基本的に同じ方法で記録され、明治五年九月から記録方法が変わり、最上級が「第一等の一」で、以下「第一等の二」「第二等」「第三等」「第四等」「第五等の一」「第五等の二」とあり、その下に「等外」が一番から三番までである。等外の番も一～三位の組に分けられている。それぞれの席順位に十数名から二十数名の生徒がいる。この記録法は明治六年春の改革で変更され、「正則」と「変則」の課程が出てくる。

深間内基の成績は優秀で、塾内で常に上位にあった。明治四年四月から翌五年六月までは「第五等」が最上級であったが、基は、二番目の「第六等」に一貫して位置している。では基の成績と同じ時期に在塾した主要な人物について、月毎にみてみよう。

明治四年四月最上級の「第五等」には中上川彦次郎、門野幾之進、四屋純三郎ら義塾の俊優一一人の名がある。「第六等」には坪井仙次郎（仙二郎という記述もある）ら八人、「第七等」には箕作佳吉、安岡雄吉ら一二人がいる。以下ずっと下がって「第三番文典会読」に矢野文雄の名がみえる。この月に基の名は見えない。これはすでに記述したように、このころ基は郷里三春に帰省し、藩庁へ洋学修業学生の推進を建言したり、自分の結婚、また妹たちの婚姻などの話をすすめたりしていた。このため四月は塾を留守にしていた。五月になるとすでに塾に戻っているため、基の名も勤怠表の中に記されている。

五月は、「第五等」は前月と同じようなメンバー九人で、「第六等」に、坪井仙次郎ら一〇人の名があり、その中に基の名もある。この月第十一等に城《じょう》泉太郎の名が出てくる。城は、基のあと、高知立志学舎の教員になる人物である。またこの五月に基が保証人となって入社した三春の湊直江が「素読出席、文典」の欄に記録されている。

六月は大きな違いはないが、「第五等」は八人、「第六等」が坪井を筆頭に基を含め一〇人。「第十四等」に新たに永田一二の名がみえる。

七月、「第五等」は七人、「第六等」は坪井、基ら八人。新しい変化は湊直江の属する「文典会読素読出席」に白河の赤坂玄朝(多計乎)が一緒にいる。赤坂多計乎はのち帰郷して自由民権運動に加わり、福島事件の際に逮捕されている。

八月も全体的にはほぼ変わりなく、「第五等」が七人、「第六等」に基がいて計七人。この月から基が保証人で入社した三春の加藤木重教(山崎六三)が「素読出席　文典」に在席して、重教の日記にあるように、仙台の熱海三郎と同席することになる。

九月がなく(八月が夏期休暇のためであろう)、一〇月になると、「第七等」にいた高知の安岡雄吉が一級飛び越して「第五等」に入り、坪井も上がって、計一一人となり、「第六等」は基ら一三人となるが、箕作佳吉が同席順となっている。

矢野文雄は優秀であったとみえ、この月すでに「第九等」になった。湊直江は、赤坂多計乎と共に「第十二等」となっている。この月から湊と同じ席順に仙台の三浦虎彦が加わっている。

一一月は基の記録はない。

一二月には「第五等」が四屋、門野ら六人で、基は同じ「第六等」におり、計一一人である。この月から、のちに仙台で基と共に自由民権結社「鶴鳴社」を設立することになる箕浦勝人が、加藤木重教と同じ「素読　文典」に在席する。箕浦勝人は大分県出身で、明治四年一二月七日の入社、このとき一七歳であった。

翌明治五年の一月二月は基の名がない。この時期も帰省していたのであろうか。あるいはどこかに出かけていたか。

四月、五月と基はずっと「第六等」の位置にいる。この間の主な人物をみてみると、矢野文雄が四月「第七等」に、城泉太郎が二月「第九等」に、湊直江は四月「第十等」に、また三浦虎彦も五月に「第十等」となり、加藤木重教と箕浦勝人は四月「第十二等」となった。箕浦は六月には「第十一等」になっている。

門野幾之進はこの間ずっと「第五等」で最上級にあるが、四月、五月四屋純三郎と瀬谷鹹三郎の二名が無等級で「第五等」の上位に記録されて別格扱いとなっている。

ところで、加藤木重教は上級の門野幾之進に教授されたことを記しており、また彼が入社した頃は基も教授をしていたという。「第六等」以上の人たちは、いわゆる「半学半教」の制度によって、下級の人々への教授役も務めていたのである。

翻訳の世界へ

さて、明治五（一八七二）年の後半期に入ると学科改訂がなされ、席順表記も変更され、最上級は「第一等ノ一」となる。この時期以降深間内基の名前は「勤怠表」から消える。おそらくこの明治五年後半から明治六年初頭くらいの時期に、慶応義塾の塾舎における寄宿生活から外へ出て、一般の下宿生活（横浜の港近く）に入ったようだ。基は明治五年六月まで「久蔵」と称していたが、父と同じ「基」に改めた。独立して自らの道を切り拓こうとした決意の表れであったろう。こうして彼は翻訳生活に入り、明治六年七月には第一作、『啓蒙修身録』（巻の一、巻の二）を上梓する。

さてあとに残った三春出身者を簡単に追ってみると、湊直江は明治五年九月「第四等」となり翌六年一月まで同じ。以後はわからない。のち彼は大蔵省銀行課に勤務。加藤木重教は明治五年一〇月「第五等の二」となるが、塾費をまかないきれず翌六年三月退学している。いったん三春に戻るが再び上京して明治七（一八七四）年工学寮（のちの工部大学校）に入って電気技術を学ぶ。のち「電気ノ友」を創刊。秋田映季は明治六年九～一二月期に正則の「等外一番ロ組」に出てきて以降不明。壁屋可六は明治七年四～七月期に変則の「第三等」にいるが、以後は不明。壁屋はその後三春に戻って福島県官となり河野らの自由民権運動に加わり、一時仙台における深間内基の応援をすることになる。明治一五年以降は元老院書記生となった。

三春出身以外の義塾で学んだ人物で、のちに深間内基と仙台時代に深い関係で結ばれることになった箕浦勝人は明治六年春から翌七年にかけ、ずっと上位にいる。三浦虎彦は明治五年六月「第十等」以後は不明。下斗米精三（岩手県出身）は明治六年一月「第二等」にいるが、長くは在籍しなかったようである。下斗米はその後仙台で宮城英語学校の校長となる。

また少し時期が下がるが、明治一二（一八七九）年五月には松村亀一郎が入社し、五～七月の「勤怠表」の「乙組」に出てくるが、一時的な在籍であった。この直後仙台に戻り、法律事務所を開設している。そして河野広中と親交をもち、仙台で基と共に自由民権運動に参加している。

こうしてみると、仙台における自由民権運動は慶応義塾の影響（思想・人脈）抜きには考えられないのである（仙台自由民権運動については第五章参照）。

ところで、慶応義塾での学習は、初学者は決められた文典の素読などへの出席を義務づけられていたが、他は自学自習が基本であるので、設けられた講義には上下を問わず自由に出席できた。また最上級の者へは福沢諭吉が教授したが、下級の者（初学者）には「第六等」以上の上級者が教授した。基も「第六等」であったので、学びつつ教えていたことになる。こうした制度は学資の乏しい生徒にとって、多少の資金を得ることができるというメリットもあったようだ。

教員の給料などは定額で支給されていたわけでなく、「学校入金の多寡により時々割賦致候[18]」という大ざっぱなもので、入社生が減れば教員の給料も減るということになる。明治一三（一八八〇）年頃の教員の給料は七、八円から多くて三〇円くらいであったという。とはいえ外国人教師は別格で、米人カロザスは月給一二五円の高給であった。明治一三年頃の七円というと米一石、日刊新聞（「郵便報知新聞」）一年分くらいの額である。

明治六年に教員として公式に届け出されている者は福沢諭吉を筆頭に、小幡篤次郎、荘田平五郎ら諭吉の側近的人々と米人カロザスを含めて総計一六名である[19]。福沢諭吉が三八歳で最年長、最年少はまだ一六歳の門野幾之進（明治二年入社）であった。門野がこのように早くから教師に抜擢されたのは、慶応義塾で学ぶと同時に英国公使パークスに英語を学び「当時語学界に異彩を放[20]」つほど英語が堪能であったからである。

さて正規の教員として届けられた教員の給料も定額ではなかったので、「半学半教」の制によって初学者に多少の教授をしていた深間内基がどの程度の援助を受けられたものかわからない。義塾の正規の教員への道がむずかしかったため、翻訳で生計を立てる方向へ歩むこととなった。

明治六年頃、基は慶応義塾の宿舎を出て、横浜や深川（東京都江東区）あたりに居住して翻訳に打ち込んだ。この時期は二本松出身の服部誠一と親密な交際があり、基の翻訳生活には服部誠一の協力があった。服部誠一は慶応義塾で基の後輩にあたり、その後『東京新繁昌記』（明治七年）が人気を博して文筆家として名をなした人物である（補章参照）。

服部誠一の協力のもとに明治六（一八七三）年一〇月『啓蒙修身録』（全二冊）、同年一一月『幼童教の梯』（全二冊）を出版した。

この二つの翻訳本は当初同一本として出版の予定であったようだ。明治六年九月、福島県の東京出張所に次のような出版許可願いが提出されている。[21]

西国美談抄

来十月中前編出版十一月中後編出版

右原書ハ千八百六十九年英人「アレキサンドル」氏之出版セル学校読本第三第四「リージング」其他米人「サーゼント」氏並米人「ウェルレム」氏之著ハセル第三第四「リードル」等ニテ右書中ヨリ専ラ童蒙之教諭ニ関セル談話ヲ抜萃飜訳仕候間決テ御条例ニ相背キ候ケ条無御座候依之私共蔵版ニ致シ出版仕度奉存候尤右ニ付御尋之儀有之候節ハ私共引受申候間此段御聞済被成下候様其筋へ御中立被下度此段奉願候以上

九月二十四日

磐前県貫属士族

第六大区小三区深川海辺大工町八番地

井上石松方寄留

飜訳人　深間内基　印

福島県貫属士族
右同一所寄留

願人　服部誠一　印

福島県出張所　御中

この願書によれば、この二書は「西国美談抄」として翻訳した一書であったことがわかる。これを出版に際して前編を「啓蒙修身録」として一〇月に出版、後編を「幼童教の梯」として一一月に出版したものである。

さらにサアゼント以外に、アレキサンドル、ウェルレムなどの名があげられている。これら数種のリーダーを下敷きとした抄訳であったことが示されている。

最後に、先に服部誠一が深間内基と親密な交際のあった人物であることを記述したが、この出版許可願を提出した時期、二人は同じ屋根の下に暮らしていたことが明らかになった。二人は、東京の深川海辺大工町（現在の江東区清澄一～三丁目、白河一丁目のあたり）に居住していた。このことからも、この二書の翻訳出版にあたって、基は親友であり義塾の後輩である服部誠一の協力を得て成し遂げたものであることがわかるのである。そしておそらく、横浜の港近くに一時滞在して翻訳を仕上げるとすぐ東京に戻り、深川海辺大工町に二人で寄留し、出版準備に入ったものであろう。出版許可は一〇月三日に出ている。

以上の経緯から、この翻訳修身本二著は、深間内基と服部誠一の協同の賜物といって良いだろう。

そして引き続き翌明治七年五月には『輿地小学』（全三冊）を出版した。この実績によって文部省企画による『百科全書』の翻訳者の一人に加えられ、「電気篇」（のちに「電気及磁石」となる）を担当した。基の『電気篇』は明治七年一二月出版された。この『百科全書』の稿料は当時としてはかなりの高額であった。基は少なくとも二〇〇円以上の収入を得たものと思われる。このように専門的な書物の翻訳と高額な収入を得たことで、基は英学者として認められ、また自らも翻訳家としての自信をつけていった。このあと基はトーマス・ペインの大作『道理之世』（The Age of Reason）の翻訳に取りかかる。『道理之世』は明治九年から数年にわたって刊行されたが、この間に基の人生に大きな転機が訪れることになる。その後は明治一一年の『男女同権論』と『今世西哲伝』をもって翻訳生活に終止符を打つ。

三春に養才義塾開設

郷里三春では基の建議によって洋学推進が許され、加藤木重教の慶応義塾派遣が実現したほか旧藩校に替る塾の開設が進められた。藩校の廃校によって失われた子弟教育の必要性を痛感した有志によって明治五年一〇月、新たに教育機関として義塾を開設することとなった。明治二年の三春藩政改革の際、文武局長となった旧御年寄（三〇〇石）の秋田広記が中心となり、石田岐、小堤恒吉、梶塚源五、鎌田陽一、河尻至渡の六名が、副区長大高則時の署名を添えて磐前県庁に提出した「奉願口上覚」[22]によれば、「斯ル文明之御時節ニ遭遇」して新政府の意を地方に広めねばならぬ時に三春には学問をする場がなくなってしまったので、「今般同志申合義塾建立仕文学并筆算之術迄広ク四民之子弟へ為学」たいので旧藩校とその蔵書を拝借し十一月二日より開業したい、というものであった。この願は、入費を自前で処置することを条件に許可された。このため改めて、同様の奉願文に加えて「義塾為入費所賜之俸給四十分ノ一毎年十一月御渡之節御引取被成下彼義塾催主へ御渡被下候」ことを「士族一統」が申し出ることで開業の運びとなったのである。これが養才義塾である。

この義塾開設にあたって「俸給四十分ノ一」を提供することとなった「義塾同士」三四一名の署名者の中に当然ながら、深間内基の名もある。他に、園部成美や湊直江ら慶応義塾入社組も入っている。この頃全国的に「義塾」を付した教育機関が生まれており、これは明らかに慶応義塾の影響が全国的に及んでいたことを示すひとつの現象である。三春の養才義塾の場合も、少なからずこうした影響を反映したものと考えられる。深間内基ら慶応義塾入社組の働きかけもあったのではなかろうか。この養才義塾はその後明治六年の三春小学校設置によって解消した。

註

（1）慶応義塾入社帳には数え年で二三歳と記載されている。この頃慶応義塾に入ることを「入社」と称していた。

（2）『三春町史』第三巻近代1、一九七五年によれば、三春藩の役所は、明治三年七月以降三春藩庁と呼称した。最後の藩政改革（第四次）は九月公布され、実施は一一月というから一〇月のころの役職名簿は、そのときのものであろう（「職員令」は二七頁）。明治四（一八七一）年七月廃藩置県によって、三春藩庁は三春県庁となった。

（3）『重教七十年の旅（前編）』三四頁。

（4）『慶応義塾百年史』上、一九五八年、二五七〜二六四頁。

（5）「入塾当時の思出」『慶応倶楽部』第一五号、一九二九年。門野幾之進の回顧談。

(6)『慶応義塾百年史』上、二七〇頁。
(7)『重教七十年の旅（前編）』三七頁。
(8)『人物書誌大系30福沢諭吉門下』日外アソシエーツ、一九九五年。
(9)『重教七十年の旅（前編）』三七頁写真。
(10)『明治四年明治六年　三春藩士人名辞典』。
(11)『重教七十年の旅（前編）』四三頁。
(12)福沢研究センター『慶應義塾入社帳』第一巻、一九八六年参照。
(13)三田に義塾が移ってからいっそう学校としての体裁が整えられて、明治四年「慶応義塾社中之約束」ができた。このときの規則で一二～一六歳までは童子局に入ることとされ、その際塾の教授の「推挙」（保証人）を受けることが必要であった。また、童子局と大人局は勝手に往来することを禁じられた。これは大人と童子の宿舎を区別し、みだりにそれぞれの宿舎に立ち入ってはならない、というものである。『慶応義塾百年史』上、三四一～三四二頁。
(14)『重教七十年の旅（前編）』四四～四五頁。
(15)同右、四六頁。
(16)『慶応義塾百年史』上、七三〇頁によると、文久三（一八六三）年より明治四（一八七一）年までの入塾生の全数一三二九名中平民は四〇名にすぎなかった。
(17)『重教七十年の旅（前編）』四八頁。
(18)『慶応義塾百年史』上、四一六頁「明治六年四月慶応義塾開業願」第四条。
(19)同右、四一二頁。
(20)日本図書センター『大正人名事典』III上、一九九四年。ほかに「入塾当時の思出」参照。
(21)福島県庁文書「諸官省諸願伺御付紙　福島県」。「明治五年至同六年　県中牒外五件」中に綴込。
(22)福島県庁文書「明治五年建言留　磐前県」。なお文部省『日本教育史資料』（臨川書店、一九七〇年）には養才義塾開設の際士族俸給の提供は「二〇分の一」となっているが、原文書は四〇分の一である。

第三章　高知時代

一　立志学舎英学教員として

立志学舎と英学

英学者として力をつけ、翻訳家として自立することに自信を持ち始めた深間内基に、高知県の立志学舎へ英学教員として赴任する話が舞い込んだ。明治八（一八七五）年晩秋のことである。この頃基はトーマス・ペイン著『道理之世』の翻訳に取りかかっていたが、英学教員の話を受けることとなった。この時期の経験が、のちの深間内基を形成する転換期となってくるのである。

慶応義塾では、学制発布以来、各地に設立された公立学校（小・中・師範学校）や私立学校に対し、教育の方法、教科書の供給、そしてまた求めに応じて教員の派遣も行っていた。慶応義塾は学校として最も先進的であり、文部省を初め、地方の私学教育をめざす者にとって模範となるものであったからである。立志学舎が慶応義塾に教員を求めたのもこうした事情による。

高知の立志学舎は、明治七（一八七四）年四月板垣退助が征韓論で下野したのち設立した結社、立志社の付属教育機関である。

立志社が自由民権運動の拠点となってその運動が全国に波及してゆくことについては説明するまでもない。多くの研究書があるので、ここでは必要に応じて触れるのみとする。

立志社は旧土佐藩士の結社として出発しているように、その目的は「士族ノ窮今日ヨリシテ益甚シカラントス是レ此会社ヲ起サスンハアル可カラサル所以」（立志社創立緒言）にして「無産ニシテ就業ノ道ナキ士族且ツ有志ノ者トモ」（創立条例第一条）が発起人となり、「士族無産ノ者各自営生ノ目的ニ随テ連結組合ノ法立テ人力ト地力ヲ竭シ物産ヲ増殖シ及ビ製造シ以テ就業ノ道ヲ謀」（創立条例第二条）ることにあった。(1) つまり当初の目的は士族授産事業を起こすことにあったわけである。その目的に沿って授産課と運搬課が置かれた。

一方士族の子弟の教育に関しては、立志社付属機関として立志学舎を設置し、また法律を学び代言業務を行う法律学課（一般に法律研究所と呼ばれ、のち正式に法律研究所となった）を設置した。(2)

立志学舎は、早くから学校設立に熱意を持っていた片岡健吉の尽力があって、立志社設立とほぼ同時に開設された。また開設にあたり「立志学舎趣意書」が発表され、「今や我国外貌駸々として文明に趨き、学術技芸日に開け月に進むの勢あり。然して人民の品行に至ては啻に其上進の彼の外貌の駸々然なるものと相称はざる而已ならず、実に其退却を見はす者少なりとせず」という状況の中で、「信義」「廉恥」を知り「元気」を養うことで、「人民の通義権利」を伸べ「一般公共の幸福を増長せんとす」ることが表明された。(3)

つまりは、特権を失って混乱する士族にモラルを求めたものといえよう。学舎では、当初漢学、洋学、数学などを教えたようである。

場所は現在の高知市鏡川下流近くの九反田にあった土佐藩の開成館を旧藩主山内家から借りてこれを学校とした。また学校運営資金も山内家から二万円を借りて始められた。島地正存、池田応助が学校取締となった[4]。立志社からの補助と月謝で学校運営をしたが、当初は生徒も思うように集まらず、「甚不人数」[5]であったという。

明治八（一八七五）年になると、一月大阪会議において大久保利通、木戸孝允と板垣退助とが協議し、征韓論で下野していた板垣が復帰することとなった。

同年二月大阪で愛国社が結成され、民選議院設立への動きが加速された。そして四月一四日「漸次立憲政体」を立てるという詔（明治八年の詔）が出された。こうした情勢の変化を受けて立志社の運動も積極化してきた。この年秋頃、立志学舎の体裁を改めて英語学科を設けることになり、英学教員を慶応義塾から迎えることになった。この結果、一二月には立志社規則を改正し立志学舎の体裁を一新し、翌九（一八七六）年一月からこれを実施することとなったのである。

明治九年一月から実施された改正立志社規則は、「此社ノ起ル所以ノモノハ已ニ述フル所アルカ如ク其人民ノ知識ヲ開達シ其気風福祉必ラズ相須ツコトヲ要シ学校ヲ設ケ会議ヲ興シ衆議公益ノ在ル所ヲ尽シ別ニ商局ヲ置キ自主富強ノ基本ヲ立テントスルニ在リ方法未タ完備スルニ至ラスト雖トモ略ホ体裁ヲ成スニ足ル因テ社員相会シ協議シテ規則ヲ定ムルコト左ノ如シ」との前文を掲げ、その第一条に「此社ノ名号ヲ立志社ト称シ日本高知県第八大区一小区九反田ニ本社ヲ置キ学校ヲ設ケ別ニ同大区二小区京町ニ商局ヲ開キ其制定シタル規則ヲ以テ事業ヲ営ムコトトス[6]」と記された。創立時の規則に入っていなかった「学校」の件を規則の中に記述することで、学校運営が立志社活動の主要な柱のひとつとして位置付けられることになった。こうして、低迷していた立志学舎も、明治九年になってやっと学校としての機能が強化され、生徒も増加してゆくようになった。

明治九年から一一（一八七八）年七月まで、立志学舎では慶応義塾から合計七人（深間内基、江口高邦、矢部善蔵、永田一二、吉良亨、門野幾之進、城泉太郎）の英学教員を招き、本格的な英学教授を行った。このことは高知における英学の普及と西洋思想の受容に貢献した。

さらに、立志社の自由民権運動、演説活動の全国的展開へ大きく寄与した。

深間内基と江口の赴任

「此頃立志社連ノ中、山田喜久馬、池田応（助）両人出京セリ。是ハ英学ノ教師雇入ノ為ナリ。両人等ノ論ヲ聞クニ、兎角立志社モ実行不学、何分学問乏敷テハ万事不都合ニ付、屹度学問致候ト決定致シ、教師ヲ雇フ所ナリトテ、征韓論モ主張セズ居合ノ光景ナリ(7)」

右は明治八（一八七五）年一〇月二七日の佐々木高行日記中、津田の話として記録されているものである。つまり、一〇月下旬の頃、立志社の山田喜久馬（山田平左衛門のこと）と池田応助の二人が上京し、英学教授を迎えるべく、慶応義塾を訪れたのである。慶応義塾では各地方の学校へその求めに応じて卒業生を教員として派遣していた。立志学舎でも、英学教育の必要性を認識し、英学教育の最先端にあった慶応義塾からの教授招聘を考えた。しかも山田平左衛門は、一時慶応義塾へ入っていたこともあり、その様子は知っていたはずである。

山田平左衛門は明治四（一八七一）年六月、二六歳の時慶応義塾に入社して英学を学んだ。入社に当たっての証人は「高知藩大属桑原譲」とあるので、藩からの貢進生として入社したのであろう。[8] 山田は明治六年征韓論が起こると高知に帰り、立志社の主要メンバーとして活躍した。明治八年に立志学舎取締の池田応助と共に山田平左衛門が上京したのは、彼が慶応義塾に入社したことがあり、多少なりとも義塾の教員・生徒らと面識があったことによるだろう。

佐々木高行の日記中に秋山則白による高知県人物論があり、それによると池田応助は「虚カツ無学ナリト雖モ、立志社ノ小巨魁」、山田平左衛門は「武人」とある。[9] 征韓論派（板垣）に与して義塾を去ったということが、この「武人」評で何とはなしにしっくりくる。しかし「武人」山田は教育に熱心で、立志学舎の英学教員招聘で一肌脱いだが、立志学舎が衰退して廃校となったあと、明治一四（一八八一）年の高知県共立学校設立の際も、その資金調達に奔走した。

さて、慶応義塾からの派遣教員は深間内基と江口高邦の二人と決まり、明治九（一八七六）年一月より立志学舎での英学教育が始められることとなった。深間内基は明治四、五年頃、つまり山田平左衛門が在塾していた頃は、加藤木重教の回想記でみたように、初学者への教授を行っていたので、山田が深間内から教わったことがある可能性も考えられる。また江口高邦（旧白川県＝熊本県出身）は明治六年五月変則科入社であるから、ちょうど山田平左衛門が高知に帰る年に塾生となった。

深間内基と江口高邦の二人がいつ高知に着いたのかは定かではないが、明治九年の年が明けると早々に高知に赴いたものと思われる。このころになると立志社の活動もやや盛んになってきて商局や法律学課（法律研究所、弘瀬新一が学課長であった）も軌道にのってきたようだ。

表3－1　立志学舎英学科の教育

第1等生	ベンサム「法理書」	ミル「自由之理」
第2等生		
第3等生	ウールセー「万国公法」	ミル「代議政体」
第4等生	ギゾー「文明史」	ルッセル「政体書」
第5等生	スチゥデント「仏国史」	ウェーランド「修身論」
第6等生	クエッケンボス「窮理書」	チャンバー「経済書」
等外1級生	クエッケンボス「大米国史」	グードリッチ「仏国史」
等外2級生	グードリッチ「英国史」	グードリッチ「万国史」
等外3級生・甲	パーレー「万国史」	クエッケンボス「文典」
等外3級生・乙	チャンバー「第二リードル」	クエッケンボス「小文典」
等外3級生・丙	ウェルソン「第二リードル」	ウェルソン「スペルリング」

出典：「明治十歳下半季立志学舎大小試験并勤惰表」より作成。

立志学舎も二人の英学教員を慶応義塾から迎えたことで、学科の改革がなされ、「学則は慶応義塾に模倣し生徒も五十名を越へ追々に盛んなるべし学生中にも演説会ありて江口君之を督励し頗る活発なる論説ありて傍聴人も衆多なり」[10]という。

この三月末日の新聞報道から、深間内基と江口の二人の教員赴任後、二人の指導によって慶応義塾にならった学則が決められたことがわかる。立志学舎の教育は義塾で行われていた教科と同様のもので、ベンサムやミル、ギゾー、ウェーランドなどの英米近代思想、歴史、修身などである（表3－1参照）。

このように慶応義塾にならった学則と学課編成が第一に指摘されるのであるが、同時に、早くも演説会が開かれていることが指摘できる。これも慶応義塾三田演説会にならったのであろうが、当初立志学舎で行われていたのは学術講演会のようなもので、学舎の生徒が学んだものを発表するといったものが多かったろう。しかも傍聴人が多勢集まったというから学舎の生徒以外の人々にも公開されたものと思われる。演説会は若い江口高邦が主に指導したようである。

こうして、深間内基と江口高邦による立志学舎の改革は、第一に慶応義塾にならった近代的学校制度（学制・学課編成や勤怠表の作成など）を高知に導入し、第二に英学（欧米思想）と演説会の普及によってその後の自由民権運動に質的向上をもたらした。

慶応義塾からの派遣教員は、当時としてはかなり高額な月給を支給された。基たちがいくら受け取っていたか明らかでないが、弘前藩から英学教員として迎えられた吉川泰次郎（のち東奥義塾開校）や、宇和島・大洲で英学教員となった四屋純三郎、中上川彦次郎などが、月給七〇円の契約となっている。[11]おそらく深間内基や江口高邦の場合はそれよりは低い金額であったと思われるが、相当な額ではあったろう。また期限は先例から考えると一年間であったと思われるが、これはわからない。

さて英学教育が始まった立志学舎は日毎に人気が高まり、「先達て慶応義塾より江口氏と外一名の教師が廻りて是迄の仕方を一洗して新規に仕組を立てし以来学徒倍々盛に成り此節ハ入塾生三百人に溢れ其中原書に渉る者が七十余人に至り土曜日演述の度毎に聴聞人が殖て履か戸の外に一杯満ち升と申事」[12]となった。

「立志学舎勤怠表」によると、明治九年四月には六四人だった生徒数が、七月には七四人、一二月には九四人、翌一〇年七月九六人、そして一〇年下半期（この期のみ「明治十歳下半季立志学舎大小試験并勤惰表」とある）には一〇三人となっている。[13]

このように生徒数増加の傾向は顕著であるが、新聞にあるような「入塾生三百人」とは大げさで、演説会の傍聴人らも含めて立志学舎に出入りする人々の数を伝えたものであろう。「原書に渉るもの七十余人」とあるが、これがほぼ英学の生徒数を示している。また「土曜日演述」とあるから、月に何度か、土曜日に演説討論会を開催していたものとみえる。

江口の離高と矢部善蔵の赴任

江口高邦は深間内基より後輩で、立志学舎に来たときは二〇歳の青年であった。基より一〇歳若い江口が、演説会をリードしていたように、活気あふれる行動派であった。誤解をおそれず単純化してその人となりを比較すると、基はすでに数冊の翻訳本を出版し、英学者としての地位を確立しつつある学者肌の人物であった（もちろんその後仙台で自由民権家として活躍することになるのだが）のに対し、江口高邦は若さあふれる活気ある青年であったのだろう。その積極的性格はのちに彼がジャーナリスト（「山陽新報」主筆）となったように、このころから弁舌たくみで高知の青年に人気があった。

しかし江口は基を残して先に高知を離れ、替わりに矢部善蔵[14]がやってくる。この時期はいつであろうか。教員契約を一年間として考えると、明治九年いっぱいが契約期限ということになる。同年七月一四日付で、江口は「立志社員へ寄スルノ書[15]」を残している。これは、江口が高知を離れるのにあたり、立志学舎生徒および立志社社員に発したものと考えるのが自然であろう。してみると、江口は明治九年七〜八月頃に東京に戻ったとみていいだろう。矢部善蔵は、江口の代替として、江口の残された約半年間、あるいは新たに一年間立志学舎教員を引き受けたものと思われる。

江口は若いだけに、立志学舎における教育の効果の達成を求めてあせったようだ。「立志社員へ寄スルノ書」では、立志学舎が日毎に生徒が増え盛んになる一方、生徒の不勉強や「自ラ思想セザルノ弊」「自ラ探討セザルノ病」などにいらだっていた。こうした「弊害」を早いうちに改善するには、「授教ノ法ヲ改メ」、「智識中最モ緊要ニシテ最モ貴重ス可キ者ハ科学」であるから、科学を「慣勉努力以テ之ヲ挽回ス可キ」こと、また「学生ノ勉不勉ハ学制ノ当不当ニ因ル」ので学制を改革し社中の有識者や教員によって討論して「或ハ教授ノ法ヲ議シ或ハ生徒ノ処置ヲ商リ心ヲ同シ力ヲ協セ奮勉努力以テ一ニ夫ノ弊害ヲ芟刈センコト」が必要であると強調している。しかし自分はその任にたえないということを離任のひとつの理由にしている。

江口は東京に戻り慶応義塾の演説会などに参加していた。明治一〇（一八七七）年四月の「三田演説第百会」の記念大会には、「外員（会員以外）出演者」として江口高邦の名がみえる[16]。

立志学舎の学課教授は上半期と下半期に分けて二期制であった（遅くとも明治九年後半からは二期制）と考えられるので、矢部善蔵は同年九月以降教授を行ったものであろう。つまり、明治九年の下半期は深間内基と矢部善蔵の二人が立志学舎教員として在籍していた。

矢部善蔵（千葉県出身）は、明治六、七年頃慶応義塾では変則科の生徒として在籍し、七年四月に卒業するとすぐ京都の慶応義塾分校教員となった。このあと大阪分校、徳島分校と、慶応義塾の西国方面の分校の創設・移転[17]に伴って転々として、明治九年八月江口と交替するという形で高知立志学舎教員となった。徳島分校は民権結社「自助社」の要請と援助によって運営されたもので、高知立志社との縁もあり、矢部を立志学舎に迎える話はスムーズに進んだと思われる。矢部は明治一一（一八七八）年の暮れには広島中学校の校長となっている。

表3－2　立志学舎学課編成と生徒数

（単位：人）

明治9年4月		明治9年7月		明治9年12月（下半期）		明治10年7月（上半期）		明治10年下半期	
第二等ノ二	1	第二等ノ二	3	本科第二期	2	二等	6	第一等生	3
第三等	5	第三等	7	本科第一期	6	三等	9	第二等生	6
第四等	6	第四等	7	普通科第一等	8	四等	8	第三等生	9
第五等	9	第五等	9	同第二等	9	五等	12	第四等生	9
第六等	10	第六等	9	同第三等	15	六等	17	第五等生	9
等外一	9	等外一	14	同第四等	14	等外一級	8	第六等生	17
等外二	24	等外二	7	等外一	10	等外二級	8	等外一級生	6
		等外三	18	等外二	13	等外三級甲	9	等外二級生	10
				等外三	17	等外三級乙	9	等外三級甲生	8
						等外三級丙	10	等外三級乙生	9
								等外三級丙生	17
合計	64	合計	74	合計	94	合計	96	合計	103

出典：「立志学舎勤怠表」より作成。

学課編成

さて、江口高邦が去って、立志学舎の教員は深間内基と矢部善蔵の二人となった。彼らは、江口が「立志社員へ寄スルノ書」で提言した学課編成にまず着手した。

表3-2をみていただければ明らかなように、明治九（一八七六）年夏までは「第二等ノ二」を筆頭に「第六等」まで、以下は「等外」として編成されていた学課は、夏に改革されて、下半期（たぶん九月から）は「本科」と「普通科」に分け、「普通科」を「第一等」から「第四等」までとし、以下「等外」とした。しかし明治一〇年になると再び「二等」を筆頭に「六等」まで、それ以下の「等外」を、「等外○級」という呼称にしている。明治一〇年下半期は基本形は同じで、「第○等生」と下に生を付けただけであることから、この年は一年間同じ形式と考えていいだろう。ただ今まで筆頭が「二等」であったのが、優秀な成績の者が

現れたせいであろう、「第一等生」に位置付けられる者が出て空いていた「一等」欄が加わった。
このように明らかに明治九年夏に学課編成に大改革が加えられたことがわかる。しかし、翌一〇年には基本的には当初の編成方式に戻ったように思われ、この改革はあまり意味をもたないものだった、ということになろう。

本定約

立志社では、明治九年一一月、学校に関する「本定約」なるものを定めた。佐々木高行の日記にある「高知同志ヨリ送リ来ル立志社ノ本定約[18]」がこれである。平尾道雄の『立志社と民権運動』では、これを「立志社学校定約」として紹介している[19]。

一　這回諸君ト共ニ学校ヲ興シ、以テ吾人ノ公益ヲ謀ラントス、因テ礼敬ヲ厚シ、交際ヲ結ビ、予メ後来弛廃ノ憂ヲ防ギ、同心協力斯ニ従事シ、永ク維持ノ実行ヲ奏スベキ事
但、盛大実功ヲ遂ル後ハ、社名ヲ付シ、其趣意ヲ著述スベシト雖モ、未ダ草創ノ際ニ付、仮ニ学校トノミ称スル也

第二

一　万事協議ヲ以テ著手施行シ、一旦議決スルノ条件ニ於テハ、苟モ其義務ヲ尽シ、専ラ其趣旨ヲ保護スルヲ要スベキ事、

第三

一　質実ヲ旨トシ、虚飾ヲ除キ、恣睢軽卒ノ挙動ナキヲ要スベキ事、
右条約ヲ書シ、相倶ニ此約ヲ堅固ナラシムル上ハ、自今以後、違約全々無之筈、或ハ此条款ニ悖戻有ルニ於テハ、衆議ノ上相当譴責行フベキ事、
明治九年十一月

この三カ条の「本定約」に対して佐々木高行のコメントがついている。それは「右ハ、立志社中ノ策ニテ、学校ヲ名トシテ吾輩ノ立生キ社ニ反対ナルニゾ、殊更ニ定約書ヲ以テ相談セルナリ、大ニ注意スベキ事ト考ヘタリ、然レドモ学校云々ハ美事ナレバ、表面異論アルベキ筈ハナシ」というのである。「立生キ社」とは佐々木らによる中立（社）系の学校を指すが、まだ学校として機能していなかった。

高知には主義主張の相違から大きく分けて、立志社（自由民権）、静倹社（封建）、中立社（中立、政府系。結成は一〇年二月頃）の三つの潮流があり、それぞれ学校を設けていた。立志学舎が明治九年以降盛んになってくるのに対し、中立社系、静倹社系は停滞していたようだ。佐々木高行としては、立志学舎が学校としての体裁を確立してゆく状況に対し、中立社系の学校への挑戦と受けとめて反発しつつも、佐々木自身学校設立による旧土佐藩士子弟の教育ということに情熱を持っていたため、「学校云々ハ美事ナレバ、表面異論アルベキ筈ハナシ」と、学校ができることには反対できないと、複雑な心境をのぞかせている。

さてこの「本定約」なるものがなぜこの時期に出されたのであろうか。

平尾道雄『立志社と民権運動』はこの資料について「佐々木の指導による中立社の学校はまだ具体的な形態は備えず、仮りに「立生き社」とも呼ばれた。学校経営の必要性は中立社のみならず、静倹社でもすでに学舎を設けていたし、立志社でも創立当時から学舎を備えていたのである。しかもその内容はまだ完備していなかったので、池田応助と山田半《ママ》左衛門は前述の如く上京して英学教師の雇傭に奔走、慶応義塾卒業生江口高邦、深間淵《ママ》基を獲て学校経営方針を新規に定めた[20]」といい、この「本定約」文を紹介している。

しかし、江口高邦と深間内基による英学教育は一月からすでに始まっており、右の文面からすると、英学教育を始めるにあたって作られた方針と読みとれるが、「本定約」は一一月作成であるから、時期的に不都合である。ではなぜこの時期に改めてこの様なものが作成されたのか。内容をみると、これは立志社員中とくに学校（立志学舎）に学ぶ生徒へのいましめが入っていることに注目する必要がある。つまり第一条では、立志学舎を学校として認識し、その維持のために、「礼敬」と「交際」によって「後来弛廃ノ憂」をなくし、「同心協力」して従事することを求め、第二条では、「万事協議」により決めたことには「義務」を尽くすことを求め、第三条で「質実ヲ旨トシ」、「虚飾」「軽率」の排除をうたっている。

以上のように「本定約」の内容に注目して読むならば、さきに示した江口高邦の「立志社員ヘ寄スルノ書」を思い起こすであろう。つまりこの「本定約」は、江口高邦が高知を去るにあたり、立志社員、ことに立志学舎に学ぶ者たちに対して残した危惧と提言に対応していると見ることができよう。

江口が去ったのち、江口の提言を受けて、残った深間内基と、新しく江口と交替した矢部善蔵とが、立志社の幹部、立志学舎の責任者らと協議の上、この三カ条の「定約」を社員並びに学舎生徒に対して発表したものと考えれば、これが一一月に出されていることが了解できるのである。

ところで立志学舎は明治九年八月、九反田の旧開成館を明け渡すこととなって、中島町の旧板垣邸へ移転した。したがって、九年下半期の教授は、中島町移転後の立志学舎で行われた。年末、立志学舎生徒はさらに増え、百人近くになった。

結局、明治九年下半期は、立志学舎の中島町への移転、学課再編成の改革、本定約の作成というように、立志学舎教育の全般的見直しの時期であったといえるだろう。そしてその中心的役割を果たしたのが深間内基であったといえよう。

二　高知の動揺と基の離高

明治一〇年、動揺の高知（西南戦争と立志社の獄）

明治一〇（一八七七）年は、高知の運命を左右する事件が続いた。不平士族の反乱は散発的に続いていたが、一〇年一月下旬、一大反乱が鹿児島で火をふいた。征韓論で下野した西郷隆盛を首領とした西南戦争である。西郷の蜂起は各地方の不平士族、自由民権派士族を刺激し動揺させた。そのため政府は各地方に密偵を送って監視した。東北の山形、宮城、福島などの士族の動向をきびしく探索する一方、鹿児島へ送る政府軍の一員として臨時巡査を召募した。福島、宮城からは数千の士族が応募した。

一方、立志社という最大の自由民権結社をもつ高知では、日頃から政府批判の演説会を開くなど、反政府的風潮が強かっただけに、政府もきびしく彼らの動きを監視していた。四月には立志社が、西南戦争の余波から高知人民を保護するとして護郷兵団を設置する動きもあったが、武装化を危惧した政府によって不許可となった。そうこうするうち、六月、大阪にいた藤好静と村松政克が逮捕された。これを皮切りに、岩神昴、林直庸らが逮捕され、さらに八月には片岡健吉、谷重喜、山田平左衛門、池田応助、水野寅次郎など、立志社の主要なメンバーが次々逮捕された。容疑は、立志社内の過激派によって挙兵が計画され、銃器購入などが画策された、というものである。この事件は「立志社の獄」あるいは「高知の獄」と呼ばれている。翌一一年八月、大審院で判決が下り、首謀者とされた林有造、大江卓、岩神昴、藤好静は禁獄一〇年の刑を受けた。

このとき逮捕された水野寅次郎は政府の密偵であったといわれており、その後彼は、佐々木高行の働きかけで、立志社に「分離状」を送って水野率いる共行社を立志社から離反させ、福島県の安積開墾地（政府の士族授産政策による）へ高知からの入植者をまとめる役回りをすることになる(21)。

立志社員が多勢逮捕されたことで立志社員の間には、力で逮捕者を取り戻そうとする動きがあったが、板垣退助がこれをなだめ、立志社が力を合わせて民権を広め、国会開設の運動に邁進することを訴えた。立志社社長片岡健吉が逮捕されたあとは西野友保が仮社長となった。

演説会の隆盛

明治一〇年はこのように西南戦争の影響を受けて不穏な状況が続いたこともあり、学術講演に加え、政体論や政府批判など政治的主張をなす演説会は急激に盛んとなった。とくに六月頃は「近来立志社ノ演説会殆ンド毎夜ノ如シ[22]」であった。六月二三日の新地劇場に於ける演説会などは「聴衆三千計、雑沓甚シ、其席ニ入ルヲ得ズ[23]」といった盛況振りであった。

では演説会の内容はどのようなものであったか。六月一八日の演説会では、「演説ノ趣意政体ノ事ニ及ビ、今日ノ如ク苛税ナルモ、畢竟政体悪シキ故也。是政府一二ノ大吏ガ私心ニ出タルモノナレバ、某大臣ヲ倒シ、政体ヲ一変スルニ非ザレバ、国決シテ立ツベカラズ[24]」など過激の論もあった。二六日の演説会では、「過日ノ如キ政体ヲ非議セズ」、その演題は「四民同権論、理財説、学問勧解、自由理、文明開化、幸福説、性法、民事雑話、信神説[25]」などであったという。

また、「去六月初旬より立志社にて下等人民をして智識を開き政治上の思想を懐かしめさる可からすとて下等社会の演説を始めし処案外の大入りにて」「老幼商工を論せす人力車夫行き漁夫行き士族行き婦人行き」して会場は狭すぎて混乱し、また演説の弁士は「立志学舎の生徒や同社員や又社外有志」が行い、演説内容は「専ら教育のことなり究理のことなり政府の職務なり人民の権利なりまた何くれとなく銘々の所見や翻訳書や英文や、福沢氏の学問の勧などより、苟も一般人民の心得となるべきものを演べ間々滑稽を雑へて物語るなり[26]」という。

立志社の演説会は明治一〇年六月七日に行われたものが、社外の一般民衆に公開された最初であると植木枝盛は記している[27]。それ以後、職業、老幼、男女を問わず多くの民衆が演説会を傍聴し、この傍聴人の中に、明治一一（一八七八）年九月、納税の義務を果たしている戸主は女であっても参政権があるはず、と県庁に訴え出た楠瀬喜多もいたのである。

女性のための傍聴席が設けられていたということが、立志社演説会の先進的特徴でもあり、一〇年一〇月頃には、その席が足りず拡張の要望があったというから、女性の傍聴人も相当あったのであろう。このころから植木枝盛が弁士として登場することが頻繁になった。明治八年頃東京で明六社や慶応義塾の三田演説会に通って演説のコツを身につけ、欧米の書物の翻訳本を片っ端から読書して得た幅広い教養によって、植木の演説は民衆を魅了した。[28]

さて六月七日が一般に公開された最初の演説とはいえ、高知市内には多数の地域民権結社があり、六月以前からそれらの結社が独自に集会、演説などを行っており、また先にみたように立志学舎での討論・演説会は、明治九年三月頃にはすでに江口高邦らの指導によって盛んに行われていたのである。そうした慶応義塾三田演説会の例にならった演説会が開かれるようになったのは、深間内、江口両慶応義塾卒業生のもたらしたひとつの成果であったが、明治一〇年頃には西南戦争の影響と、地域ごとの小民権結社の結成[29]などで活気づき、かつ、植木枝盛という天才的弁士を得て、明治一〇年の高知は、実に驚くべき演説会の隆盛をみたのである。

植木は明六社や三田演説会によって演説を学び、翻訳本はほとんど読んだといわれるほど勉強家であり、そのラジカルな思想で福沢をも批判し、のちに憲法草案（「日本国国権案[30]」）を起草するなど自由民権運動に多大な貢献をした人物である。

しかし、そのラジカル性について作家安岡章太郎がその著『流離譚[31]』でおもしろい分析と評価をしている。彼によれば、植木は戊辰戦争も知らず、明治政府を徳川と変わりないと批判、遅れてきた青年のねたみと、語学に不得手なためもっぱら翻訳書を読むことでラジカルな思想を身につけた。板垣の書生のような立場であったため、立志社の獄で主要な人物がとらえられたのち、新聞主幹となり、月給五〇円という特別扱いをされていた、という。

なるほど、作家らしい鋭い観察である。当時の翻訳本は、原文を正確にというより、当時の日本の状況に合わせ、必要とされる部分を抄訳して編集しているものが多く、語学の苦手な植木がそのような翻訳本のみを読んでラジカルな批判精神を旺盛に発揮したということは充分了解できることである。

確かに植木は明治六（一八七三）年藩の推薦で入った東京の海南私塾を数カ月で退学し、以後学校というものには入っていない。明治七年四月立志社設立と同じ頃立志学舎ができて、九年一月から本格的な英学の教授が行われるようになるわけだが、植木は、立志学舎の討論、演説会には出かけても、学舎に入学することはなかった。英学教授というのは原書の素読が基本であったから語学嫌いの植木が敬遠するはずである。その植木がのちに婦人解放を唱えるようになった背後には、彼が読んだ基訳『男女同権論』もあったのである。

深間内基の離高

さて深間内基と矢部善蔵はいつまで立志学舎にいたのであろうか。一年契約と考えれば、明治九年一二月まで、少々延びても翌年三月頃であろう。しかし次の教員となった永田一二と吉良亨は明治一〇年七月からである。そうすると基と矢部は、矢部がちょうど一年となる七月まで立志学舎に留まったようにも思われる。

『明治新聞雑誌関係者略伝(32)』によると、永田一二は「(明治)一〇年七月高知立志学舎の教員に聘せられ、同社の教員となり、傍ら演説に従事した。一一年三月、立志社員と義合わず、辞して東京に帰り、再び義塾の教員となる」とある。そして明治一三（一八八〇）年には『愛国志林』、『愛国新誌』の記者となり、以後はジャーナリストとしてさまざまな新聞で活躍した。

板垣退助『自由党史』(33)に、明治一〇年冬から翌一一年春の初めにかけて板垣を訪れた人々の名が掲げられているが、この中に「豊前の永田一二」という名前がみえる。この部分の記録は大雑把で、いつ頃ということがはっきりしないが、永田一二はとくに板垣を訪れるために高知に行ったのではなく、立志学舎教員として七月頃すでに行っており、その間板垣と面会したことがあるのだろう。あるいは立志学舎を辞めるに当たりあいさつに行ったのかも知れない。いずれにせよ、明治一〇年下半期は永田は立志学舎で教授をしており、翌一一年三月初めに辞めて高知を去った。

　永田らに去られたため、後を追うように大石正巳が立志学舎の生徒総代として上京し、門野幾之進と城泉太郎が教員として高知に赴任することになった。二人は三月二七日横浜を出港し、四月五日高知に着いた。そして四月一一日から立志学舎での教授を始めている。

表３－３　立志学舎英学教授変遷

	学期	勤怠表の有無	教員
1	明治９年１－３月	有	深間内基・江口高邦
2	４－７月	有	深間内基・江口高邦
3	９－12月	有	深間内基・矢部善蔵
4	明治10年１－７月（上半期）	有	深間内基・矢部善蔵
5	９－12月（下半期）	有	永田一二・吉良亨
6	明治11年１－３月	無	永田一二・吉良亨
7	４－７月	無	門野幾之進・城泉太郎
	明治12年　立志学舎廃校		
	明治14年　共立学校設立		

出典：高知自由民権記念館『立志社』ほかにより作成。

門野と城の在職期間は短く、七月には教員を辞め、高知を離れている。もっとも、城は過激な弁論で立志社の人々に人気があったと伝えられている。(34) これ以後立志学舎は慶応義塾からの教員招聘を行っていない。そして次第に衰退し、明治一二（一八七九）年の末には廃校となってしまった。

さて廃校まで話が進んでしまったが、以上の経緯から考えると、教員の交代は三月と七月に行われるようだ。それは学課編成の区切り目に当たるからである。永田一二が明治一〇年七月立志学舎教員として招聘されたとすれば、永田は九月以降（明治一〇年下半期）を受け持つことになったことを意味するから、深間内基と矢部善蔵は明治一〇年七月まで高知にいたことになろう。基にとっては一年半にわたる長期滞在となったわけである。しかし史料的には今後の研究にまつほかない。

この間の慶応義塾派遣教員の教授時期を学課編成とあわせて整理してみると表3-3のようになる。これは勤怠表や教員の交替などを勘案して作ったものであるから若干のズレはあるかも知れない。

高知での暮らし

明治九（一八七六）年一月、三〇歳の深間内基と二〇歳の江口高邦が、立志学舎の英学教員として高知を訪れた。二人はどのような経路をたどって高知へ入ったのであろうか。当時高知へ入るには一般的には横浜から船で神戸を経て高知の浦戸湾の港から上陸する。その時の天候や船の待ち時間等で変わるとしても一週間前後で到着する。基は高知へ行くことが決まったとき、三春の家の管理を叔父深間内惣吉にゆだねた。当分郷里に帰る機会もなくなると考えていたろう。

基はこのころ横浜あるいは東京深川辺りに住み翻訳の仕事をしていた。立志学舎での英学教員という仕事につくことは、義塾外に出ての初めての本格的な就職であった。しかも遠方の地である。それなりの覚悟を定めて高知入りしたであろうことが伺われる。

さて高知入りした基にとって、まず必要なのは住まいである。

基が高知でどこに住んでいたのかは、彼が明治九年七月に出版した（五月に出版免許を得て、七月に出版された）翻訳書『道理之世』（トーマス・ペイン著）の奥付に「訳者　磐前県士族　深間内基　土佐国土佐郡雑喉場壱番地住」とあることからわかる。

雑喉場《ざこば》は、『角川　日本地名大辞典　高知県』によれば、江戸期から昭和一一年までの地名で「高知城下町の東南端、鏡川左岸に位置する。西は唐人町、東は下知村の棒堤にいたる片町。『高知風土記』によれば、「雑喉場片町」とあり、東西一三〇間、南北一五間、家数三五軒。生魚市場が置かれ雑魚を売買したことから雑魚場の称が生まれ、のち雑喉場と書くようになった」といわれ、鯔《ぼら》が競りにかけられていたそうであるから、鯔がたくさん漁れたのであろう。明治維新後は雑喉場の魚問屋は商社組織となって、明治三年雑喉場商社規則が定められた。また昭和三年には雑喉場橋が落成した、とある。現在は高知市九反田の一部となっている。

筆者は、二〇〇四年九月七日、八日とこの地を訪れ、旧雑喉場周辺を散策してみた。鏡川（旧潮江川）が高知城の南側を西から東に流れ、ほとんど河口に近いところで、最も海寄り（東側）から鏡川大橋、九反田橋、雑喉場橋、潮江橋、天神橋と架られている。つまり、河口から数えて三つ目の橋が雑喉場橋である。

近世の城下絵図によると、雑喉場には渡場があったようだ。そのためこの場所に昭和になって橋が

図３－１　高知　雑喉場橋と周辺の街

架けられたのであろう。

基が住んでいた雑喉場一番地の住居を具体的に確定することはできない。しかし、基が教員となって通うことになった立志学舎は当初旧藩主山内家より借用した開成館にあり、この開成館は、雑喉場の東端の北隣、九反田にあった。現在東九反田公園となって、「憲政之祖国」という大きな碑が建っている。基の住んだ雑喉場から旧開成館の立志学舎まで歩いても一〇分か一五分くらいのところである。

この雑喉場の西隣、唐人町には楠瀬喜多が住んでいた。明治一一（一八七八）年の区会議員選挙の際戸主として納税しているにもかかわらず女だから選挙権がないのはおかしいといって県に抗議した。このことがあって楠瀬喜多は「民権ばあさん」と呼ばれ有名になった。楠瀬喜多は明治七（一八七四）年に夫に死なれて未亡人となり、女戸主となっていた。また明治一〇年頃から、立志社の演説会にも足を運んでいたという。喜多はよそから高知を訪れた自由民権活動家らの世話をしている。三春の河野広中も高知訪問の折楠瀬喜多の世話になっており、大正九（一九二〇）年に没した喜多の墓碑は河野広中の書である。[35] こうした喜多の生活から考えて、基の高知在住中に住まいや生活の世話などを喜多から受けていたことも考えられる。喜多はこのとき四〇歳。遠方からやってくる若い自由民権活動家たちを世話するにふさわしい年齢ともいえる。喜多のように、自由民権家やその若い同調者などの世話を引き受ける女性は、高知だけでなく、他の地方でも存在を確認できる。第五章で触れることになる仙台の成田うめもそのような女性であったし、また会津（耶麻郡）の風間ハルも同様な存在であったと思われる。

さて、鏡川沿いの街の一角に居住した基は、近くの魚市場にならんだ新鮮な魚、とくに鰡などを食べていたろう。郷里三春は山間の里でなかなか新鮮な魚は手に入らなかったから、高知の魚に舌鼓を打ったにちがいない。

また一方、八月、九月の時節は、台風の影響を受け暴風雨となることもあり、鏡川が増水、氾濫することも多かった。たまたま私が高知を訪問した二〇〇四年九月七日はちょうど大型台風一八号が通過するときに遭遇し、風と雨で表を出歩くことができず、一日ホテルに缶詰となった。

植木枝盛の明治一〇（一八七七）年の日記をみると、（明治九年は植木は東京にいたので）、八月八日から一〇日まで雨、一一日は晴れたり降ったりで一二日は「風雨猛烈」とある。また二六日も「暴風猛雨」。九月に入って八日が雨、一四日は「夜前大雨巨雷、今日洪水」とある。(36) これらの暴風雨や洪水は、季節柄台風の影響であろう。

明治九年の八、九月も似たような天候の日々があったろうから、基は三春では味わえない台風に、眠れない夜を過ごしたこともあったろう。

立志学舎の教え子

明治九、一〇年頃の立志社は非常に活気があった。県庁や区戸長に立志社系の人々が多く入っており、立志社員にあらずんば人にあらずという勢いがあった。「壮士」気取りの士族が多かったのだろう。一〇年以降は各地域民権結社も次々に生まれていった。

立志学舎における英学教育と討論、演説会が軌道にのり盛んになってくる一〇年に入ると立志社は大衆に広く公開した演説会を開き、これが好評で、毎回千、二千という聴衆で混雑、六月には帯屋町に演説会場を設け、演説規則をつくった。また演説会のあとは、妓楼にあがり、あるいは鏡川での芸者をつれての船遊びなどすることもあった。「ルーソー気取の民権先生も時々眠仙妓院を催す由なり」などと新聞に書かれている。(37)

当初演説会は江口高邦が積極的にリードしていた。江口がいなくなってからは、深間内基が演説会を指導するということもあったろう。のちに教員として来た永田一二や城泉太郎も積極的に演説を行っており、基だけが演説に関係しなかったとは考えにくい。ただし、基の場合、学術講演的な演説が多かったのではないかと思う。演説会で気勢を上げる立志社員等の行動を間近に見聞し、また自身も演説したり共に行動することで立志社の主張に彼自身影響を受けたことも多かったろう。

深間内基が高知を離れて再び東京に戻って一年たらずのうちにジョン・スチュアート・ミルの訳本『男女同権論』を出版することになったのも、基が高知在住時代に、楠瀬喜多との交流や、演説会に参加する女性傍聴人の存在などに刺激を受けたことが、その背景にあると思われる。またその彼がのちに仙台に行き、ここで人生の大半を過ごすことになるわけだが、仙台の地に初の民権結社を創立させることになったのも、この高知在住時代の体験があってこそのものであったと考える（このことについては第四章と第五章を参照）。

ところで、立志学舎教員として多くの高知人（士族）に英学を教えたが、その教え子の中にはのちに自由民権家として名をあげた人々もいる。どのような人物がいたのか、以下にみてみたい。

坂本直寛（南海男）　嘉永六（一八五三）年生まれ。坂本龍馬の甥。「立志学舎勤怠表」には明治九年七月に登場。最上級の「第二等ノ二」に評価されている。馬場辰猪、植木枝盛と共に自由民権三大論客といわれた。高知県会議員となる。晩年は北海道北見に入植して、開拓とキリスト教伝道に務めた。

楠瀬常三郎　明治九年四月の「立志学舎勤怠表」に最上級「第二等ノ二」に唯一人在籍、その後も一貫して最上級にあったので、大変優秀な人物であったのだろう。当時は有信社に属していた。その後県官になったもよう。

江口三省（小松三省）　安政五（一八五八）年生まれ。明治九年四月の「立志学舎勤怠表」では二番目の「第三等」に、七月には「第二等ノ二」（最上級）へ昇級している。その後上京して明治一〇年一月慶応義塾に入った。保証人に江口高邦がなっているので、立志学舎教員として高知に来た江口高邦の影響を強く受け、高邦が教員を辞めて東京に戻ったのを頼って自ら上京して慶応義塾に入ったものと思われる。しかし一年位で義塾を退学し、自由民権運動に参加、ジャーナリストとして活躍する一方、各種翻訳書（ヘンリー・ジョージ著『社会問題』など）を著した。明治二五年に「福島民報」が創刊されたときの初代主筆となっている。

大石正巳　安政二（一八五五）年生まれ。明治九年七月の「立志学舎勤怠表」に二番目の「第三等」に在籍、一二月は学課編成が変更されたが、やはり二番目の「本科第一期」に名前がみえる。翌一〇年七月には最上級の「二等」に、同年下半期には再び二番目の「第二等生」に位置している。馬場辰猪らと国友会を組織し、自由党員となるが、板垣外遊に反対して脱党。のち進歩党。

宮地茂春、島崎猪十馬　二人とも明治九年四月の「立志学舎勤怠表」には、最下級「等外二」に在籍。宮地は徐々に進級して明治一〇年下半期には「第五等生」となった。彼はこの年「発陽社」を結成している。「嶽洋社」員であった島崎は成績はあまり芳しくなかったが、のちに『旧各社事蹟』を編集して、民権結社の存在を後世に残した。

弘瀬重正、西原清東　万延元（一八六〇）年生れの弘瀬重正は「発陽社」員。「立志学舎勤怠表」

には明治九年四月からその名がみえる。当初「第六等」にあったが、以後「第五等」「普通科第三等」と進級、翌一〇年は再び「第五等」となっている。弘瀬は立志学舎が衰退しはじめる明治一二年三月上京して慶応義塾に入る。その後明治一四（一八八一）年に福島県三春に、自由民権派による塾「正道館」が開設されると、その講師として招かれ、「嶽洋社」の西原清東と共に三春に来て、約八カ月ほど滞在した。

弘瀬と共に三春「正道館」講師となった西原清東は文久元（一八六一）年生れで、明治九年一二月の「勤怠表」から名前がみえるので、弘瀬より遅れて英学を開始した。当初は「等外三」から始まったが、あまり成績は伸びなかったようである。

弘瀬・西原の二人は、河野広中の招きと片岡健吉の推薦によって三春へ来ることになった。三春では月給一〇円の待遇であったという。弘瀬・西原二人とも立志学舎で教員をしていた三春出身の深間内基から英学の手ほどきを受けている。また明治一〇年と一二年には河野が高知を訪れており、ことに河野は弘瀬の父親弘瀬新一とは懇意であったようであるから、この二人が三春に来ることに抵抗はなかったであろう。正道館で使用した教科書をみると、その内容は慶応義塾→立志学舎→三春正道館という流れがうかがえる。ミル、フォーセット、スペンサーといった人々の翻訳書をはじめ、法律関係、歴史関係のものが多い。

またこの間、三春で『三陽雑誌』が発行されたが、この件にも二人の協力があった(38)。

その他（垣内正輔）　市原真影、和田稲積、武市安哉、島村鶴集、堀見煕助なども立志学舎に学んでいる。これらの人物についてはとくにその後三春や深間内基との関係はないので説明を省く。

さてここで一人取り上げておきたいのは垣内正輔である。彼については『高知県人名事典』に記述がなく、高知自由民権記念館の出版物にも登場しないので、どういう人物か詳しいことはわからないが、「立志学舎勤怠表」には明治九年七月「第四等」に登場し、一二月には「普通科第一等」に急進、翌一〇年学課編成改革後は「三等」、そして同年下半期には最上級の「第一等生」になっているので、非常に勉強熱心で成績も向上していることがわかる。

垣内正輔は東京での政談演説会にしばしば弁士として登場しているから、演説も上手だったとみえる。垣内は国友会に属し、明治一五年頃、馬場辰猪、大石正巳らと共に国友会の政談演説会に盛んに出席している。

註

(1) 立志社創立条例第一条、第二条、外崎光広編『土佐自由民権資料集』高知市文化振興事業団、一九八七年収録。
(2) 外崎光広『土佐自由民権運動史』高知市文化振興事業団、一九九二年、五二頁参照。
(3) 立志学舎趣意書、『自由党史』上、岩波文庫版、一九五七年、一四六頁。
(4) 東京大学史料編纂所編纂『保古飛呂比　佐佐木高行日記』六、東京大学出版会、一九七五年、一〇二頁。
(5) 同右、一八一および一九三頁。
(6) 『土佐自由民権資料集』一一～一二頁。
(7) 『保古飛呂比』六、三一六頁。
(8) 「慶応義塾入社帳」明治四年、および『人物書誌大系30福沢諭吉門下』参照。
(9) 『保古飛呂比』七、一一三頁。
(10) 『郵便報知新聞』明治九年三月三〇日付。

(11)『慶応義塾百年史』上、五六九～五七一頁。

(12)『郵便報知新聞』明治九年五月二六日。

(13)山下重一「高知の自由民権運動と英学」『高知の研究』五、清文堂、一九八二年。福井淳「立志社像の再検討」高知市立自由民権記念館平成十年度特別展『立志社』。

(14)矢部善蔵について、高知の研究書の多くが善三と表記している。私は一応『慶応義塾百年史』「慶応義塾勤怠表」における善蔵という表記を用いることにする。

(15)『郵便報知新聞』明治九年八月二日。

(16)『慶応義塾百年史』上、六七二頁。

(17)分校については、『慶応義塾百年史』上、五〇七～五四三頁参照。

(18)『保古飛呂比』七、八二～八三頁。

(19)平尾道雄『立志社と自由民権運動』高知市民図書館、一九五五年、五五～五六頁。影山昇「明治初年の土佐自由民権結社『立志社』と『立志学舎』の教育」『愛媛大学教育学部紀要』第一八巻一号、一九七二年は平尾の著書からこの史料を引用して載せている。

(20)同右、五五頁。なお、深間内の名は、しばしば深間淵と誤記されていることが多い。音がそのように聞き取られたためであろう。

(21)拙稿「士族授産の政治的側面について――国営安積開墾における久留米及び高知入植の事情」『福島大学行政社会論集』一九九五年九月第八巻第一号。

(22)『保古飛呂比』七、二〇八頁。

(23)同右、二〇九頁。『植木枝盛日記』高知新聞社、一九五五年では、「聴客甚た夥しく屋内に入るもの二千人、不能入返者亦二千人斗と思ふ」（七三頁）と記されている。

(24)同右、二〇八頁。

(25)同右、二二七頁。

(26)『郵便報知新聞』明治一〇年七月二六日。

(27) 植木によれば、「此ノ月（六月）七日本社始メテ公衆ヲ集メテ政談演説会ヲ蓮池町ニ開キ」とある。植木枝盛「立志社始末紀要（三）」『史学雑誌』第六五編第七号 六五頁、後藤靖による「資料紹介」。
(28) 河野広中文書「南海記行」（国立国会図書館憲政資料室蔵）一〇月八日付参照。
(29) 町毎に従来若者が〇〇組と称するグループをつくって対抗し旗奪《はたうば》いなどをして力を競っていたような状況があり、それらがそれぞれ結社を設立して学問や運動をするようになったと思料される。たとえば新町組↓共行社、江の口組↓有信社、北町組↓一歩社という具合に。
(30) 植木枝盛の草案「日本国国権案」については家永三郎ほか編『明治前期の憲法構想』福村出版、一九六七年をはじめ研究書多数。
(31) 安岡章太郎『流離譚』新潮社、一九九三年、四七八～四七九頁参照。
(32) 宮武外骨・西田長寿『明治新聞雑誌関係者略伝』みすず書房、一九八五年。
(33) 『自由党史』上、岩波文庫版、二二九頁。
(34) 城については山下重一「城泉太郎の生涯と著述」『国学院法学』第九巻第二号、一九七一年参照。
(35) 外崎光広『明治前期婦人解放論史』高知市民図書館、一九六三年、七七～七九頁。山本泰三『土佐自由民権家の墓碑並びに業績』高知市立自由民権記念館友の会、一九九六年、一六頁。
(36) 『植木枝盛日記』高知新聞社、一九五五年、七七～七八頁。
(37) 『郵便報知新聞』明治一〇年八月一六日。
(38) 『三春町史』第三巻近代1、三六五頁以下参照。

第四章　仙台時代Ⅰ

一　宮城師範学校教員へ

再び東京、三春、そして仙台へ

遅くとも明治一〇（一八七七）年夏、深間内基は高知立志学舎の教員を辞め、再び東京に戻り、愛宕下町一丁目一番地に居住した。

高知に移る前に取組んでいた大作『道理之世』の翻訳は、高知移住後に出版免許を得て刊行が始まっていた。この翻訳書はロングセラーとなったのであったが、高知立志社の自由民権運動を見聞し触発されて帰京した基は、東京に落ち着くとすぐジョン・スチュアート・ミルの「ザ・サブジェクション・オブ・ウーメン」の翻訳に取りかかった。この翻訳書は『男女同権論』という表題で発表された。出版免許は明治一一年一月であるが、新聞広告等を見ると、発売は六月頃と思われる。この訳本は、当時拡がりつつあった男女同権の論議を一層深化、拡大させる役割を果たした。この翻訳についての詳細は第二部にゆずるが、時宜をえた出版であり、青年層の支持を得ると同時に、女性民権家の輩出にも貢献した。ただし、その後の出版状況を新聞広告等から判断してみると、『道理之世』ほどは売れなかったようである。『男女同権論』はミル原著書の前半部分のみが出版されている。翻訳されていながら出版されなかったものかどうか、その辺は明らかでない。

八月には『今世西哲伝』(米、カァレー著)全三巻を翻訳出版した。もっとも今日、この書の現物を確認することはできなかった。

ともあれ、基は高知から再上京後精力的に翻訳に取り組んでいた。

ところが、『今世西哲伝』発刊後、彼は郷里三春に帰省している。そして明治一一(一八七八)年一〇月仙台に行き、以後仙台で師範学校教員となる一方、仙台における自由民権運動に参加し、永く仙台に留まることになる。基の仙台時代の始まりである。

仙台への道は誰によって、どのように開かれたものかは謎のままである。彼の仙台行きには、慶応義塾の人脈から師範学校教員へという道と、郷里の河野広中の東北自由民権運動統一の方針のもとに仙台での民権結社創設のための道と、二つの背景が微妙に絡み合っている。その両面の検討は、あとで追求してゆくこととする。ここではとりあえず一時帰省中の三春滞在中のことを簡単に記しておこう。

『三春町史』をみると、明治一一年八、九月頃、突然深間内基の名が散見される。まずひとつは、月日が不明ながら、基が、山野茂久と共に三春町惣代の名で「天蚕飼育ノ儀ニ付教師御派遣願」を県に提出した。

またひとつに、九月の第九十三銀行創立に当たり三株一五〇円を出資したことである。(1)

つまりは、ほんの二カ月程度の三春滞在中に、町の産業発展のための行動を起こしていることが確認される。

銀行創立には河野広中が尽力しており、基の参加も河野との交流が背景にあるかも知れない。基が三春に帰省した八月河野広中はちょうど福島県六等属の職を辞し石川（現福島県石川町）へ帰っていた。[2]そして石川と三春を往復して発足間もない石川の石陽社、三春の三師社を指導していた。基は三春でこうした産業発展のための一端を担いつつ、河野の設立した三師社にも参加していった。したがってこの短期間の三春滞在は、基のその後の行動を決定づける重要な時期となったはずである。

しかし記録が何もないので、この三春滞在の約二カ月間の基の生活・行動を具体的に知ることはできない。やがて一〇月に入ると、いよいよ河野広中の意を受けて仙台に向かい、河野のオルグによって構築された仙台人脈、すなわち箕浦勝人、若生精一郎らと合流し、自由民権結社の結成をなし遂げる。

慶応義塾の記録によれば、すでに明治一〇年に基は宮城師範学校に教員として派遣されることになったように解釈できる。実際に教員に採用されたのは明治一二（一八七九）年三月であるが、師範学校の話は基が東京在住時代にあったようである。

河野広中が基に仙台での民権結社創設の構想を話したのは、基の仙台行きが決まっていたためであろう。このとき、基は三春三師社の仮社長の肩書きをもって入仙することになる。

話が複雑になるので、仙台における基の生活と行動については、師範学校教員としての基と、自由民権家としての基とをそれぞれ別に章を立て、まずは師範学校教員としての基から記述することにする。

宮城師範学校の変遷

明治五(一八七二)年の学制発布に基づいて、新政府による近代学校教育への一歩が踏み出された。明治六年、最初の官立師範学校が、大阪と仙台に開設された。

仙台に開設された官立宮城師範学校は、明治六年八月一八日開校、勾当台通りにあって、初代校長は大槻文彦であった。

一方、初等教育の教員不足を補うため、官立宮城師範学校とは別に、明治八年三月、小学校教員を養成するための伝習学校を開設、翌年これを公立仙台師範学校(校長は官立宮城師範学校第一回卒業生の木村敏)と改称した。ここには明治一〇(一八七七)年に女子師範科も設けられた。

しかし明治一一年二月、師範学校は各県一校という政府の方針により、官立宮城師範学校と公立仙台師範学校は合併されることになった。この合併は、官立宮城師範学校を公立仙台師範学校に吸収するという形で行われたため、官立宮城師範学校の施設備品など全て仙台師範学校が引き取ることになった。また校長は、官立宮城師範学校の三代目校長であった吉川泰次郎(二代目は松林義規。吉川は明治一〇年四月から校長)が引き継ぐのであるが、この合併進行中のことは複雑でわかりにくい。合併前後の約二カ月間位(三月下旬から六月初め位まで)、箕浦勝人が校長事務弁理(校長代理)を務めている(表4-1参照)。

さて新しく仙台師範学校に一本化された師範学校は校長吉川泰次郎の下、旧仙台師範学校校長木村敏は学校監事兼付属小学校教頭となった。そしてこれが再び、新しく「宮城師範学校」と改称されたのは明治一二年六月二六日である。その前一一年九月に吉川泰次郎は校長を辞め、再び箕浦勝人が校

表4－1　宮城師範学校の変遷

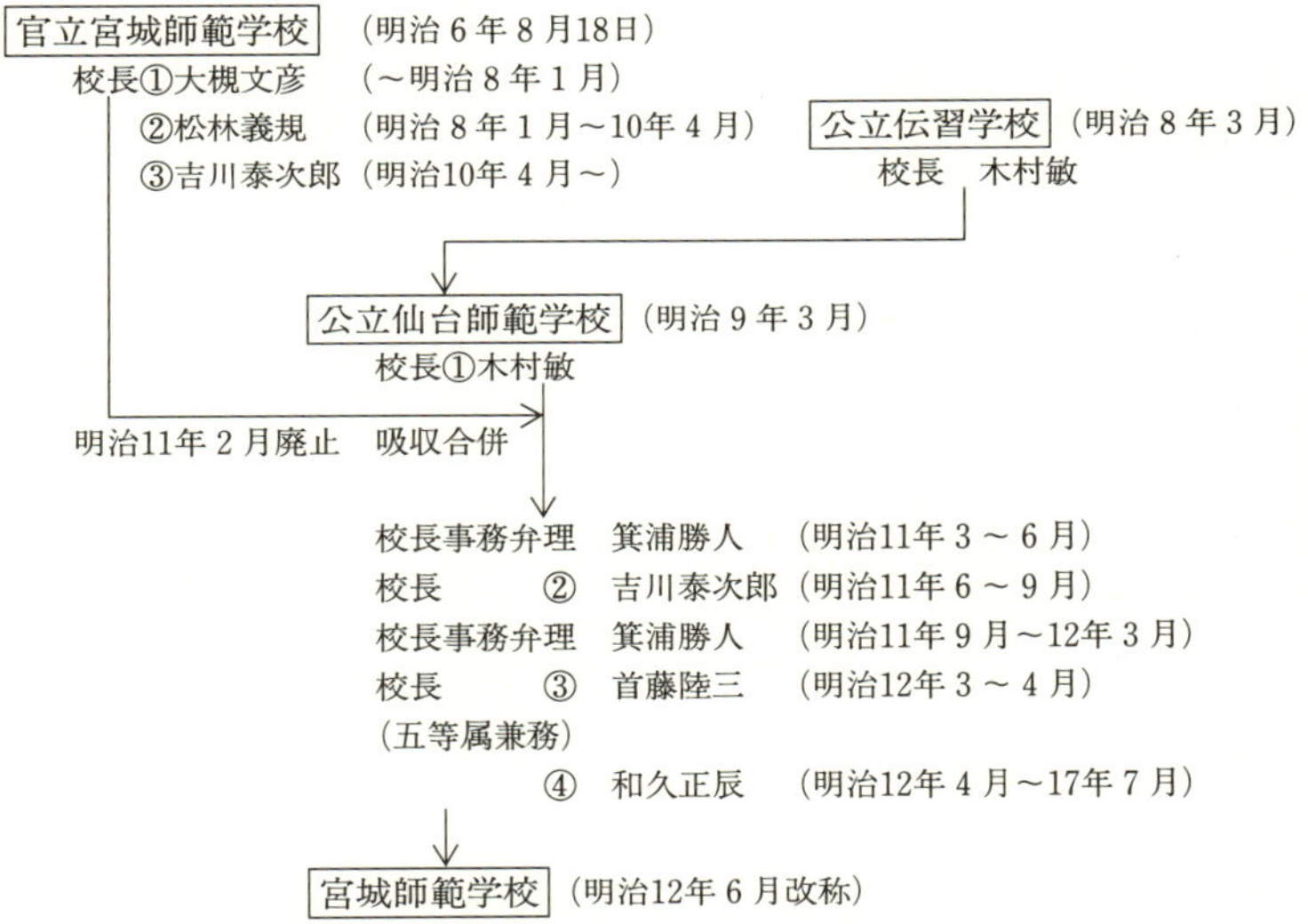

出典：『宮城県教育百年史』第１巻、『東北大学50年史』ほかにより作成。

長事務弁理となるが、一二年三月七日辞職したため、宮城県五等属（学務課）の首藤陸三が校長を兼務することになった。また監事には坂本英房（阪本の記述もある）がなっている。ところが坂本は同じ月二〇日には辞職してしまう。そして四月には和久正辰が新しく校長となる。このように官立宮城師範学校と公立仙台師範学校の合併後の一年間はめまぐるしく人事が変更し、教員の出入りも激しかったようだ。

深間内基が師範学校教員となったのは、明治一二（一八七九）年三月一九日で、ちょうど、箕浦勝人が辞めて、首藤陸三が一時的に校長になった時期である。しかも直後に坂本英房が辞めたこともあり、空席となった監事兼舎長に任命されている。学内でどのような問題があったのかわからないが、一年間に四人も校長が入れ替わったのでは落ち着いた学校運営は不可能であったろう。この一年間は仙台に自由民権運動が活発化してくる時期で、最初の民権結社である「鶴鳴社」が結成される時期でもある。そして、師範学校教員らが多くこのことに関係していたことも、あるいはその背因であったかも知れない。民権運動については別に触れるので、ここでは立ち入らないが、首藤陸三、箕浦勝人、深間内基などはその中心人物である。

一方、官立宮城師範学校時代の教員と公立仙台師範学校時代の教員の間での軋轢があったかどうか。旧仙台師範学校校長である木村敏は、和久正辰が校長となった後、明治一二年七月に病気休職となって翌一三年五月に依願退職している。和久正辰が校長になると、学校の改革、整備に取り組んだ。五月に各学科教授法を定め、教育のシステムを整え、翌一三年には管内小学校の巡回を行い、宮城師範学校処務規定を作り、一五（一八八二）年には付属小学校規則、同生徒心得[3]を作るなど、積極的に教育制度整備にあたった。

ところで、ここまでに登場した松林義規、吉川泰次郎、箕浦勝人、深間内基、和久正辰がいずれも慶応義塾の卒業生であり、福沢諭吉の門下生として英学を修め、欧米の近代的合理主義、自由主義などの思想に触れた人物であることに注目しておきたい。

明治一〇年代、慶応義塾から各地の師範学校や私学校に教員が派遣されている。この宮城師範学校でも同様であったといえる。その後も渡辺久馬八（明治一五年）や秋山恒太郎（明治一七年）などの慶応義塾出身者が教員として迎えられている。

師範学校教員への道

深間内基が師範学校に採用されたのは、明治一二（一八七九）年三月一九日である。箕浦勝人が辞めて宮城県五等属の首藤陸三が校長兼務となった直後である。

『慶応義塾百年史』の「明治二十三年以前における慶応義塾出身教職員の分布状況[4]」によると、明治一〇（一八七七）年に吉川泰次郎と共に宮城師範学校に派遣されたことになっているが、この時期にすでに話があったものか否か、また同年中に基自ら仙台を訪れたことがあるか否か、慶応義塾にこの根拠を示す資料がないので確認はできない。しかしいつ話が決まったにせよ、吉川泰次郎、箕浦勝人など慶応義塾の人脈の中に、深間内基採用の背景があったことは明白である。

しかも正式な採用決定時の校長、首藤陸三は、仙台で初の自由民権結社「鶴鳴社」を結成したときの同志でもある。箕浦勝人も同様に同志であった。したがって、基は慶応義塾と、仙台自由民権運動という両面で人的交流があったわけである。

深間内基の教員採用の経緯を述べる前に、彼より前に仙台に来ていた箕浦勝人の動きをみておこう。

箕浦勝人

箕浦勝人（大分県士族）がいつ仙台にやってきたのかはっきりしない。彼が師範学校に勤務することになったのは明治一一（一八七八）年三月からである。しかし箕浦は前年の明治一〇年七月仙台で演説会をした、という記録が、わずかながら見える。

『仙台年表』（矢島玄亮編）の明治一〇年七月の項に「田代進四郎箕浦勝人若生精一郎ら仙台に来り

政談演説を開き自由民権を主唱す」とある。そしてその演説者の一人田代進四郎を『仙台人名大辞書』（菊田定卿編）でみると、田代は代言人となって「明治十年七月仙台に来たりて自由民権を主唱し箕浦勝人、若生精一郎等と共に始めて政談演説会を仙台に開く」とある。

箕浦勝人は当時郵便報知の記者であった。仙台には慶応義塾出身の吉川泰次郎が、官立宮城師範学校の校長として在仙していた。明治一一（一八七八）年三月に、箕浦が、官立宮城師範学校が公立仙台師範学校に吸収合併される形で新たに発足した仙台師範学校の校長事務弁理となったのも、吉川泰次郎との人脈的結合を背景としていることは自明と思われるが、深間内基を師範学校教員に呼ぶ話は、箕浦の明治一〇年七月訪仙時に出たものではないだろうか。『慶応義塾百年史』の資料が明治一〇年には吉川泰次郎と深間内基を宮城師範学校に派遣したとしているのは、この箕浦訪仙時の話と考えれば納得できる。基はこのころ高知立志学舎の教員を辞めて東京に戻っていたから、そうした再就職の話が出ても不思議ではない。

しかし、基は東京に戻るとミルの「ザ・サブジェクション・オブ・ウーメン」の翻訳にとりかかっており、これが完成するまで赴任を延期したのではなかろうか。

箕浦の辞職と基の採用

さて、深間内基は高知から東京に戻って約一年の間に『男女同権論』（二巻）と『今世西哲伝』（三冊）の二つの翻訳本を出版すると、明治一一年夏郷里三春に一時帰省し、いよいよ明治一一年一〇月には仙台に入り、民権結社設立のために動いていた。教員採用は翌一二年三月となる。

ではともかく、深間内基が師範学校に採用となる経緯を「宮城県庁文書」から追ってみよう。明治一二（一八七九）年三月五日、箕浦勝人は「今般不図無拠事故差起リ至急帰郷致サヽルヲ得サル次第ニ到リ乍遺憾奉職難仕」との事情で、辞職願を提出した。翌六日には「依願免職務」の辞令となる。箕浦は辞職に際し、一年以上奉職したことへの慰労として秋田織一疋（代価一円）を下賜された。そして箕浦勝人が辞職したため、県学務課の首藤陸三（五等属）が三月七日には校長兼務となった。そして三月一四日首藤陸三によって、「師範校教員採用及解職之儀上申」が提出された。(5)

明治十二年三月十四日　　　　　　　五等属首藤陸三　印

令　印　大書記官　印　学務課　印

師範校教員採用及解職之儀上申

師範校教員菅野巌黒沢翕并吏員水川除介ノ三名解職命セラレ更ニ教員一名及雇一員御採用相成度巌儀ハ専ラ仙台新聞編輯ニ従事致度見込ニ有之趣翕儀ハ多病ニシテ屢欠勤致候ヨリ授業不行届除介儀ハ図書掛ニテ八円給セラレ居候処今般帰国致度旨尤モ図書掛ノ如キハ四五円ヲ給シ其人ヲ得ル儀ニ有之前記各ノ者解職ノ上ハ別記教員一名御採用相成候得ハ是迄二名ニテ受持候教科担当為致候見込深間内基儀ハ学業人物トモ教員ニ適任ノ者ニ有之候間月俸金弐拾五円ヲ給セラレ度図書係雇員給料ハ金四円五拾銭ヲ支給可致之見込右ハ前三名へ是迄給セラレ候金額ノ内ヨリ支弁候様現今学科受持之都合モ有之候間冀クハ速カニ明裁アラン事ヲ

追テ両名御採用之上ハ菅野以下二名之者解職為願上候見込

深間内基

仙台師範学校教員申付月俸金弐拾五円給与候事

高田文三郎

仙台師範学校雇申付月俸金四円五拾銭給与候事

右の首藤陸三の上申書によれば、師範学校教員の菅野厳と黒沢翕、吏員の水川除介の三名が辞職するので教員一名と雇一名を採用したいというものである。この首藤推薦の教員が深間内基で、「学業人物トモ教員ニ適任ノ者」と評価されている。深間内基に対する評価のような文言が書かれた文書はほとんど見当たらないので、たとえ通り一遍の形式的文言とはいえ、貴重である。確かに、その評価は単なる形式でなく、彼には慶応義塾卒業と、数種の翻訳本の出版という学問上の実績と立志学舎英学教員という教員経験とがあった。このような推薦文上の評価の裏には直前に辞職した箕浦勝人の意があった、ということが大きいであろう。箕浦勝人は慶応義塾卒業生であるが、義塾への入社は明治四（一八七一）年一二月である。このとき一七歳であった。つまり、基は箕浦の先輩にあたり、年齢的にも上であった。また義塾は半学半教の制をとっていて、学びつつ教えるという方法をとっており、さらに卒業制度が整っていない初期入社の生徒には、新入社生の勧誘と塾内での教育にたずさわることで卒業生として認める、などの方法をとっていたこともあり、明治四年入社の箕浦勝人が、基の下で教育を受けた可能性もあるわけである。

箕浦は、前述したように、基より早い時期に仙台に来て師範学校に奉職して校長事務弁理（校長代理）の地位にあった。そしてまた、明治一一（一八七八）年に、基らと共に結成した自由民権結社「鶴鳴社」の社長となったように、慶応義塾で後輩であった箕浦も仙台では基の先輩となっていたわけである。

こうして基は、実質的に箕浦と交替する形で師範学校教員となった。教員採用に対する基の受書は次の通り。(6)

御受書　　深間内基

仙台師範学校教員申付候月俸金弐拾五円下賜候事
明治十二年三月十九日
宮城県

右奉敬承候
明治十二年三月十九日　　深間内基
宮城県県令　松平正直殿

三月一九日、深間内基は仙台師範学校教員としてスタートした。また、監事兼舎長をしていた坂本英房が辞職したため、三月二〇日付で基は坂本に替わって監事兼舎長になっている。(7)

明治十二年三月廿日　　　　　　　　　　五等属首藤陸三

令　印　大書記官　印　学務課　印

師範校監事兼舎長阪本英房同教員植松彰解職教員菅野巌県会書記掛ニ相成候ニ付舎中之締且ツ授業上差閊不尠候間左ノ記名へ兼務被命可然歟此旨至急希裁可

仙台師範学校監事付属小学校教頭

木村敏

教員兼務申付候事

仙台師範学校教員

深間内基

監事兼舎長申付候事

右にみる通り、坂本辞職により、教員に採用されたばかりの基が、一日にして監事兼舎長に抜擢されたのである。このとき木村敏が教員兼務となっている。

こうして、基は仙台師範学校の教員、監事兼舎長となって、月額二五円の給与を受けることとなり、仙台での生活基盤を得ることができた。

師範学校での職務

明治一二（一八七九）年三月、師範学校に定職を得た基は、学校内で、どのような教育活動に従事していたのであろうか。

先述したように、基は師範学校教員として採用されるとすぐ、その翌日には監事兼舎長になった。では、監事・舎長とは、どのような仕事であったろうか。

明治一三年度の「宮城師範学校処務規程[8]」によってみてみる。この「処務規程」は全九章からなる。その構成は、第一章教員処務規程、第二章付属小学校教頭処務規程、第三章巡回訓導処務規程、第四章監事処務規程、第五章舎長処務規程、第六章庶務係処務規程、第七章会計係処務規程、第八章書籍係処務規程、第九章付属小学校庶務係処務規程、である。

以上の中で、第四章と第五章が、監事と舎長に関する規程である。少々長くなるが、左に掲げておく。

宮城師範学校処務規程

第四章

監事

第一条　教員職員ノ勤惰能否ヲ監シ教則授業ノ得失ヲ察シテ之ヲ校長ニ開申スヘシ

第二条　生徒ヲ監察シテ之カ進退処罰ヲ教員ニ商議シ校長ニ開申スヘシ

第三条　生徒ノ校則ヲ犯ス者アル時ハ之カ罰文ヲ作リ校長ノ決ヲ取テ後チ処分スヘシ

第四条　教員ノ進退生徒ノ処罰其他校中ニ報告スヘキ事項ハ之ヲ掲示スヘシ

第五条　教員ノ分課授業ノ時間ヲ定ムル等ノ如キ教員ノ職務ニ関スルモノハ預メ之ヲ教員ニ通知

スヘシ
第六条　校舎ノ修繕及書器ノ設備修覆ハ之ヲ主管ノ者ニ協議スヘシ
第七条　主管ノ事務ニ係ル月報ヲ製シテ翌月首之ヲ校長ニ開申スヘシ
第八条　生徒ノ願伺届等ハ便宜処分シテ後之ヲ校長ニ開申スヘシ
但シ入校退学等事ノ重大ニ係ルモノハ此限ニアラス
第九条　主管ノ事務ニ係ル文書及牒簿ヲ整理スヘシ
第十条　主管ノ事務ニ係ル文案ヲ起草スヘシ
第十一条　校長ノ指揮ニ従ヒ学校病院及郡区長戸長ヘ校務上ニ係ル照会咨問等ノ文案ヲ起草スヘシ
第十二条　校長ノ指示ニ従ヒ本校ノ年報ヲ編成スヘシ
第十三条　寄宿舎ニ交渉スル事件ハ総テ舎長ニ協議スヘシ

第五章

舎長

第一条　舎生及小使看護人等ノ勤惰ヲ監察スヘシ
第二条　舎則ノ改正ニ於テ意見アル時ハ之ヲ校長ニ開申スヘシ
第三条　舎生ノ舎則ヲ犯ス者アル時ハ懲戒法ニ照シ之レカ罰文ヲ作リ決ヲ校長ニ取リテ後処分スヘシ
第四条　所属ニ関スル諸修繕ハ主管ノ者ニ協議スヘシ

第五条　舎生ノ願伺届等ハ便宜処分シテ後之ヲ校長ニ開申スヘシ
　　但入舎退舎等事ノ重大ニ係ルモノハ此限ニアラス
第六条　舎生一般ニ関スル事件ハ舎生総代トナリテ之ヲ弁理スヘシ
第七条　主管ノ事務ニ係ル文案ヲ起草スヘシ
第八条　舎中日用ノ物品ハ主管ノモノニ協議シテ之ヲ購求スヘシ
第九条　主管ノ事務ニ係ル月報ヲ製シテ翌月首之ヲ校長ニ開申スヘシ
第十条　主管ノ事務ニ係ル文書牒簿ヲ整理スヘシ
第十一条　本校ニ交渉スル事件ハ総テ監事ニ協議スヘシ

こうしてみると、監事は「教員職員ノ勤惰能否」や「生徒」の「進退処罰」を監理し、又舎長は「舎生及小使看護人等ノ勤惰」を監理し、それに付随した事務を処理するのであるから、校長に代わって校内の人事、実務の全般的監理者と考えられる。いわば、監事は教頭に、舎長は事務長に相当すると考えて良いだろう。採用直後に、このような大役につくというのは、やはり、箕浦、首藤等と同志的結合にあった仲間であったからか。

明治一二（一八七九）年四月以降新任となった和久正辰校長は学校の整備に熱心に取り組み、長く（明治一七年まで）校長の職に留まることになる。

明治一三年四月には、基が兼任していた舎長の職務に本多絢夫がつき、基は教員兼監事となった。同じ四月和久校長が管内学事視察のため学校を留守にする際、留守中の校長職務を基に任せた。(9)

第七十九号
管内学事実況視察之為巡回中本校監事深間内基ヘ校務代理為致候間此段上申ニ及候也
明治十三年四月廿日
宮城師範学校長
和久正辰　印
宮城県令　松平正直殿

和久正辰が管内学事視察から戻ったのは五月一四日である。この間約一カ月、基は師範学校校長代理として、訓導の派遣、教員の休暇、学生の退学など、学内の様々な問題を決済している。些細なことであるが、この頃基は二種の印鑑を用いているが、いずれも姓ではなく、名前を用い、㊔（校長代理）と[基]（学務課）を使い分けている。

しかし管内視察から戻った和久校長は、人事を刷新して新体制を構築する。監事には中原雅郎が任命され、基は無役となって教員専任となった。この月、病気で長く欠勤していた木村敏（元校長）は解職となった。舎長はしばしば替わったが、和久校長、中原監事という体制はしばらく続いた。

和久正辰は愛媛県士族で、慶応義塾に明治二（一八六九）年入社しているので、基の一年後輩にあたる。年齢も基より六歳位年下であった。

和久は明治一七（一八八四）年七月まで校長を務めたが、この時期は宮城師範学校が、学校としての機構、秩序を整備した時代でもあった。

これまで人脈や慣例に左右されてきた学校運営を、新しく校規や教則を整備することで秩序化した。前述した「宮城師範学校処務規程」（明治一三年）を始め、「付属小学校規則・生徒心得」（明治一五年）などを制定したほか、明治一四年には各学科担当なども明確化した。

教授内容

では、深間内基が師範学校で教えていたのは、どのような教科であろうか。基の採用の際の宮城県庁文書（八九頁参照）に「是迄二名ニテ受持候教科担当為致候見込」とあるので、このとき解職となった菅野巌（予科）と黒沢翁（歴史）の担当していた教科を基一人が受持ったことは明らかである。「墓碑銘」の碑文には、「理科」を担当していたとある。たしかに彼は文部省百科全書（チェンバー）の翻訳にあたっては、「電気及磁石」を担当している。また基採用の同時期に物理・化学関係の教科書や実験用薬品などを購入している。教科書は「金石学必携。西洋更紗染法書。格物全書。羅斯珂化学。物理全志」で、明治一二（一八七九）年三月一八日（基採用の前日）に県に対し「教科上必須ノ書籍購求ノ儀[10]」として伺を提出して許可されている。こうしたいきさつからも、基が当初「理科」担当教員として採用されたであろうことは充分考えられる。この時期、物理・化学の教員としては松本廉平がすでにいるが、基の採用によって範囲が拡充されたであろう。購入書籍中、金石学や格物などは、基の受持範囲ではなかったろうか。このように当初は「歴史」と「理科」を担当したと思われる。

その後、明治一四年の県庁文書から抽出してみると、基の受持学科は「理科」以外の分野に広くみ

表４－２　第七学年第二期受持学科表

第一級	第二級	第三級	第四級	女生徒	担当教員
文明史	修身学				和久正辰
修身学 経済学	生理学	生理学			中原雅郎
化学	化学	物理学	物理学		松本廉平
史学	史学	地理学		物理学	深間内基
授業術	授業術				今福辰雄
		習字	地理学	文学 地理学 習字	矢吹　董
代数学 幾何学	代数学 幾何学	代数学			坂本隆定
		史学	史学	史学 算術	河東田剛
文学	文学			文学	国分　豁
			算術	算術 修身学	小川鏡三郎
図画	図画	図画	図画	図画	石原亀治
記簿	記簿				木村　匡
		算術	算術		中川父寛
		文学	文学		岡　濯

出典：宮城県庁文書「明治14年　師範学校綴」

られる。

まず、明治一四（一八八一）年三月の定期試験日程表から、その当時どのような学科があったのかをみると、作文、修身、記簿、化学、経済、幾何、代数、史学、文学、図画、格物地誌、博物、生理、顆算、筆算、物理、地理、授業術、習字、裁縫（女子）と、二一科目ある。このうち、深間内基が担当教員となっているのが、格物地誌、博物、史学、地理、物理（女子）と五教科である。他の主な教員と比較してみると、中原雅郎が経済、史学、修身、生理、矢吹董が地理、習字、文学（女子）、作文（女子）の四教科で比較的多い。松本廉平は物理と化学。国分豁は作文と文学。坂本隆定は幾何、代数と、だいたい二教科、また一教科のみの教員もいた。

このように、基は明治一三（一八八〇）年後半から一四（一八八一）年初め頃は、最も多くの学科を受け持っていたようだ。おそらく、監事の職を解かれた後、担当教科が増えたのではなかろうかと思われる。基の翻訳の業績からしても、物理（百科全書「電気及磁石」）、地理（「輿地小学」）、格物（「啓蒙修身録」「幼童教の梯」「道理之世」「男女同権論」）、史学（「今世西哲伝」）の教授には充分対応できたであろう。

明治一四年「第七学年第二期受持学科表」では、表4-2のように教科が整理され担当学科が決められている。[11]

ここでは基の担当は史学、地理学、物理学の三教科となり、格物地誌や博物はなくなっている。

二　仙台定住への決意

家族の仙台移住

仙台に落ち着いた基は、師範学校での教員としての職務をこなす一方、この頃盛んに行われていた自由民権運動の演説会でも活躍し、前途洋々たる時期であった。

明治一二（一八七九）年四月、同じ慶応義塾出身の和久正辰が、新しい校長として赴任してきた。

六月二六日仙台師範学校は宮城師範学校と改称し、和久校長による学校改革・整備が進められつつあった。

基は師範学校教員となって四カ月ほどたったとき、郷里三春の家族を呼び寄せて仙台に居を構える決意をした。

七月一八日、基は三春へ帰省するため、仙台を出発した。(12)

監事兼舎長
深間内基

右ハ本月十八日出発福島県岩代《ママ》国三春へ帰省
右之通リ届出候ニ付此段御通知ニ及候也
十二年七月廿三日　　宮城県師範学校　印
学務課御中

久し振りに郷里に帰った基は、家族から歓迎され、仙台での生活のあれこれを夜更けまで語り、今後の深間内家の生活や三春の家の管理のことなども話し合ったことであろう。家屋敷、家族などを、叔父、深間内惣吉にまかせたまま東京、高知、仙台と転々としていたのであるから。

三春の家族、親類に仙台へ移住の決意を語り、「移住届」等、役所への手続きを済ませると、二五日頃には郷里三春をあとにした。このとき仙台に移住した家族は、母親いそ（五七歳）、弟重吉（一五歳)、妹はな(一八歳)の三人である。深間内家の当主として、基は家族を扶養しなければならなかったわけである。移住先は仙台の中心部、定禅寺櫓町一七番地である。

現在の定禅寺通りは戦災で焼けたあと拡張されて、中央にケヤキ並木のある大きな通りとなって賑わっている。県庁に通じる通りで、明治一〇年代頃から近辺の国分町、東一番丁などとともに賑わい、自由民権運動の拠点的な町であった。仙台最初の民権結社「鶴鳴社」の事務所は、定禅寺櫓町七番地に開設されていた。

定禅寺通りの東端から南に折れる東一番丁の通りに大新亭があり、西端には桜が岡公園があって、公園内に吉岡座があった。この二つの劇場は、自由民権家の演説会場として度々使用された。大新亭は五、六百人、吉岡座は一千人程度収容できる劇場であった[13]。

図4-1　東一番丁

鹿又ケイとの結婚

ところで基が仙台に移住したとき、家族の中に妻の「寿」の名がみえない。滋野の娘寿とは明治四(一八七二)年に結婚したはずであったが、基は結婚後も一人で上京し、東京、高知、再び東京そして仙台と移り住んだが、妻寿の影は全く見えない。この婚姻は親の決めた形ばかりのもので、結局自然解消となってしまったのかも知れない。

さて定禅寺櫓町に居を構えた基は、明治一二（一八七九）年一一月、生涯の伴侶となる鹿又ケイと結婚した[14]。三春の家族を呼び寄せてから約四カ月たち、家族たちも仙台での生活に慣れてきた頃である。実のところ、基に仙台への永住を決意させたものに、鹿又ケイとの出会いがあったと思われる。教員生活、民権運動という仙台での社会的生活が軌道にのってきたこととともに、生涯の伴侶と見定めた女性ケイの存在も大きな一面であった。ケイとは民権運動の活動を通して知り合ったのではないかと思われる。

鹿又ケイは文久元（一八六二）年九月一〇日生まれで、基の妹はなとは半年違いの同年生まれである。ケイは一八歳。このとき基は三三歳であるから結構年の離れた夫婦となった。

鹿又ケイは旧仙台藩士鹿又璇璣《たまき》の長女である。

ここで鹿又家について簡単に触れておく。『仙台・東一番丁物語』[15]の著者は鹿又家について、「東一番丁の北端定禅寺通りを東へ折繞らした角屋敷一帯は鹿又家である。鹿又家の先代は璇璣と言って勤倹家として世に知られ、又黒住教を信奉して権少教正の位を持っていた。市制施行後は長らく区長の役を勤め郷党のため大に尽力した。その子武三郎は勅任検事を勤めたが、大正八年七月十五日仙台市長に就任して昭和二年七月二十六日退職した」と説明している。同書には、東一番丁の北端の定禅寺通りに出る一角の住居図が載っている。安政三年から六年の間に製作された「安政補正改革仙府絵図」に依拠して作ったという。この図[16]には、定禅寺通りに出会う北角に「鹿又龍之進」の名がみえる。ここが鹿又ケイの生まれた家である。

鹿又家は元は鹿股と書き、高祖は左近太郎親助、諱は家房といった。文化年間の仙台城下絵図には、東一番丁に鹿股の屋敷が確認できる。鹿股から鹿又へ変えたのは一五代目からといわれている。鹿又龍之進の次の代がケイの父親璇璣となる。鹿又璇璣は諱を順親といい、大正九年に八一歳で没した(17)。東一番丁の通り沿いは侍屋敷であったが、明治以降商業の街となっていった。前述の劇場大新亭は、鹿又家の南側に隣接していて、明治一〇年代の自由民権家の演説会場となっていた。鹿又家の人々も、大新亭の演説会に顔を見せることがあったろうと思われる。

また初期の民権運動は、中教院などを会場にして演説会を開くこともあり、神職者が演説会の弁士となることもあったので、基が鹿又家と接触する機会は充分あったと思われる。こうしたことから、基が仙台で民権運動を始め、演説会の弁士として活躍し始めた頃にケイと知り合いになったということが考えられる。そしてケイとの結婚生活を始めるために、三春の家族を呼んで、深間内家の当主としての義務を果たす、という決心をしたのであろう。

さて鹿又家との関係は、以後一層強く続くことになる。

鹿又ケイの弟で璇璣の長男である武三郎（一八七〇〜一九三三）は、東京で法律を学び、検事となったのち大正八（一九一九）年仙台に戻り、市長を二期務めた仙台の名士である。二番目の弟廉《れん》は医者となり、基・ケイ夫婦の養子になっているのである。この件は基墓碑銘にもある通りで、基とケイの間には一男一女が生まれたが、いずれも早世してしまった。そして基自身、妻ケイの実家で最後を迎えることになる。しかも基の死の直後に三番目の子供（次男）が生まれたが、ケイの弟廉が夫婦養子となって深間内家を継いだ。このように鹿又家は基にとって単に妻の実家である以上に深い縁を結ぶことになるのである。しかしこれは晩年の話である。まずは師範学校教員時代の基に話を戻そう。

新たな決意——退職へ

師範学校教員の職を得、結婚し、家族も呼び寄せて順風満帆と思われていた基の教員生活も長くは続かなかった。仙台での新しい情勢の転換が基を待っていた。基の勤務状況について、明治一二（一八七九）年は、教員の勤務実態を示す「出欠表」がないので詳しいことはわからない。同年七月一八日からのほぼ一〇日間ほど、三春に帰省した以外は、届出のようなものは見あたらないので、若干の病欠はあったかも知れないが、勤務状況は良かったであろう。

明治一三年以降は「宮城師範学校教員出欠表」が作られるようになった。[18] それによると、明治一三（一八八〇）年は、一月に病欠二日、三月に病欠一日、四月に病欠二日、六月に病欠一日の他は皆勤である。他の教員と比べてもとくに欠勤が多いわけではなく、ほぼ平均的勤務状況といっていいだろう。

明治一四（一八八一）年は、一、二月皆勤で、三月に病欠三日の後、三月二一日依願解職となっている。[19] 明治一二年三月に教員として採用されて満二年で教員生活に別れを告げた。「墓碑銘」には、在職六年とあるが、これは誤りである。師範学校教員年数を六年と記述している本もあるが、これは「墓碑銘」によって記述したためと思われる。

基が師範学校に勤めていた頃、のちに「墓碑銘」を建立した養子の廉はまだ三、四歳の幼児であったから、実姉で基の妻であるケイから師範学校当時の話を聞いて記録したのであろう。それゆえ、在職期間を錯誤したものと思われる。

さて、せっかく安定した教員の職を、なぜこの時期に自ら放棄し、自らの生活の基盤を失うことになったのだろうか。

和久校長下での教育方針や教育制度の整備による運営方法に順応できなかったのか、また専任教員としての教科が増えたことが負担であったか、ということも一面では考えられる。

しかし、最も大きな原因として考えられるのは、仙台自由民権運動の動向である。

自由民権運動は、明治一三年から一四年にかけて国会開設請願運動が全国的に高まった時期であり、同時に政党結成への動きが進行してきた時期でもある。

仙台では、明治一四（一八八一）年三月四日から八日まで、民権結社本立社を会場として、河野広中の指導による東北の民権家たちによる東北有志会が開催された。東北有志会は東北七州自由党となって、東北に初の民権派政党を誕生させた。

基の明治一四年三月の退職は、まさにこうした仙台自由民権運動の飛躍と連動して決意されたものではなかったろうか。

退職に先立つ三日の病欠も、東北有志会への参加が充分考えられるところである。とにかくこの時期基は、平凡な一教育者という地位にあきたらず、「何かやらなければ」という気持であったのではないか。この時期は基にとって、ひとつの転機であった。

さて、基の退職願により、三月二二日以後退職一時金（恩賞金）の支給に関する県庁文書がいくつかある。ここでは四月四日付の県令あての文書を紹介しておこう。[20]

本校教員深間内基依願解職相成候処満二ヶ年以上奉職ニ付金弐拾五円御給与相成候ニ付恩賞之部

ニ於テ仕出可致分ニ候得共各恩賞之部ハ已ニ費消候ニ付俸給之部ヨリ流用致度旨相伺候処給与額之内ヨリ支弁可致旨御指令相成候ニ付給与之部諸傭費之内ニテ右支弁取斗候間此段上申ニ及候也

明治十四年四月四日

宮城師範学校長　和久正辰　印

宮城県令　松平正直殿

基に支払われる一時金は二五円（月給一カ月分）であったが、学校予算上の問題があったようで、支給は若干遅れたのではないかと推測される。

東北七州自由党の結成と期を一に退職した基は、この党が結党まもなく暗礁に乗り上げると、一一月自ら同志とともに「宮城政談社」を起ち上げる。

自由民権運動の一大転換期となった明治一四（一八八一）年、基自身の中にあった政治的情熱が最も燃えていたころであったのだ。

註

（1）『三春町史』第三巻近代1、一一七頁および一五五頁。第九十三銀行へは旧三春藩士の多くが、金禄公債を銀行設立のため出資している。深間内基の場合も明治一一年九月に金禄公債をその株に当てているが、残った金禄公債も翌一二年に出資した。このため基の場合金禄公債の全額を第九十三銀行に出資したわけである。

（2）河野広中は明治一〇年福島県第二十一区（石川郡）の区長をしていたが、明治一一年一月県六等属となり、八月辞職した。

(3)　宮城県庁文書および『東北大学五十年史』下、一九六〇年、一八一七頁。荒井武編『近代学校成立過程の研究――明治前期東北地方に関する実証的研究』御茶の水書房、一九八六年の「第四章宮城師範学校の創立と教員養成教育の模索」によると、吉川・箕浦二人の校長は学制改革を目論んでいたが、思うようにいかなかったようだ。仙台の教育の現状が吉川・箕浦の求めるレベルになく、教育や生徒に絶望していたようで、ここに早期辞職の原因を求めている。また県学務課の首藤陸三と和久正辰校長の間にも意見対立があったことを伝えている。

思うに、慶応義塾出身の校長による先進的、都会的な教授法に仙台の教育状況がまだついて行けるようなレベルになかったということだろう。吉川・箕浦の辞職は、高知立志学舎教員江口高邦の辞職時に学制改革と生徒の質に対する批判と要望を残したことと共通性をみることができる。教員辞職時に不満や改革提言を残すのは、一種の方便であったかとも思われる。その他宮城県の教育については『宮城県教育百年史』第一巻、宮城県教育委員会、一九七六年、宇野量介『明治初年の宮城教育』宝文堂、一九七三年、などを参考にした。

(4)　『慶応義塾百年史』付録、一九六九年、一六九頁。

(5)　宮城県庁文書「明治十二年　師範学校綴」。

(6)　同右。

(7)　同右。

(8)　宮城県庁文書「明治十三年　師範学校綴」。

(9)　同右。

(10)　宮城県庁文書「明治十二年　師範学校綴」。

(11)　宮城県庁文書「明治十四年　師範学校綴」。第七学年は明治一三年九月から明治一四年八月までの一年間。

(12)　宮城県庁文書「明治十二年　師範学校綴」。

(13)　柴田量平『仙台・東一番丁物語』本の森、二〇〇一年、一八四頁。

(14)　深間内廉の「除籍戸籍」による。

(15)　『仙台・東一番丁物語』二〇四頁。

(16)　同右、二三頁。

(17) 鹿又家については、阿刀田令造『仙台城下絵図の研究』斉藤報思会、一九三六年、坂田啓編『私本仙台藩士事典』創栄出版、一九九五年、『仙台人名大辞書』、『仙台市史　七』別編5、歴代知事編纂会『日本の歴代市長』第一巻、一九八三年などを参照。

(18) 宮城県庁文書「明治十三年　師範学校綴」。

(19) 宮城県庁文書「明治十四年　師範学校綴」。

(20) 同右。

第五章　仙台時代II

一　仙台自由民権運動の生成と発展

自由民権結社・鶴鳴社の設立

仙台に最初の自由民権結社である「鶴鳴社」が結成された。その時期は明治一一（一八七八）年一〇月下旬とされている。その根拠は同年一〇月二九日付の『仙台日日新聞』に、鶴鳴社の設立趣意が「広告」されているからである。

さらに同日の紙上に鶴鳴社幹事の名で「演説并討論会」の広告が載っている。これは、来る一一月九日午後六時、仙台師範学校内講堂で演説会を開くという案内である。

この二つの新聞資料をもとに、これまでの通説では、鶴鳴社の結成は一〇月下旬、その第一回演説会は一一月九日、とされている。

では、その新聞掲載の設立趣意からみてみよう(1)。

広告

之ヲ大ニシテハ社会ノ利益ヲ計画シ之ヲ小ニシテハ各自ノ智識ヲ交換ス是レ此ノ社ヲ結合スル所以ノ大趣旨ナリ討論演説、談話、輪読、時ニ従ヒ之ヲ定メ世道人心ヨリ学術工業ニ至リ之ヲ講シ之ヲ議シテ他日之ヲ事業ニ発セント欲スルナリ同志ノ諸君盍ソ此社ニ入ルヲ為サヽル其規則ノ如キハ請フ之ヲ仙台新聞社ニ問ヘ

鶴鳴社

鶴鳴社の目的は、「社会ノ利益」をはかり、「各自ノ智識ヲ交換」するというもので、その手段として「討論演説、談話、輪読」をするというのであるから、初期の自由民権結社がそうであったように、鶴鳴社もひとつの啓蒙と学習の結社であった。

また入社を希望するものは、その規則を仙台新聞社に問え、というのであるから、すでに簡単な規則はできていたのであろう。そして仙台新聞社（『仙台日日新聞』発行）が連絡窓口となっていたわけである。仙台新聞社はこの頃二日町四番地にあった。鶴鳴社の事務所は定禅寺櫓町七番地である。一〇月二九日に広告を出したときは、まだ事務所が開設されていなかったのかもしれない。

さて、鶴鳴社は、一〇月二九日をもって公けに社員を募集し、大々的に活動を開始することを宣言したわけである。

では鶴鳴社は、どのような背景、どのような経過を経て結成されたのであろうか。

鶴鳴社が生まれる背景には二つの側面があった。ひとつは、仙台に内在的に発生しつつあった啓蒙

的知識層の形成と彼らによる演説、講演活動である。教員、代言人、医師、キリスト教関係者（仙台ではハリスト正教が盛ん）などである。

二つ目は、福島県の自由民権家河野広中の働きかけである。河野広中は、仙台に自由民権運動の中核となる結社を組織し、東北全体の運動の統一をはかろうという構想をもっていた。この二つの流れの合流点に生まれたのが鶴鳴社であった。そしてその二つの流れの接着の役割を、他ならぬ深間内基が果たすことになった。

では、河野広中の動きからみていこう。

河野広中の民権構想

河野広中については多くの説明を必要としないだろう。土木県令と言われた三島通庸と対決し、明治一五（一八八二）年、いわゆる「福島事件」によって逮捕された、福島自由党の領袖である。河野広中は嘉永二（一八四九）年生まれ。旧三春藩の郷士であったが、戊辰戦争のとき官軍との交渉によって三春を戦火から守った。以来三春における青年層のリーダーであった。彼は早くから地方自治への関心が高かったようであるが、ジョン・スチュアート・ミルの『自由之理』（中村正直訳）を読んでから「人の自由、人の権利の重んず可きを知り、又た広く民意に基いて政治を行はねばならぬ」[2]ことを自覚した。明治九（一八七六）年、河野広中は磐前県（のち福島県に合併）石川区長として区会を開き、「地方民会」を実践的に運営していた。この成果が、当時県民会の開設を模索していた県官の目にとまり、福島県民会規則制定のための草案作りを依頼されていた。

ところが明治一〇年、鹿児島で西郷隆盛らが挙兵、西南戦争が起こると、全国の不平士族に動揺が起こった。民権派士族も例外ではない。河野は急拠、県民会規則草案作成の仕事を中断して、高知の板垣退助のもとへ向かった。福島を出発したのは七月半ばであったが、八・九月は東京で県務に従事し、横浜から船に乗ったのは九月二六日である。この間、高知立志社の林有造らが武器購入を計画、反乱を企てたとして東京・大阪で仲間が逮捕された（「立志社の獄」と呼ばれる）。また九月二四日には西郷隆盛が自刃し、西南戦争は終結した。河野広中が出発したのは、この直後であり、しかも高知までの航路も、大阪からまっすぐ高知に船で入るのではなく、瀬戸内海を回って愛媛に入り、県境の峠を越えて一〇月七日高知山田町に入っている[3]。

河野広中は一〇月七日から一八日まで高知に滞在した。この間板垣退助と会談したほか、平井志澄、弘瀬新一、西野友保らと会い、西南戦争後の情勢や地方民会、教育のことなど意見交換した。また高知滞在中に演説会を傍聴し、立志学舎を見学した。

この時の河野の見聞によれば、立志社は「廿名三十名ヲ以一組トナシ毎組ニ代議士正補一名ヅヽヲ置キ」、この組が会合をもって「本社ヨリ下付セル問題ヲ議シ公議ヲ定メ以テ之レヲ本社会議ニ出ル」といった代議員制で運営されていた。「本社ノ会議ハ月一回日曜日ヲ以テ」開かれていた。

また教育に関しては「英学アリ法律学アリ又普通学校ヲ設ケ壮年輩ヲ教育ス」とある[4]。

また演説会については、「日々ノ演説ニ来聴スル者日ニ月ニ増加シ当時婦女ノ来聴スル□若為ニ女席ヲ設ケタリ然ルニ輓時此席ノ狭隘ナルヲ訴ヒ之レヲ拡メン事ヲ乞ヘ出タリ実ニ其隆盛ヲ祝セサルヲ不得ナリ」とある[5]。

立志社の演説会は明治一〇年春頃から始められ、河野が訪問した秋頃は相当盛んに行われていた様子がわかる。しかも婦女子の傍聴が増えて女席の拡張が求められたという。こうした立志社訪問の経験が、河野広中帰郷後の東北における自由民権結社の創立と運動の統一構想を生む背景となった。

河野はすでに明治八（一八七五）年夏、石川に有志会を作って「時事ヲ論議シ時務ノ得失ヲ研究」[6]していたが、高知から帰るとまずこの有志会を結社として組織、「石陽社」と称した。明治一〇年一二月下旬のことである。

また翌一一（一八七八）年一月七日、立志社訪問のため中断していた福島県民会開設のための仕事に戻るべく、県六等属専任民会事務掛となって、福島県庁に向かった。福島へ向かう途中、河野は郷里三春に立ち寄り、同志を募って「三師社」を結成した。もっとも明治一三年三月の警察署の調査報告によると創立は明治一〇年四月、龍穏院（曹洞宗寺院）に会合して結社したことになっている。[7]高知出発前のことである。おそらくこの件も石川の例と同様に、有志会のような集まりをもったものを、明治一一年一月、明確な結社として組織を整備したものであろう。

三師社結社の趣旨は、「彼我の意見を交通し、各々天賦の智識を開達して、汎く公益を謀るにあり」（規則第二条）、また社員の義務は「実理を研究」、「自治の気象を養成」「自主の権利を伸張」、他の結社との「親密の交際」「官令、公布、新聞及各種の書籍を講究」（規則第三条、第四条、第五条）することなどが掲げられている。[8]

こうして福島に県官として赴任した河野広中は、県民会開設に向けての準備と指導に当たるかたわら、福島・仙台をしばしば往復し、仙台に同志を募り組織化をはかって活動していた。

明治一一（一八七八）年一月二一日、石陽社に提出した河野広中ら同志数名の意見書では、自由民権運動の統一構想が語られている。それは石陽社をはじめ、福島県内の民権結社を合併し、本部を「都会の地」に置くこと。その「都会の地」とは、「旧奥羽七国の地勢を見るに、宮城県仙台は、頗る交通の便利を得たる地なりとす。数社已に合併すれば、宜しく之を仙台に移して本部の位置と為し、而して各地に同志を募り、その勢力を伸べ、以て人心を鼓舞し社会の改良を助くべし」とある。そして仙台に設置する結社をして「立志社に合」わせ「立志社に交通の条約を為す」というのである。[9]

これは河野が福島に赴く直前、有志会議を開いて書類引継をしているので、その時に申合せた「意見書」であったろう。[10] ここに初めて、仙台に結社をつくり、これを核として東北の民権結社を結合し、高知立志社と連携していこうという、河野の構想が明確に語られた。

さて福島滞在中の河野は、県民会掛の仕事の合間をぬって仙台を訪れた。『河野磐州伝』は次のように述べている。[11]

東北の結合を統ふる為、その中心を仙台に置くべく、屢々仙台に赴き同志の士を糾合するに努め、若生精一郎及び高瀬真卿（茨城県人）等の如き同志を得た。又た当時某学館の教授として在仙の、箕浦勝人等とも其の声息を通じ、画策する所があった。

初め磐州が仙台に於て、若生精一郎等数名の同志を得るや、協力事を行ふの約を結んだが、一層其の連絡を密接にするの必要を認め、同郷の同志にして、仙台に在った深間内基をして、計画する所あらしめた。深間内は当時三師社の仮社長であったが、磐州の命を銜み、若生等と相謀って一社を組織した。所謂鶴鳴社が是である。（中略）仙台は東北第一の都会にして、政治上枢要の位置を占むるを以て、勢力ある団体を此の地に設置し、又た此地を東北諸州結合の中心点たらしむるの必要があった。是れ磐州が嘗て石陽社に建議したる所以で、其の地に人がないと云って之を等閑に付し去ることは出来ない。磐州が特に深間内をして若生等と提携し、鶴鳴社の興起に努力せしめた所以のものは之に外ならぬ。

河野広中が晩年語ったところの、仙台における活動と、その結果として鶴鳴社結成に至った経緯である。晩年の回想であるから細部に誤りがあるかも知れないが、仙台における鶴鳴社結成の事情はほぼ河野の語るとおりである。

さて話を戻すと、河野は明治一一（一八七八）年八月に県官を辞任し石川に帰るが、秋頃は石川と三春を往復し、石陽社と三師社を指導した。この時期、三春に帰省中の深間内基と接触し、二人は同志となる。そして、基が仙台に移り、一〇月下旬ついに鶴鳴社の結成となった。

そこで『河野磐州伝』に語られた大ざっぱな鶴鳴社結成までの経路をもう少し詳しくたどってみよう。

東方鶴鳴社から鶴鳴社へ

河野広中による仙台の有志へのオルグ活動を通して仙台初の民権結社創立へ向けての組織化が始ま

った。河野が福島に滞在していた明治一一（一八七八）年の覚書（回顧談話）に「三月四月《ママ》仙台ニ第一回東北有志ヲ仙台ニ会シ大会開会ノ議ヲ決ス。此時仙台ニ東方鶴鳴社創立ス」とある。(12)「三月四月《ママ》」は「三月四日」の間違いか、あるいは「三月四月頃」の意か不明であるが、河野が仙台を屢々訪れた結果、若生精一郎、高瀬真之介（真卿）、箕浦勝人らと知遇を得、仙台に自由民権の結社を創立することで合意したものであろう。そして当初の予定では結社を「東方鶴鳴社」としていた。この「東方鶴鳴社」という呼称の中に、東北（東方）全体を統一した自由民権結社の創立を目ざした河野の構想がよく表現されている。

　こうして明治一一年春、仙台初の自由民権結社「東方鶴鳴社」の創立が約されたのであるが、この時点では公けの活動を開始できるだけの実態が形成されていなかった。いわば「有志会」の段階であったと思われる。このため公然の活動は秋まで待たなければならなかった。

　ここで河野が仙台で得た同志として『河野磐州伝』に語られている若生精一郎、高瀬真之介について簡単にみてみよう（箕浦勝人については、八七頁参照）。

若生精一郎と高瀬真之介

若生精一郎は旧仙台藩士、嘉永元（一八四八）年生まれ。彼は、仙台において早くから自由民権に関心を持っていた。官立宮城師範学校の第一回卒業生で、培根小学校校長であった。若生は鶴鳴社の創立に加わり、のち本立社を組織、指導した。仙台の民権家の中では、急進派であった。

　若生は明治一一（一八七八）年頃には『郵便報知新聞』などの購読を通して、中央の動きにも精通し、自由民権論の興隆の様子などに強く心をひかれていた。その様子は次のような、若生の『郵便報知新聞』に投稿した漢詩によっても伺われる(13)。

呈報知記者先生　　　　仙台　若生精一（郎）
一枝筆力見霊精。記得江湖事項明。天理説来龍変幻。民権論出虎縦横。
常将紙墨補王化。直述文章賛治平。朝聴奇談夕郵送。十年不背報知名。

若生精一郎は漢詩を得意としていたのであろう。明治一二（一八七九）年三月、箕浦勝人が、師範学校を退職して東京へ戻る際にも次のような送別の詩を餞した(14)。

送箕浦勝人帰東京
何須洟涙歎離群。欲為邦家拡此文。凛々英気暁衝雨。駸々健馬又噺雲。
維開維花唯依汝。允信允慈独有君。期望京城暖烟外。共兼花木勒称芳。

明治一二年八月『宮城日報』を創刊して民権論を主張し、明治一三（一八八〇）年一一月の国会期成同盟第二回大会に宮城を代表して参加するなど、初期の仙台民権運動に多大な功績を残した。しかし、民権運動が大きな試練を迎えつつあった明治一五（一八八二）年三月に亡くなってしまった。
高瀬真之介は茨城県水戸の出身。安政元（一八五四）年生まれ。真卿、茂顕とも称し、真卿の名が使用されることが多い。河野広中と知り合った頃は仙台新聞社の局長で、『仙台日日新聞』を発行していた。その後も『宮城日報』、『東北新報』、『東北毎日新聞』など仙台の新聞編集にたずさわり、民権派に論壇を提供していたが、明治一五（一八八二）年仙台を離れた。

深間内基の来仙

河野広中によれば、深間内基は河野の意を受けて仙台に行ったこと、その当時基は三春三師社の「仮社長」であったことが述べられていた。

では、基はいつ仙台へ赴き、かつまたその時三師社の「仮社長」であったのかどうかを探ってみたいと思う。

さて、深間内基が「三師社仮社長」として仙台に赴いたのはいつのことであろうか。明治一一年前半は東京にいて翻訳の仕事をしており、八、九月は三春にいた。したがって、仙台へ行ったのは秋頃と見当をつけていたのであるが、明治一一年一〇月一六日の『福島新聞』に次のような記事があるのを発見した[15]。

石川郡石陽社員河野広中氏ハこの程仙台に文明社なる一社あって其の立社の目的たる氏が持論に同じき由を聞き蹶然該地に赴きて其社員遠藤温氏を訪ひ具に来意を告げて以来親密の交際を結ばんことを陳べられしが嘗て聞く所とハ大に反対し該社ハ微々たる金貸し社に過ざる由なれバ頗る失望して帰られしが其後第廿三区田村郡三春町三師社々長深間内基氏と共に仙台に一社創立せん

ことを謀り為に深間内氏ハ四五日前彼の地へ赴かれしと云ふ氏の如きハ誠に篤志の人と云ふべし然し世にハ虚名を博するが為にするものも往々あれバ是等の為に瀆がされずして其の志しを全ふせられんことを余儕ハ切に望むなり

右の記事によれば、当初河野広中が連絡をとった遠藤温（代言人・県会議員）の文明社は民権結社ではなく金融業を営んでいたものである。それはともかく、深間内基が、ここでは「三師社社長」となっていることである。そして新聞発行日が一〇月一六日であるから、その四、五日前、つまり一〇月一〇日頃に仙台に行った、ということがわかる。

したがって深間内基は、「社長」あるいは「仮社長」といわれているように、この時三春で、空席になっていた三師社社長の役になっていたものと思われる。しかし、彼は仙台に鶴鳴社を結成したのち、師範学校教員となって仙台に永住することとなったため、再び三師社社長は空席となり、明治一三年頃は河野広中が石陽社とともに三師社社長も兼ねた。

このようなわけで、深間内基は、三師社の代表として明治一一（一八七八）年一〇月一〇日頃仙台に赴いた。そうして、それより先に河野が仙台で交流を深めていた、箕浦勝人、若生精一郎、高瀬真之介らと合流し、一〇月下旬の鶴鳴社結成となったのである。

この際「東方」が削られたのは、鶴鳴社が仙台在住の同志によって、仙台の民権結社として発足したためである。

以上の経緯から考えると、明治一一年春から秋までの「東方鶴鳴社」の時期を有志による非公然の準備段階、一〇月以降を「鶴鳴社」の本格的発足と活動の段階と捉えることができる。
鶴鳴社の社長には箕浦勝人がなった。ほかに幹事数名がおかれたが誰であるかははっきりしない。創立時のメンバーは八名、関係者約三〇名といわれ、教員、官吏、代言人、新聞社員など、少数の士族出身のインテリ層によって構成されていた[16]。

『河野磐州伝』や創立直後の演説会弁士などから、創立時の社員・関係者の名を拾ってみると、以下のような人々がいる。

社長・箕浦勝人（教員）、深間内基（教員）、若生精一郎（教員）、高瀬真之介（ジャーナリスト）、田代進四郎（代言人）、浅尾哲次（代言人）、首藤陸三（官吏）、佐伯真満（官吏）

以上が創立時のメンバーであったと考えられる。その後鶴鳴社に入社または連携した人々は続々と増えその数は五〇名とも八〇名ともいわれる。

明治一二年初め頃の関係者をざっと掲げると次のような人々がいる。

立花良次、坂本英房、岡田好成、菅野巌《いかし》、黒沢惟則、中原雅郎、下飯坂秀治、浜尾真一、下斗米精三、白極《はくごく》誠一、佐藤時彦《ときよし》、古山巌石、西大条《にしおおえだ》規

さて、鶴鳴社の規則などは史料がなくわからないのだが、おそらく三春の三師社に類似の内容であ

ったろうと思われる。

それは、河野広中のオルグによって結集し、三師社（仮）社長の肩書きをもってやってきた深間内基が組織化を担ったことからも考えられる。また実際に、鶴鳴社趣意（『仙台日日新聞』広告）と、三師社規則は類似性が強い。鶴鳴社は「之ヲ大ニシテハ社会ノ利益ヲ計画シ之ヲ小ニシテハ各自ノ智識ヲ交換ス」ることが「大趣旨」であると宣言しているが、これは、三師社規則第二条にある、結社の趣旨は「彼我の意見を交通し、各々天賦の智識を開達して、汎ク公益を謀る」ことという条文とほとんど同じである。

以上のことから考えられるのは、創立当初の鶴鳴社は三師社と類似の規則を持っていたであろうということである。そしてまたその背景に、高知立志社がある。深間内基については『仙台人名大辞書』[17]が「板垣退助の自由主義を仙台に鼓吹したるはこの人を嚆矢とす」と記しているように、彼の立志学舎英学教員としての経験があり、また河野広中の明治一〇年秋の高知訪問の見聞がある。

さて、一一月五日付『仙台日日新聞』には「鶴鳴社員　五月雨晴治」と名のる者の投書が載っている。この名前はもちろんペンネームである。この頃の新聞投書はほとんどが実名ではないので個人名を特定するのはむずかしい。これも誰かはわからないが、初期の鶴鳴社員からの投書であるから、彼らの認識の一端が伺われる。簡略すれば、「国家ノ安危存亡」を士族が担い、百姓、町人などは奴隷視されていたが、維新後は、四民みんながこのような気概（これを投書者は大和魂と呼んでいる）をもってこれを社会のためにも個人の道理のためにも養成しなければいけない、というものである。参考までに紹介しておく[18]。

○　鶴鳴社員　五月雨晴治

吾カ国人民中ニ往昔ヨリ伝来スル所ノ一種ノ謁然タル気象アリ蓋シ此モノタルヤ猶義ノ為ニハ身ヲ顧ミス事ニ当テ恐レスト言フカ如キ大和魂ナル者即チ是ナリ

抑モ日本魂ナル者ハ支那ニ於テハ正気ト云フ者ニシテ西洋ノ所謂愛国心ナル者カ此ノ気ノ発シテ顕ハル、所或ハ国家ノ為ニ身ヲ鋒鐺ニ委スル者アリ或ハ君父ノ為ニ節ニ徇フ者アリ或ハ義ノ為ニ死シ或ハ道ノ為ニ斃ル、者ニシテ孔明ノ照烈帝ニ於ル楠公ノ後醍醐帝ニ於ル鳥井元忠ノ東照公ニ於ルフラクリン《ママ》ノ米国ニ於ルカ如キ是也此ノ気ノ古来ヨリ日本人民ノ間ニ充満シ時アツテ発スル者少ナカラスト雖ドモ国勢ノ盛衰ト人民ノ気風トニ依テ亦伸縮隆替ナキ能ハス然レドモ吾カ国風タル例シテ言フ時ハ勇進敢為ノ気力ニ富ムヲ以テ人民中何等ノ階級ヲ論セス概ネ此ノ気ノ存在セサル者ハナカリシナリ

夫レ然リ然リト雖ドモ兵権ノ一タヒ武門ニ帰シテヨリ因習ノ久シキ平民ハ国家ノ安危存亡ニ関セサル者ノ如クナルヲ以テ自然士族ノ為ニ奴隷視セラレ常ニ其ノ膽気ノ外ニ顕ハル、者少ナク識ラス知ラス卑屈ニ流レ忠ト云ヒ義ト云フ者ハ士族ノ持前ナリ百姓ヤ町人ナドハ鼻ノ下ノ建立ヲシテ居レバ済ム事ナリト思意スル者モ少ナカラサリシカ故ニ緊要ノ大和魂ハ常ニ武門ニノミ多ク存シタル者ト言ハサルヲ得ス且ツ当時ニ在テハ大和魂ノ何者タルヲモ知ル者少ナク僅々武門ニアル剛気ヲ以テ大和魂ト思ヒ又ハ頑固ナル者ヲ大和魂ト誤リタル者モアリシカ今日ニ至テハ此ノ気ハ索然地ヲ掃フテ四民皆此ノ気象ヲ脱却シタルカ如キ形状アルニ至レリ矣実ニ此ノ気ノ伸縮馳張ハ一国ノ隆替ヲ促スノ勢力ヲ有ス可キカ故ニ余輩ハ此ノ気象ノ衰運ヲ挽回スルヲ以テ目下ノ急務トナ

サヽル可ラサルナリ
今ヤ太政王室ニ帰シ七百年来分レタルノ兵農ハ初メテ合ス所謂大和魂ナル者ハ之ヲ士族ニノミ望ム可ラス四民皆ナ此ノ気象ヲ養成シ之ヲ大ニシテ社稷ノ為ニシ小ニシテハ道理ノ為ニ尽サヽル可ラス豈ニ卑々トシテ目下ノ安ヲ倫ミ一身ノ都合ノミヲ考ヘルノ安楽時世ナランヤ
其レ如此ナレハ則チ大和魂ヲ養成シテ以テ一国ヲ維持ス可キ元気トナサヽル可ラサルモ如何セン近来人心浮薄ニ流レ卑屈風ヲ更ヘ狡猾俗ヲ改メ昔日ノ気象ナル者ハ自然地ヲ去テ其ノ痕跡ヲ見ル能ハス嘗テ勇為剛強武ヲ以テ外ニ聞ヘタル国俗ハ何レニ存スルヲ知サルニ至リシヲ然レドモ今日如此衰頽ノ色ヲ現ハシタリ其因ヲ探究スレハ維新革命ノ後士族ノ兵権ヲ失ヘタルトキニ於テ随テ此ノ気象モ脱却シ去リタル者ニ外ナラサルカ如シ之ヲ挽回セント欲セハ如何ナル道ヲ以テス可キヤ余輩ハ慨歎ニ耐ヘサルヲ以テ記シテ以テ之ヲ識者ニ質ス

小結社の生成

鶴鳴社に続いて明治一一（一八七八）年一二月、培根小学校内に喈々社《かいかい》、時習小学校内に時習社が結成された。これはいずれも小学校教員を中心とした学習と演説の結社で、鶴鳴社員と重なる人も多い。鶴鳴社が仙台の師範学校教員や代言人、官吏など、仙台市中の知識人らを網羅しているのに対し、喈々社（若生精一郎）、時習社（岩淵仙之助）は小学校という職場に根ざした勉強会のようなものであった。また翌一二（一八七九）年七月頃断金社が結成されたが、これは喈々社と時習社の合同により政談演説会を行う結社といわれているが、詳細はわからない。

明治一一年一二月には、精法社という結社も生まれている。これは政治的結社というより代言社に近いものと考えられる。翌一二年一月一四日の『仙台日日新聞』に次のような広告が載っている。[19]

今般本社ニ於テ訟務局ヲ設ケ訴訟事件取扱候間監定並ニ代言代書等御依頼ニ応ス可ク候仍而此段公告致候

明治十二年一月　　仙台定禅寺櫓町七番地

精法社

嘗テ公告致置候法律講習会日時書目左ノ通り

毎日・木曜日　仏国民法　国法汎論　万法精理

毎火曜日　仏国民法　同　立法論綱

右来ル十二日ヨリ開会

明治十二年一月　　仙台定禅寺櫓町七番地

精法社

右に記されているように、その業務は代言業で、一方西洋の法律学習会を定期的に開催することで、社員はもちろんながら市民の法意識の啓蒙に務めようとしたものと思われる。一方政治的テーマを演題とした演説討論会なども開いていた。

精法社演説討論会（同事務所内で開催）には次のような演題があった。[20]

・明治一二年一月二六日午後一時～五時

一、人民ノ不幸ハ政体何ニ在ル乎将タ改術如何ニ由ル乎

二、我国輓近愛国心ノ衰ヒタル原因ハ職トシテ何ニ由ルカ

・明治一二年二月二三日午後一時～

一、刑法ノ範囲ハ国土ヲ以テ限乎将タ国民ヲ以テ限乎将又国民国土ニ両属スル乎

二、遺産配分ハ血統ニ限ルベキ乎将タ限ルベカラサル乎

このような内容から精法社は鶴鳴社の別働隊であったと私は考える。まず住所が、鶴鳴社と同じ定禅寺櫓町七番地である。そして法律を中心にした市民啓蒙活動を担っていることである。これは立志社における法律学校（法律研究所）を意識したようなところがある。おそらく鶴鳴社の田代進四郎、浅尾哲次らと、あるいは深間内基も入って鶴鳴社内の代言人グループによってつくられた鶴鳴社法律部のような存在とみてよいと思う。しかし、精法社は明治一二年末頃から一三年初め頃の鶴鳴社分裂の危機に際し消滅したものと思われる。

演説会

仙台における演説会は、明治一〇（一八七七）年四月、南町共立病院で開催されたのが最初と言われている。この演説会はハリストス正教徒で、その頃『講習余誌』の発行責任者であった小野庄五郎らによって準備された。病院長中目斎や小学校教員若生精一郎、仙台新聞社長須田平左衛門らが演説

した。[21] 宗教的布教の延長的側面もあったかも知れないが、近代化に即応した衛生思想や教育の普及などを目ざした啓蒙的内容であったろうと思われる。

しかしこうした萌芽的演説会は継承されず、運動の発展は、自由民権結社の結成による組織的編成をまたねばならなかった。この間の事情について『仙台日日新聞』の演説会と題する論説[22]は、全国各地の都市で演説が盛んに行われているのは「人民カ其ノ今日ニ有益ナル《ママ》ル」を認めている証拠であり、「吾カ仙台ニ於テモ明治十年ニ於テ二三ノ有志者大町私立病院ノ講堂ニ会シテ演説ヲ初メシヨリ当時ノ勢ヒヲ以テ見テハ追次隆盛ニ至タルトスル者ノ如クナリシモ遂ニ中途ニシテ廃絶スルニ至リ一時ハ其ノ痕跡ヲ見サリシモ鶴鳴社ノ起ルニ際シ同社員ニテ先ツ已ニ廃レタルノ演説ヲ挽回シ既ニ数回ノ発会ヲ経ルニ及テハ之カ為ニ誘奨セラレテ起リタルモノ喈々社ノ如キアリ大新亭ノ大会ノ如キアリ木町ノ会ノ如キアリ上谷刈ノ会ノ如キアリ」と伝えている。

このように、明治一〇年にハリストス正教関係者や教員などによって始められた演説会は一時下火となっていたが、明治一一年秋の鶴鳴社の結成によって、仙台における演説会はにわかに活気を帯びてきた。

さて鶴鳴社は明治一一(一八七八)年春「東方鶴鳴社」として準備され、その年一〇月下旬に「鶴鳴社」として公けに活動を開始したことはすでに述べた。では鶴鳴社による演説活動はいつからはじめられたのであろうか。仙台の自由民権運動研究のほとんどの文献が指摘し、それゆえ通説となっているのは、明治一一年一一月九日の演説会を第一回とするものである。

これは鶴鳴社が設立趣意を「広告」した後の一一月五日付の『仙台日日新聞』に、鶴鳴社幹事の名による「演説并討論会」の案内広告が載っているからである。それは、一一月九日午後六時、仙台師範学校で演説会が開かれる、というものである。[23]

演説并討論会

演説ノ題ハ○演説ノ事　箕浦勝人○立法権ノ事　田代進四郎○勧解ノ事　佐伯真満○布告ハ捧テ受ク可ラス　高瀬真之介○教育ノ事　首藤陸三○禁酒ノ額面　浅尾哲次○幸福ノ説　深間内基○討論ハ戸長ノ撰挙ノ事ヲ論題トス

右ハ来ル九日［第二土曜］午後六時ヨリ仙台師範学校内講堂ニ於テ発会ス有志ノ諸君ハ来聴アレ但シ傍聴切手ハ仙台新聞社ヨリ無代価ニテ差出ス可シ

鶴鳴社幹事

鶴鳴社が一〇月末に結成され、翌月一一月九日に第一回演説会開催と考えるのは、時系列的に自然ではある。ところが、同じ日の新聞の別の紙面に次のような記事がある。[24]

去七日鶴鳴社の討論会ハ午後五時より初り傍聴人も三百人余も詰かけたれど会場手狭にて断りたる者もあり且つ発会が定めの時間より後れたれば帰りたる者も多し扨此日ハ真理は必しも与論の中にあらずト云ふ題にて議員は二十名許りでありました此次は来る九日に師範学校の講堂にて発開になります当日ハ演説会もある由委しくは広告の所を五覧《ママ》なさい。

右の記事にある「去七日」が問題である。これが一一月七日ではないことは当記事が一一月五日の新聞に載っていることから明らかである。するとそれ以前ということで、「七日」に間違いがなければ、前月つまり一〇月七日ということになる。「七日」ではなく、「十七日」「二十七日」の印刷ミスとも考えられるが、一応この日を「一〇月七日」と読み取っておくことにしよう。

さてこの記事には会場の名が書かれていないのであるが、「会場手狭にて断りたる者もあり」というから、仙台新聞社に置かれた鶴鳴社仮事務所であったかも知れない。そしてこれが最初の演説会(討論会のみであったか)と考えると、この日が鶴鳴社の旗揚げの日とも考えられる。しかしこれは仮定の話である。いずれにせよ、鶴鳴社は明治一一年一〇月中に自由民権結社として公然と歩みだしたのである。そして、まず最初の彼らの活動が演説と討論で始まった、ということである。

この頃の演説会の活況を『郵便報知新聞』(25)の伝えるところでは、「近頃仙台師範学校の箕浦勝人氏と仙台日々新聞の高瀬真之助氏の発起にて鶴鳴社という演説社を設け各月二回つゝ開場す社員四十余名にて傍聴ハ毎に七八百人に至る就中箕浦田代高瀬浅尾坂本等雄弁の名ある人なり」とある。

では鶴鳴社の初期の演説を新聞紙上より整理して一瞥してみよう。

・明治一一年一〇月(七日)

討論会　議員二〇名「真理は必しも与論の中にあらず」

・同年一一月九日（仙台師範学校講堂）
演説　箕浦勝人「演説ノ事」
田代進四郎「立法権ノ事」
佐伯真満「勧解ノ事」
高瀬真之介「布告ハ捧テ受ク可ラス」
首藤陸三「教育ノ事」
浅尾哲次「禁酒ノ額面」
深間内基「幸福ノ説」
討論会「戸長ノ撰挙ノ事」

・同年一一月一六日（師範学校内）
演説　田代進四郎「立法権ノ事（前回ノ続キ）」
首藤陸三「疑ノ弁」
坂本英房「普通教育ノ保護」
黒沢惟則「命あっての物種」
深間内基「幸福ノ事」
佐伯真満「宮城人民目下ノ急務」
討論会「遺徳ハ社会進歩ノ主カ従カ」

「租税ノ性質」

・同年一二月七日

演説　箕浦勝人　（演題不明）

若生精一郎

首藤陸三

高瀬真之介

討論会　起草者　坂本英房、浅尾哲次

・明治一二年一月一九日（上谷刈村小学校）

演説　中原雅郎「会議の沿革」

岡田好成「分業の説」

浅尾哲次「栄螺《さざえ》とスッポン」

深間内基「教育の話」

高瀬真之介「町村会の事」

田代進四郎「礎の話」

模擬議会　（議長）深間内基

（書記）菅野厳

（原案起草）岡田好成「学校維持の方法に就ては行政吏の干渉を受けざる可らず」
「戸長ハ行政吏に属する者にあらずして人民の総代なり」

・同年一月二五日（元寺小路中教院）
演説　壁屋可六「豆まき」
黒沢惟則「命あっての物種」
浅尾哲次「保護の説」
下飯坂秀治「凶年の備」
討論会　田代進四郎「刑法論」
岡田好成「米商会所設立ノ主意」

・同年一月三〇日（公園地吉岡座）喈々社《かいかい》、時習社との合同演説会
演説　若生精一郎（演題不明）
坂本英房
浅尾哲次
岡田好成
壁屋可六
黒沢惟則

田代進四郎
深間内基
古山厳石
箕浦勝人
高瀬真之介
中原雅郎
討論会　（議長）箕浦勝人

来ル三十日正午十二時ヨリ公園地吉岡座ニ於テ左ノ諸先生ヲ招待シテ演説會ヲ開キ右畢テ鶚鳴社○嚶々社○時習社○ノ三社員ヲ以テ大ニ討論會ヲ催ス有志ノ諸君ハ傍聴勝手タル可但シ傍聴料費等ヲ要セス

演説

若生精一郎先生　坂本英房先生
浅尾啓二先生　岡田好成先生
壁屋可六先生　黒澤惟則先生
田代進四郎先生　深間内基先生
古山厳石先生　箕浦勝人先生
高瀬真之介先生　中原雅郎先生

催主　楽善社

図５－１　演説会の広告（『仙台日日新聞』明治12年１月28日）
註：広告にある「浅尾啓二」は浅尾哲次の誤り。

（書記）菅野巌、佐藤時彦、浅尾哲次、高瀬真之介
（原案起草）若生精一郎「仙台の商業を盛んならしむるには売品に正札を付け可し」

・同年二月一五日（鶴鳴社仮事務所）
演説　西大条規「梅の譬《たとえ》」
　坂本英房「節飲」
　高瀬真之介「大迷惑」
　田代進四郎「権義論」
討論会　黒沢惟則「棄児院設立の可否」
　下飯坂秀治「蚕種賦税の可否」

・同年三月一日（鶴鳴社仮事務所）
演説　浜尾真一「同族婚姻の弊害」
　箕浦勝人「雀は鷹の餌」
　中原雅郎「相像《ママ》と識別力との弁」
　高瀬真之介「うしと見しょうぞ今は恋しき」
討論会　若生精一郎「保護税実施の可否」
　下斗米精三「開拓の挙らさるハ職として資本の足さるに因て乎将た人民気力の乏し

きに因る乎」

・同年五月一一日（東一番丁大新亭）
演説　白極誠一「幼稚園可設ノ説」
深間内基「男女同権ノ説」
黒沢惟則「養生ノ話」
浅尾哲次「佐倉宗五郎ノ伝」
田代進四郎「政府ノ種類」
高瀬真之介「租税ノ説」
下斗米精三「勤労論」
岡田好成「工芸論」
若生精一郎「振武論」
中原雅郎「人口論」

・同年六月二八日（東一番丁大新亭）
演説　高瀬真之介「大阪天保八年騒乱」
田代進四郎「国法論」
下斗米精三「日本民権論」

討論会　若生精一郎「財産分配論」
浅尾哲次「遊郭可廃論」

参考までに『宮城県統計書』によって演説会数を表5-1に現しておいたが、実際には右に掲げたように鶴鳴社関係だけで、明治一二年前半期にすでに七回開かれており、ほかに、喈々社、時習社、精法社などが独自に演説会を開催しているのであるから、統計表の数倍の演説会が開かれていたのである。ちなみに明治一二（一八七九）年一月中は新聞に掲載された演説会だけで六回ある。おそらく集会条例（明治一三年四月）制定以前は、統計に出てこない演説会が多数あったと考えられる。『宮城県農民運動史』によれば、明治一三年から一六年までの演説会について新聞記事によって補ったものをみても、届出の数の倍くらいに考えてよいかと思う[26]。

明治一二年の前半期は、自由民権結社の生成期であり、その勢いに乗って演説会は盛況であった。特に、一月三〇日の鶴鳴、喈々、時習三社による合同演説会は千人を越える聴衆が集まった。その演説会の模様を新聞は次のように伝えている[27]。

表5-1　演説会数

	演説会数	弁士人数	解散・禁止
明治12年	2	5	
13年	15	70	1
14年	24	85	7
15年	20	148	6
16年	7	41	5
17年	2	10	
18年	2	9	
19年	2	9	1
20年	9	37	
21年	18	61	3

出典：『宮城県統計書』明治15～21年の各年度版より作成。ただし、実際には統計を上まわる開会であった。

一昨日公園にての討論演説の大集会は正午十二時のドンを相図に演説に初り喈々社と時習社の両社何れも社員が出て演説し鶴鳴社員も四五名演説し畢《おわ》れば議場の位置を定め議員は三社の社員にて七十名右側左側とも三段に席を取り正面を議長の席とし其の左右に書記を置く原案者は若生精一郎氏なり扨各々坐定り書記は議長の投票籤《せん》を配り撰挙したるに箕浦勝人氏多数によりて議長の席に就く書記は菅野厳佐藤時彦の両氏なりしが議場の周施の為に更に二名の書記を議長の特撰にて定む浅尾哲次高瀬真之介等なり先ず書記起て議案を朗読し原案者次て之が説明をなせり其の大意は仙台の商業を盛んならしむるには売品に正札を付け可しとの説にて反対論もありたれど到底《つまり》原案に決せり此の会は実に未曽有の大入にて官員風もあれは町人もあり百姓も教員も婆さんも娘も夫に猫なども出かけた様子木戸より入れた者は千人余なりと言ふ惜い事には議場がくらいのと余り議場が烈し過たのでありました然し盛んなる事なりし

当時、討論会というのは右のように議会を模して行われたり、また賛成、反対（これを源平と称した）に発言者を分けてディベート形式をとる、という方法が一般的に行われ、大変聴衆に受けたのである。右の新聞記事も記者自身の興奮が伝わってくるようである。聴衆も官吏・教員に町民・農民とさまざまな階層が参加、さらに「婆さんも娘も」といっているように、女性の姿も相当見えたようである。立志社演説会と同様仙台においても女性の傍聴は最初から認められていたと思われる。

このように仙台での演説会は一気に増えて活況を呈し、鶴鳴社の演説会は「毎会の聴衆七八百に下らす(28)」と報じられたが、六月以降はなぜか「演説会ハ漸次衰微の色を顕し(29)」てきた。

明治一二（一八七九）年後半期は演説会はやや下火となったが、明治一三年、国会開設請願の全国的展開と共に盛り返し、明治一四（一八八一）年以降は再び活発化してくる。

演説内容の検討

初期の演説内容は、学術講演会や啓蒙的内容が多く、政治的演説であっても直接反政府的なものは少ない。政治や議会についての一般論、また将来の議会を模した討論会などで、聴衆を啓発するものであった。一方教育や家族、衛生、商業など生活に関連深い問題を取り上げて、その近代的思考を促すものも多い。

ではいくつかの演説についてその思想的影響をみておきたい。

まず最初の演説討論会である明治一一（一八七八）年一〇月七日（仮定）の「真理は必しも与論の中にあらず」である。これは誰によって報告されたものかは記録がないのでわからないが、いちばん可能性があるのは、鶴鳴社社長となった箕浦勝人であろう。

しかしこの演題から類推しうるのは、福沢諭吉『学問のすゝめ』の「十五編　事物を疑って取捨を断ずる事」である。これは明治九（一八七六）年七月に発表されている。その冒頭は「信の世界に偽《ぎ》詐《さ》多く、疑の世界に真理多し」で始まり、世界一般に信じられている風聞、習俗には本当に真理があるのか、「人事の進歩して真理に達するの路は、ただ異説争論の際にまぎるの一法あるのみ。而してその説論の生ずる源は、疑の一点に在りて存するものなり」とある。(30)

「真理は必しも与論の中にあらず」はほとんど「信の世界に偽詐多く」の言い換えとも考えられ、

内容は福沢の言と同様のものと思って良いだろう。

箕浦勝人は福沢諭吉の門下生で、慶応義塾に明治四（一八七一）年一二月入社、明治七（一八七四）年に卒業して『郵便報知新聞』の記者となる一方、福沢の雑誌『家庭叢談』の編集を手伝っていた。箕浦は福沢にきわめて近い存在であり、福沢の影響の大きい人物であった。このころは仙台師範学校教員である。

一一月一六日の首藤陸三による「疑ノ弁」も似たような内容ではなかったろうか。

また一一月九日の箕浦勝人「演説ノ事」については、これも福沢諭吉『学問のすゝめ』に「十二編演説の法を勧むるの説」（明治七年一二月）があり[31]、この福沢の論説との共通性が類推できる。同じ一一月九日、首藤陸三「教育ノ事」についていえば、福沢諭吉に「教育の事」（明治一一年一月）という論がある[32]が、福沢の教育問題についての発言は多い。深間内基も翌一二（一八七九）年一月一九日「教育の話」と題して話している。首藤隆三も深間内基も師範学校関係者であるから、非常に身近な話題である。また基も福沢門下の一人であるから、当然福沢の教育論の影響を受けていたであろう。

他に浜尾真一の「同族婚姻の弊害」も、箕浦勝人「近親縁組ノ大害を論ズ」（『民間雑誌』第十編、明治八年）との共通性を思わせる。家族論も福沢門下生にとって重要なテーマで、福沢の論稿も多い。

明治一二（一八七九）年一月には壁屋可六の名が二度も見える。一月二五日の「豆まき」から内容を類推するのはむずかしい。一月三〇日は、演題不明である。壁屋可六は旧三春藩士でこの頃は福島県官であった。この時期二度仙台で演説しているのは、前年一一月仙台で東北有志会が開かれたこともあり、また一二年三月には愛国社第二回大会（大阪）が計画されていたことなどから、仙台民権運動を応援するため、演説会に参加したのであろう。壁屋可六は慶応義塾に明治五（一八七二）年一〇月、旧藩主秋田映季と共に入社しており、深間内基の同郷の後輩にあたる。壁屋は旧藩主秋田のお供で入社したといわれ、二人は東京飯倉の三春藩中屋敷からの通学生であった。このように壁屋もまた慶応義塾で福沢諭吉の影響を受け、洋学を学んだ人物であった。もっともこの時期河野広中は、仙台での有志会結合に力を入れていたので、河野のいない三春三師社は演説会はあっても、大きな反響はなかったようである。一一年暮れ頃は石陽社も三師社も「各所に会議を開き或ハ演説をなせしか当駅には未だ何の社へも入社する者なし[33]」という状況で、さらに翌一二年春頃も「三師社も何故か当年ハ未た講談演説をなさず[34]」とある。三春で演説会が活発になるのは明治一四年一五年頃である。

仙台では福沢諭吉の『学問のすゝめ』は広く読まれていた形跡がある。もちろんこの本は当時ベストセラー本で、全国で二〇万部以上売れていることからその影響は仙台に限らないのであるが、仙台新聞社の須田平左衛門は『学問のすゝめ』の偽版を出版していたそうだ。須田は明治一一（一八七八）年五月、投獄され獄中で自殺した[35]。

このように仙台の演説会をみてくると、そこに慶応義塾同窓の士による結合、交流と、福沢諭吉の思想的影響が読みとれるのである。

さてここで深間内基の演説を拾ってみると、「幸福ノ説」（二回）、「教育の話」（一回）、「男女同権ノ説」（二回）、題不明（一回）、他に模擬議会の議長役（一回）がある。

このうち「男女同権ノ説」は、その題名からして彼の翻訳出版した『男女同権論』（明治一一年六月）の内容についての話であろうことは確かである。これはジョン・スチュアート・ミルの「ザ・サブジェクション・オブ・ウーメン（The Subjection of Women）」を日本で初めて翻訳したものであり、スペンサー著、尾崎行雄訳『権利提綱』（明治一〇年）中にある男女同権の章と共に、当時の自由民権派の人々はもちろん広く知識層や青年に影響を与えた女性論である。詳しくは別に（第二部）述べるが、基が明治一二（一八七九）年五月の時点で「男女同権論」を演題としていることの意味を考えてみよう。

第一には、深間内基の身辺上の変化である。三月に彼は仙台師範学校教員となる。そして生活の安定を確保すると七月には三春に残していた家族を仙台に迎えた。その後一一月に旧仙台藩士鹿又璇璣の長女ケイと結婚する。ケイは演説会の聴衆の一人であったかも知れない。基が仙台で一家を構えて暮らし始める時期であり、それは仙台への永住を覚悟した時期ということである。ケイという女性が身近に存在するようになったことで、彼は自らの翻訳『男女同権論』を自分の問題として認識するようになったと思われる。

第二には、このころには女性の演説会傍聴が少ないながらも目立ってきつつあった。「男女同権ノ説」に前後して「同族婚姻の弊害」や「遊郭可廃論」が演題となるなど、女性の関心を呼ぶような問題が取り上げられる。女性傍聴者の増加を反映したものであろう。

もちろんこうした夫婦や家族、男女の問題は明治七・八年『明六雑誌』で展開されてはいたが、それは一部知識人の議論であった。

第三に、この「男女同権ノ説」演説の結果として、仙台の女性の覚醒を促し、明治一六（一八八八三）年の成田うめ等による仙台女子自由党の結成への導火線となったことである（第五章三を参照）。

以上のように明治一一年末から一二年前半期は活発に演説会が開催され、深間内基も弁士として活躍していた。多くは、福沢諭吉の思想的影響を受けた啓蒙的内容であった。その後一二年後半は当初の熱が冷めたか若干下火となり、明治一三（一八八〇）年に入って、愛国社加盟の問題が出てくると、仙台民権結社の再編が起こり、再び演説会も活性化し「鶴鳴社の演説会ハ随分大入なり毎会四五百人に下らず討論会の説ハ七八百もあり」[36]という盛況さとなった。そしてこの頃から自由民権運動は啓蒙的活動から政治的活動へと発展してゆくことになる。同時に一方では運動内部に主導権争いが顕在化してくる。

鶴鳴社の再編・分裂

明治一一（一八七八）年一一月、東北有志会が仙台で開かれた。酒田の森藤右衛門、岩手の鈴木舎定、秋田の柴田浅五郎、福島からは花香恭次郎・岡野知荘が集合して東北民権運動の統一を協議した。このとき仙台の大立目ら二〇余名に招待されて宴会が開かれた[37]。

翌明治一二年三月、大阪で愛国社第二回大会が開かれ、この大会に河野は参加していないが、板垣退助らの愛国社再興運動に呼応して、東北自由民権運動の統一への一歩を踏み出したのである。しかしこの動きは、まだ大きな展開をみるには早すぎた。

明治一二年に入って、鶴鳴社は社長箕浦勝人の離仙という状況を迎えていた。箕浦は明治一二年三月六日、師範学校を退職して仙台を離れることになった。このためそのひと月前の二月一日、社長、幹事改選のための幹事会を開いた。そして五月七日に鶴鳴社規則改正を決定、一〇日には社員一同を招集してこの件を確定した。規則改正の草案は中原雅郎、若生精一郎の二人によって提出された(38)。

新しい社長に誰がなったか明らかでないが、規則改正の経緯から、中原、若生のいずれかであろう。これより、箕浦、深間内から中原、若生の体制に移った。これは一面では、外部から仙台に来ていた者(県外出身者)によって指導されていた鶴鳴社が、約半年を経て、在郷の仙台人にその指導権が移ったことを意味する。仙台自由民権運動における仙台ナショナリズムの萌芽の時期として位置付けられよう。

規則改正の内容も不明ではあるが、演説会が月一回と決められるなど、若干後退的側面もみられる。明治一二年後半期の演説会の衰退状況は、このような鶴鳴社の再編成の反映であったかも知れない。深間内基は五月一一日の演説以後は名前が表に出てこない。箕浦が退職したあと基が師範学校教員に採用されたことや、鶴鳴社の体制が変わったこと等に原因があるか、あるいは何か別の原因があったかはわからない。

一方、明治一二年末頃から、愛国社との連携方法をめぐって、社内に対立が起こりつつあった。明治一三(一八八〇)年一月二五日、仙台の公園前大田屋に鶴鳴社の有志五五名が集まった。同年三月に大阪で開催される愛国社第四回大会(国会期成同盟第一回大会)に向けて、若生精一郎、高瀬真之介、田代進四郎、浅尾哲次四人の連名で、愛国社加盟を訴える檄文を発し、一月二五日に有志集会を呼びかけたのである(39)。地方民権結社を愛国社に結集するため、愛国社は全国に遊説員を派遣したが、若生等の檄文はこうした働きかけに応じたものであった。

一月二五日の鶴鳴社有志の集会では、愛国社に加盟することに賛成したのは三六名、地方結社として独自に運動を展開しようというもの一三名、いずれとも決し難きもの六名であった[40]。この件はさらに議論されることになったが、鶴鳴社内部の意見の相違を短期間に埋めることはできなかった。

他方河野広中は明治一二（一八七九）年一〇月再度高知立志社を訪問し、その帰途、一一月の愛国社第三回大会（大阪）に参加し、東京分社設置の決定とその雑務を終えて石川に帰り、東北各地の結社の連合と愛国社加盟への働きかけを一層強めた。そして明治一三（一八八〇）年二月一五日から仙台大田屋で東北連合会を開き、石陽社、三師社を始め各地の有志を集め、「東北連合会約束」一二条・別則三条を取決めた[41]。しかし仙台の自由民権家は、河野らの強い働きかけに対し、国会開設運動の急務を自覚しながら、仙台の独自性、指導性にこだわった。この結果、愛国社への加盟を主張する者は「本立社」（国分町、のち定禅寺櫓町）を結成し、独自の路線を歩もうとする者は「進取社」（表小路、のち国分町）を結成した。

鶴鳴社の分裂は一月から二月にかけての期間に進行した。河野の企画した東北連合会参加をめぐって結論を急がざるをえなかったという事情があった。

本立社は同志に対する檄文と「国会設立嘆願ノ旨意」を発表して、賛同者は二月一三日までに当社に集まれと呼びかけた[42]。応じたものは七〇余名。翌一四日に本立社の会議を大田楼（大田屋と同じであろう）で開いた。まさに東北連合会開催の前日である。福島県北辰社の苅宿仲衛は、この会議を傍聴していた。その記録によれば、会議の議題は「一、東北連合体《ママ》に同盟すること、二、このことについて五名の委員を選任すること、三、議事規則のこと」[43]であった。

東北連合会に参加した結社は、宮城県の鶴鳴社、時習社、喈々社、本立社、福島県の北辰社、興風社、三師社、愛身社、石陽社、山形県の尽性社である。議長は河野広中、副議長は仙台の田代進四郎である。会議は二〇日まで開かれ、規則や決議を討議、最後は親睦会が開かれた。

さて東北連合会が終了すると、本立社は二月二八日大新亭で演説会を開き（演題は、芳賀俊吾「故息者ノ頭脳ニ碇ス」、石田秋水「野蛮ノ説」）、三月七日から会議を開いて本立社の本格的な組織的確立をはかった。役員を議事係四名、連合会兼応接係五名、司計三名、編集係兼書記五名、報道係四名、分社兼誘説係一〇名とし、各係より一名を幹事として本立社を代表することになった。幹事は田代進四郎、若生精一郎、高瀬真之介、岡崎賢守、森広胖、他一名（未定）であった。そして社員を十数名一組として四組まで組織、それぞれに組長をおき、これを活動の基礎組織とした[44]。これはのちの政党結成時の組織方法の原形になっている。

一方の進取社は二月二一日集会を開き、社長水科正左衛門、幹事に立花良次、笹川定吉、事務委員に大立目謙吾、菅野巌、司計に今野和内、佐藤源太郎を選んだ[45]。進取社は明治一四年頃には『進取雑誌』を発行し、また授産事業にも取組んだ[46]。

また鶴鳴社に残留した人々（他社と重複して加盟している人も含め）は、同年三月改めて鶴鳴社を再編成し、浅尾哲次、黒沢惟則、三浦虎彦、石辺大三郎らによって運営されることになった。佐藤憲一はこれを、最初の鶴鳴社と区別して「新鶴鳴社」と呼んでいる[47]。

しかし方法論で分裂したとはいえ、この分裂は敵対関係に至るような深刻なものではなく、国会開設という共通目標の下に、東北地方の「自由改進主義」の結社として連携し活動した。明治一三（一八八〇）年三月の愛国社第四回大会（国会期成同盟第一回大会）には、本立社を代表して村松亀一郎が参加した。また仙台で東北連合会を開いた河野広中は、福島県の石陽社を代表して参加、三師社からは松本芳長が参加した。またこの大会には、その後仙台にやってくる山川善太郎が、東京北辰社代表として参加している。同年一一月に東京で開かれた国会期成同盟第二回大会には、仙台から若生精一郎が参加した[48]。

こうして国会開設の要求が盛上がる中、各地方民権結社から請願書が続々と提出された。仙台の若生精一郎もこの年一二月「国会開設哀願書」を提出している[49]。

このように仙台からは本立社の幹部などが参加して愛国社から国会期成同盟へと全国的運動と連携した行動に転化する方向がみられはしたが、河野広中らの模索する東北七州の結合はなかなか進まなかった。

しかし愛国社加盟をめぐって議論が活発に行われたこともあってか、一三年に入ると再び演説会は盛況になっていった。

東北七州自由党

明治一四（一八八一）年に入ると、東北七州有志の結合に向けてにわかに運動が活発化した。これは三月に仙台で東北有志大会を開催する計画があり、それまでに仙台各結社の意思を統一したいという思惑が働いていたためである。前年開かれた二回の国会期成同盟大会に呼応して、東北七州の統一的団体を早期に結成させたいという河野広中らの考えがあった。

東北有志会の事務所の役割を担っていた本立社では、村松亀一郎が各結社の有志会への加入を説き、一方若生精一郎は有志会に提出すべく、独自の規則原案を準備した。若生精一郎は仙台民権運動の先覚者であり、鶴鳴社、本立社、喈々社の指導者でもあったが、この頃、遅々たる国会開設運動に焦りがあったのか、東北の一部急進派と意を通ずるところがあったようである。このため、河野らの方針に対抗して独自に有志会の路線を示すべく対案を出した。明治一四年一月二九日『東北新報』に発表された「東北有志会原案」（第一～五章）がそれである。[50]若生には、仙台民権運動のリーダーとしての自負が強くあり、東北有志会の路線上の相違のほかに、一面には東北民権運動の指導権をめぐって対抗心があったと思われる。さきに触れた「仙台ナショナリズム」はここにひとつの山を迎えた、といえるのである。

本立社・若生の準備した「東北有志会原案」は事前に鶴鳴社・時習社・喈々社三者の承認を得、四者連合の共同社を発足させた。進取社は承認しなかった。また本立社・鶴鳴社は解散して有志会に入る用意があった。[51]

いよいよ明治一四（一八八一）年三月四日、東北有志会が本立社事務所で開かれ、八日閉会した。この有志会で河野広中らは合法的政党結成をめざし、「東北七州自由党盟約」と「七州自由党中合規則」を提案した。討議の結果、河野らの路線を支持するものが大勢を占め、採択された。ここに東北初めての政党として、東北七州自由党が発足した。

では若生の「原案」と採択された「盟約」を比較してみよう。

表5－2　東北七州自由党盟約と若生案

	盟　　約	若　生　案
主義	自由ノ主義（一条）	権理自由ノ主義（二条）
目的	社会ノ改良ヲ図リ、吾人最大ノ幸福ヲ得（二条）	権理ヲ拡充シ、以テ社会ノ改良ヲ謀ル（一条）
戦略（展望）	日本国民ノ当ニ同権ナル（三条） 日本ハ立憲体ノ宜シキヲ得ル（四条）	東北ノ民会ヲ起ス（三条） 本部ヲ仙台ニ設ク（四条） 一県ノ会員ヲ一組ト定ム（五条）

出典：『宮城県議会史』第1巻により作成。

表5－2にみるように、主義、目的に大きな対立点はみられないが、戦略的には、本立社（若生）が仙台を中心にして東北に民会を起こす、という東北の独立性を強調しているのに対し、採択された盟約は、日本国民の同権と、日本の立憲政体の樹立を目ざすというものである。全国的な国会開設運動と歩調を合わせ、板垣の立志社との協力を進めるためにこそ東北に立志社と対等の統一的民権結社を組織するというのが、従来からの河野広中の構想である。

『宮城県議会史（第三章第一節自由民権運動）』の著者はこの経緯をめぐって、本立社と河野広中ら福島民権家の間には指導権をめぐる深刻な対立があったが、結果は「本立社を中心とする宮城県民権派は、こうしてすぐれた組織者河野広中の前に屈伏し、東北地方における自由民権運動の指導権を獲得することは遂にできなかったのである。それは若生や村松等の指導者層の個人的力量に基因するというよりも、むしろ宮城県民権派の組織的な弱さの反映とみるべきであろう[52]」と分析している。ただし村松亀一郎はその後も河野広中との協力関係を永く維持していることから考えると、この時村松は一時的に若生の急進論に影響されたのかもしれないが、結局河野の路線に同調したのではないか。この有志会では結局若生等一部の急進派が多数派を形成できなかった、ということであったろう。

だがようやく結成した東北七州自由党も、予定した八月の盛岡での大会には人が集まらず、成立しなかった。このため急拠仙台の進取社事務所に会場を移し、八月一二日から一五日まで、どうにか開催したが、参加者は少なかった。(53) この会では憲法見込案の作成などが議決されたが、それきりになったようだ。この決議に宮城県代表として署名した委員は、大立目謙吾、若生精一郎、白極誠一であった。

八月の東北七州自由党大会が、このように急速に後退してしまった背景に、六月の柴田浅五郎ら秋田立志会による暴発（秋田事件）があった。彼らが運動資金の調達を目的に起こした強盗事件は、東北の自由民権家に大きな衝撃を与えた。秋田の民権運動や一部急進派への警戒心が起こり、東北七州自由党は結成早々足元をすくわれ、萎縮してしまった。

秋田事件直後の六月二九日、東北地方周遊中の原敬は、「近頃柴田浅五郎の党類、此駅の近傍にて不穏の挙動あり、遂に豪家に乱入して物貨を掠却せしに因り日ならずして縛せられ今糺問中なりと云ふ。柴田浅五郎なる者は立志会の会長にて民権家の聞えある人にて、其会友は二三千人ありと云ふ。（中略）此地にて実況を聞けば殆んど児戯たるのみならず、又乱民の挙動なり。（中略）吾輩の最も熱望する民権自由を汚す大罪人と謂ふべし(54)」と強い憤りの感想を述べている。

原はこの後東北を一周して九月一〇日から一二日まで仙台に滞在した。仙台で彼は『東北毎日新聞』の高瀬真之介、山川善太郎、『陸羽日日新聞』の怡土《いど》信吉、岩井諦らのほか菅野巌、窪田敬輔、佐伯真満、国分豁らと地方の状況について談論した。(55)

二　仙台自由民権運動の混乱と衰退

宮城政談社の設立

明治一四（一八八一）年、国会開設要求と憲法草案を作成する動きは日増しに高まっていた。東北七州自由党は立ち消え状態になってしまったが、夏から秋にかけて、北海道開拓使払下問題が起こり、これを批判する言論活動が全国的に高揚した。板垣退助らによる自由党結成への動きも着々と進みつつあった。このような時期に、政府内では大隈重信の国会開設の意見書が急進的であるとして伊藤博文との間に亀裂を生じていた。

一〇月一二日天皇の東北北海道行幸からの帰京をまって突如反大隈のクーデターが断行された。大隈は罷免され、明治二三年国会開設の勅諭が出された。「明治一四年の政変」である。

その直後板垣らは自由党を結成（一〇月一八日）した。この会議には仙台から高橋博吉、二宮景輔が参加している[56]。

一方政府を追われた大隈重信とその同調者によって、翌一五（一八八二）年四月立憲改進党が生まれ、政府の御用政党となる立憲帝政党（福地源一郎）も結成されて、いよいよ政党の時代を迎える。

こうした流れの中で、仙台においても、改めて民権結社の統一と政党結成の道が模索されてきた。

明治一四年一〇月半ば、「自由党」結成をめざす民権家たちが宮城日報社（この頃の社主は若生から白極誠一に変わっている）に会合し、民権結社を合併して政党を結成するために必要な組織方法など

について論議した。(57)

一方、この年六月に山川善太郎が仙台にやってきて、七月創刊の『東北毎日新聞』の記者となった。『東北毎日新聞』は高瀬真之介が、『宮城日報』(九月廃刊)、『東北新報』(一五年六月廃刊)を経て、新たに創刊した新聞であるが、一年も経ずに廃刊となっている。

山川善太郎は兵庫県(丹波)出身で、東京の北辰社に属し、荒川高俊、土居光華らと共に明治一二〜一三年頃東京で盛んに演説会を催していた。仙台に来る前は一時『栃木新聞』にいたが、六月仙台に来て高瀬真之介の誘いで、『東北毎日新聞』記者となった。彼は国会期成同盟第一回大会に参加しているが、その頃うわさとなった「山川間諜説」がむし返され、それが原因で一〇月退社を余儀なくされたといわれている。(58)この真偽ははっきりしないが、間諜問題がこの頃話題になったことは確かであろう。一〇月一八日の『陸羽日日新聞』はその頃社長をしていた怡土信吉が「間諜論」と題する論説を載せている。

山川善太郎間諜説はすぐに誤解であったと疑いが晴れたようで、彼は一躍仙台の民権結社結合の主役に躍り出るのである。

明治一四(一八八二)年一一月一〇日、「宮城政談社」が設立された(表5-3参照)。総理は山川善太郎である。

さてこれより先、三月に東北有志大会を開き、東北七州自由党を結成した直後の三月一九日、深間内基は師範学校を退職した。基は東北七州自由党での活動に主力を注ぐべく退職したのではないかと思われるが、しかしこの党は発足まもなく開店休業状態になってしまった。この頃彼が表立って活動していた様子は伺えないのであるが、おそらく水面下で、民権結社の結合と統一へ向けて一定の活動をしていたであろうことは推測できる。基は仙台の自由党系の人々を結集し、山川を迎えることで、宮城政談社の設立に成功した。『東北毎日新聞』に載った宮城政談社の設立広告は次の通りである。(59)

宮城政談社設立広告

吾党今般石辺大三郎、松岡修、熱海孫十郎、三浦虎彦、浅尾哲次、田代進四郎、村松亀一郎、怡土信吉、深間内基、藤沢幾之輔、遠藤庸治、島橋義幹、高橋文之助、窪田敬輔、大立目才二郎等、当地諸士ノ賛成ヲ得テ乃チ本社ヲ設立シ研究、演説、雑誌ノ三事業ヲ施行ス此段広告候也

但シ本社ハ宮城県仙台区定禅寺櫓町三番地ニ置ク

十四年十一月

総理　山川善太郎

幹事　佐藤亀久太郎

表5－3　宮城政談社構成員（設立時）

	出身	職業
石辺大三郎	宮城県	県会議員
松岡修	宮城県	県会議員
熱海孫十郎	宮城県	県会議員
三浦虎彦	宮城県	代言人・県会議員
浅尾哲次	岡山県	代言人
田代進四郎	佐賀県	代言人
村松亀一郎	宮城県	代言人
怡土信吉	福岡県	ジャーナリスト
深間内基	福島県	元師範学校教員
藤沢幾之輔	宮城県	代言人
遠藤庸治	宮城県	代言人・県会議員
島橋義幹	高知県	代言人
高橋文之助	宮城県	代言人
窪田敬輔	宮城県	代言人
大立目才二郎	宮城県	県会議員
山川善太郎	兵庫県	ジャーナリスト
佐藤亀久太郎	宮城県	教員

出典：『東北毎日新聞』明治14年11月10日、『仙台市史』第1巻、その他により作成。

宮城政談社は、国会の早期開設、東北に独自の自由党を結成することを目的として、

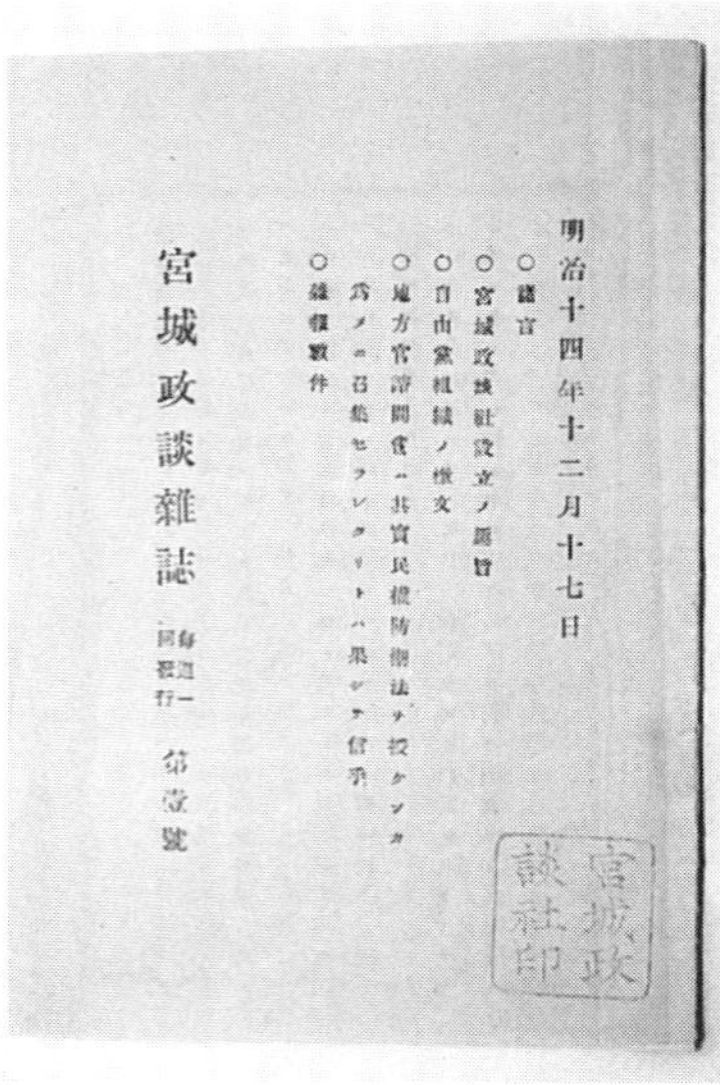

図5－2　宮城政談雑誌（第１号）

演説会、学術研究、雑誌の発行を行うことになった。東北七州自由党がようやく結成されたにもかかわらず、急速に挫折してしまったことから、改めて政党結成を土台から作り直そうとしたのがこの宮城政談社であった。結局宮城県以外の各県からの結集がむずかしかったのである。宮城政談社を新たな政党結成への核として強化してゆくことが、仙台民権家の課題となった。

宮城政談社の発行した雑誌『宮城政談雑誌』第一号は、設立の趣旨を次のように述べている。少々長いが、基等の思想・目的が伺えるので全文引用しておく[60]。

宮城政談社設立ノ趣旨

暗夜ニハ盗賊横行ノ憂アルガ故ニ燈火ヲ照シ警吏ヲ発シテ之ガ戒心ヲナサヾルベカラザルナリ。野火ニハ風雨侵来ノ変アルガ故ニ天幕ヲ張リ四囲ヲ設ケテ之ガ用意ヲナサヾルベカラザルナリ。今吾党ガ爰ニ宮城政談社ヲ設立スルノ趣旨タル蓋シ亦タ是戒心用意ニ外ナラザルノミ。

大凡ソ政治ノ体ニ三アリ。曰ク民主政治。曰ク君民同治。曰ク君主政治是ナリ。蓋シ民主政治ハ最善ノ政治ニシテ君民同治之ニ次キ、而シテ君主政治ハ其最悪ナル者也。之ヲ譬フレバ民主政治ハ白昼ノ如シ。君民同治ハ月夜ノ如シ。而シテ君主政治ハ此レ乃チ暗夜也。夫レ白昼ニモ月夜ニモ盗賊ナキニアラズト雖ドモ其横行ノ憂ハ独リ暗夜ニ在リトス。而シテ是憂ヲ防カント欲セバ則チ盛ニ燈火ヲ照ラシ大ニ警吏ヲ発シ之ガ戒心ヲナスニ若クハナシ。今我邦ノ政治タル固ヨリ盗賊横行ノ憂ナシト雖ドモ実ニ夫ノ暗夜ニ譬ヘラレタル君主政治タレバ宜シク平安ノ時ニ於テ之ガ戒心ヲナサヾルベカラズ。是レ世間普通ノ事タリ。然リ而シテ政治上ノ燈火警吏ハ豈ニ其レ政談ニアラズ乎。何トナレバ則チ政談也者ハ平素政府ニ向ッテ深ク注目配意シ、其一令ヲ出シ一事ヲ挙ル毎ニ必ズ之ガ是非曲直ヲ論議シテ卒ニ不正不理ヲ決行スルコト能ハザラシムル者タレバ也。

蓋シ我邦人民ノ憲法ヲ立テ国会ヲ開カント希望スルガ為メニ其従来政府ノ命令ニ奔走シ自家ノ計画ニ苦心スルヤ、亦タ己《ママ》ニ多シト云フ可キ哉。回顧スルニ戊辰革命ノ初メ徳川氏ノ覇治ヲ離レテ乃チ玉政ニ帰シテヨリ、先ヅ廃藩置県ノ挙ヲ賛シ、次キニ徴兵令ニ従ヒ或ハ地租改正ヲ行ヒ、或ハ公債募集ニ応ジ、況ンヤ曩キニ大ニ薩賊征討ニ役セシガ如キ、凡ソ人民ノ能ク政府ノ命令ニ奔走シタル所以ノ者ハ、職トシテ是レ憲法国会ノ為メニアラザルハナキ也。其故何トナレハ、五事ノ誓又立憲ノ聖詔ニシテ、当時ニ出サルヽ微リセバ、則チ天下ノ民心果シテ何ノ処ニ帰依シタルヤヲ知ラザレハ也。又其憲法国会ノ為メニ、自家ノ計画ニ苦心シタル事跡ヲ尋ヌルニ、明治六年ヲ以テ始メテ民選議院ノ建白ヲナシテヨリ、爾来殆ント十年ノ久シキ、或ハ地方遊説ヲ試ミ或ハ有志結合ヲ謀リ、委員ヲ出シテ会議ヲ起スアリ、総代ヲ撰ンテ請願ヲ捧ルアリ、又ハ文章ヲ以テ激論ヲ陳シ、演説ヲ以テ痛言ヲ吐キ、頻リニ法律ノ罰スル所トナリタル等ノ如キ、亦タ屈指ニ遑アラズ。然リ而シテ、今ニ至ツテ憲法未タ立タズ。国会未タ開ケズ。乃チ二十三年云々ノ勅諭アリタルハ、抑々何ゾヤ。人民ノ政府ノ命令ニ奔走シ、自家ノ計画ニ苦心スルノ未タ至ラザル所アルガ為メ乎。此レ決シテ然ラズ。亦タ他ニ之ガ故アル也。蓋シ従来人民ノ憲法国会ノ為メニ奔走苦心スルノ景状タル、恰モ野火ヲ以テ湯ヲ沸スガ如シ。火勢盛ナルニアラズト雖ドモ独リ風雨ノ頻リニ侵来スルヲ奈何トモスルナキヲ以テ、其湯容易ニ沸ザル也。試ミニ思ヘ夫ノ集会条例ノ如キ、夫ノ五十三号ノ如キハ、誠ニ憲法国会上ノ風雨侵来ニアラズヤ。故ニ野火ノ湯ニシテ苟モ早ク沸ンヲ欲セバ、則チ其天幕ヲ張リ其回囲《ママ》ヲ設ケ、以テ之ガ風雨ノ侵来ヲ防グニ若クハナシ。此レ太タ見易キノ理タリ。然リ而シテ憲法国会上ノ天幕四囲ハ亦タ其レ政談ニアラズ乎。何トナレバ則チ政談也者ハ、公道ニ基キ正理ニ依リ、盛ニ権利自由ノ説ヲ主張シ、以テ政令ノ不意ニ人民ノ事業ヲ妨害シ来ルヲ防キ、能ク之ヲ成就スルヲ得セシムル者タレバ也。

吾党ハ今急進自由主義ノ有志輩ヨリ、其舌ヲ募リ、其筆ヲ集メ、前陣ノ趣旨ヲ以テ爰ニ宮城政談社ヲ設立シ、専ラ論説ノ力ニ依ツテ大ニ国益民利ヲ図謀スルヲ以テ之カ目的トナス。是レ三寸ノ舌五寸ノ筆ハ柔弱ナルガ如シト雖ドモ、其奸ヲ斬リ暴ヲ斃スニ於テハ、反ツテ長大ノ剱戦ニ優ル、コトアリト信ズルヲ以テ也。其施行セントスル所ノ事業ノ如キハ、或ハ演説ヲ為シ、或ハ雑誌ヲ発シ、或ハ私学ヲ開ク等種々ナリト雖ドモ、之ガ精神ノ存スル所ハ唯此レ政談ニ在ル也。

昔者支那ニ於テ固末《ママ》ノ時、夫ノ孔孟ノ徒ガ盛ニ仁義ノ王政ヲ唱道シタルニ当リ、人民ハ之ヲ譏ツテ儒者ノ迂論トナシ、終ニ其説ヲ用ヒザリシガ為メニ、戦国暴政ノ極卒ニ古今未曽有大圧制ノ君主秦始皇ヲ出シ、其自由生命ヲ土芥ニ委スルニ至レリ。又仏国ニ於テ路易朝ノ時、夫ノボルテール、ルーソーノ徒ガ大ニ公正ノ民政ヲ主張シタルニ当リ、人民ハ之ヲ斥ケテ奇人ノ僻見トナシ、終ニ其説ヲ取ラザリシ為メニ多年暴政ニ苦ムノ末、革命ヲ決行シタリト雖ドモ、爾来変乱相踵キ其害ヲ今日ニ遺セリ。豈ニ思ハザルヘケンヤ。今吾党ハ其学其識孔孟及ヒボルテール、ルーソーニ及ハズト雖ドモ、其国家人民ノ為メニ尽ス所ノ精神気象ニ至ツテハ、決シテ之ニ劣ラザルヲ自信スルナリ。嗚呼我同胞兄弟諸君ニ、其大圧制ノ君主秦始皇ノ如キ者ヲ我邦ニ出スナク、又仏国人民ノ如ク多年ノ暴政ヲ被ルナクシテ、早ク平穏ニ憲法ヲ立テ、国会ヲ開キ、生命自由ヲ万一ニ毀損スルナキヲ得ルト否トハ、一ニ諸君カ吾党ノ政談ヲ信用スルト否トニ在アラン而巳。

また、『宮城政談雑誌』発行の目的は同雑誌各号の例言に端的に表現されているので、これも紹介しておきたい。

例言

一、本誌発行ノ目的ハ専ラ急進自由主義ニ則リ直言政論ヲ以テ大ニ国益民利ヲ図謀スルニ在リ。

一、本誌ハ時論政談ニ関スル文篇、演説筆記、時事評論及ヒ政治上ノ雑報等ヲ以テ編集スル者トス。

一、本誌ハ固ヨリ宮城政談社ニ成ル者ナリト雖ドモ其論説スル所ハ必スシモ社中ノ公議ニアラス。亦タ間一箇人ノ私見ニ出ル者アルヘシ。

一、社外人ノ起草ニ係ル文篇ト雖ドモ直言正論能ク我党ノ主義ニ合フ者ハ則チ其投寄ヲ待ツテ之ヲ収録スル事アルベシ。

宮城政談社の演説会

宮城政談社は仙台に自由民権の論議を盛んにし、この勢いを自由党結成へと集約しようという計画をもっていたのであるから、まずは政談演説会を盛んに開催し、同社が発行する『宮城政談雑誌』に政論の投稿を掲載して議論の活発化を推進した。

宮城政談社による政談演説会は、明治一四（一八八一）年一一月一三日に第一回が開催され、明治一五（一八八二）年五月一四日が最終回と思われるが、その間十数回開催されている。開催を確認できるのは、一四年中に五回開かれたうち四回、一五年に入ってから十数回開催中の第六回・第九回と最終回である。

その他、桃生郡矢本、里川郡粕川、宮城郡高城や古川など、郡部への遊説が数回あって、これは、総理山川善太郎が白極誠一などを連れて、二〜三名で行った。郡部への民権論の浸透と、結社の促進に一定の役割を果たした。

では判明している宮城政談社演説会について列記しておこう。

・第一回　明治一四年一一月一三日　東一番丁大新亭
　山川善太郎「宮城政談社設立旨意」
　佐藤亀久太郎「木偶論」

白極誠一「皮想ノ開化」
怡土信吉「世界ノ転覆」
横山均「政府ノ源因《ママ》」
武田忠太郎「国会論者ノ思想」
田代進四郎「益々政党団結ヲ固クセサル可カラス」

・第二回　（不明）

・第三回　明治一四年一二月四日
山川善太郎「東北独立の自由党」
（他不明）

・第四回　明治一四年一二月一一日
黒沢惟則「泥棒政府」
怡土信吉「（題不明……黒田と西郷の話）」
村松亀一郎「愛国の心なき者は人に非ず」
山川善太郎「私学校設立の議」
（他二名不明）

・第五回　明治一四年一二月二五日
藤沢幾之輔「虱之説」
（他数名の弁士がいたが、藤沢演説で中止解散）

・第六回　明治一五年一月一五日　東一番丁大新亭
（弁士不明、一〇日予定の演説会が差止められたため一五日となった）
・第七・八回（開催日不明）
・第九回　明治一五年二月一二日
（弁士不明）
・（三～四月不明）
・最終会　明治一五年五月一四日　東一番丁大新亭
遠藤庸治「国会の準備」
怡土信吉「疑惑論」
三浦虎彦「面白き世の中」
武田忠太郎「田舎土産」
浅尾哲次「与論の勢力」
草刈親明「鯰魚の説」
伊藤道友「牛頭を掲て馬肉を売る者は誰そ」
山川善太郎「政治主義の弁」

演説会はほぼ毎会五〇〇～六〇〇〇人の聴衆が集まったようである。とくに第六回以降は「其盛大殆んと人目を驚かしめたり[61]」という。また弁士の顔ぶれからも、宮城政談社が、仙台の民権家の多くを結集していたことがわかる。政党結成への母胎となる結社であったといえよう。

ただ、以上の演説会の弁士中には深間内基の名はみえないが、不明の演説会が多いので、彼の登場する場面があったか否かは判断できない。ただ設立時の中心メンバーに名を連ねているので何度かは演説をしたのではないかと思う。

新年宴会

明治一五（一八八二）年一月九日、宮城政談社の新年宴会が東一番丁の料亭「竹ノ舎」で開かれた。設立間もない宮城政談社の意気盛んな様子がうかがわれて興味深い。

会には社員ら約五〇名が参集し、午前一二時に始まり午後一二時（おそらく昼一二時から夜の一二時ということであろう）に散会したというから一二時間（半日）の長時間、その前半分の六時間は演説、後半分は酒宴であった。

会主は総理の山川善太郎で、白極誠一、浅尾哲次が協賛、接待委員は黒沢、真山、横山、佐藤、村上の五名。

会場「竹ノ舎」の門前には紅白の大旗各二流を建て、白地の旗には「宮城政談社」と大書きし、赤地の旗には「言論之自由」と書かれている。また宴席には、縦五尺、横八尺（一五〇センチ×二四〇センチ）の大額に「五箇条の御誓文」を書いて掲げ、周囲には「自由燈」の文字の入った提灯数百を掲げたというから、何とも派手な宴会で外部へのアピールを意識したものであった。宴会は山川善太郎の演説で始まった。彼は国会の早期開設と憲法制定を訴え、村松亀一郎が、この演説に答えて演説した。その後酒宴となり「自由節ノ民権躍《ママ》ヲ演スル者幇間二名アリ芸妓十八名ハ其傍ニ列シ三弦ヲ弾シテ之ヲ唱歌ス蓋シ仙台有稀ノ盛宴也」という盛大なものであった(62)。

『宮城政談雑誌』

この雑誌には総理山川善太郎の論説が多く、他は無署名がほとんどであるため、誰が書いたものか判別できないが、演説内容と共通するものであろう。

第一号は明治一四(一八八一)年一二月一七日に発行され、翌一五年三月二五日発行の第七号から『自由新報』と改題された。しかし改題後五月一二日に第八号を発行したのが最終刊となった。当初週一回の発行をめざしたが、実際には月に一、二度しか発行できなかった。一八・五センチ×一二センチ、二二頁の小冊子である。

掲載された論説を列挙しておこう。この結社の目的、活動の概要がわかると思う。

『宮城政談雑誌』各号論説(雑報は省略)

・第一号　明治一四年一二月一七日
　宮城政談社設立ノ趣旨／自由党組織ノ檄文／地方官諮問会ハ其実民権防禦法ヲ援ケンカ為メニ召集セラレタリトハ果シテ信乎

・第二号　明治一四年一二月二四日
　日清両国ノ強弱／東北独立ノ自由党(山川善太郎演説筆記)／今回新置ノ府県警部長ハ地方

民権ノ妨害物タラサル乎／歳暮感懐
・第三号　明治一五年一月七日
漸新党ハ即チ官権党ナルヲ弁ス／北海道ノ廃使置県／政談演説者ノ処刑／明治十四年ノ概評
・第四号　明治一五年一月一四日
我急進党ノ艱難／松平県令閣下ニ質ス（村上亀蔵）／滅板者ノ陋見／本社新年宴会記
・第五号　明治一五年二月二八日
重ネテ東北独立ノ自由党ヲ組織セン事ヲ主唱ス（山川善太郎演説筆記）／一大新聞社創立ノ檄文／地方官ハ政府ノ真意ヲ悟リ得サル歟
・第六号　明治一五年三月一一日
主権論／将サニ大ニ県債ノ事ヲ論セントス／自由新聞発起者ノ同盟証
・第七号　明治一五年三月二五日（『自由新報』と改題）
主権論（前号ノツヽキ）／読岳南自由党ノ党則／大木司法卿ニ忠告シテ仏人ボアソナード氏ヲ解雇セシメントス／社長ノ古川行
・第八号　明治一五年五月一二日
謹テ自由新報ノ読者諸君ニ告ル文（山川善太郎）／二条例ヲ改正スルハ今日ノ急務ナリ（北巌）／口ト耳トノ忙シサ（富田新平）／両政党将サニ秋田ニ成ラントス（鳥海三郎）／登愛宕山有憾（月岡胡蝶）／自由ノ分析（矢見進）

右にみたような内容の雑誌で、総理山川善太郎の個性が強く出ている。当初『宮城政談雑誌』の本局は定禅寺通櫓町三丁目三番地（元宮城日報社所在地）に置かれ、編集長（幹事）佐藤亀久太郎、印刷長横山均によって編集発行された。定価は一冊四銭五厘、五冊前金二〇銭、一〇冊前金三八銭である。仙台および郡部二〇カ所のほか岩手県水沢、一関、福島県福島に販売所が置かれた。第三号からは北海道函館の修文堂でも販売された。

第六号からは、元荒町一八番地に本局を移し、第七号では幹事高橋博吉が加わり、『自由新報』と改題発行された。このあと四月は全く発行されず、五月の第八号は本局名が宮城政談社ではなく自由新報社と改められたほか、編集人事も一新され、幹事石塚三五郎が代表となって、編集長伊藤寛人、印刷長柏慶八郎となった。この人事はこの間に山川善太郎が『自由新報』の所有権を柏左兵衛に譲渡したためである。この譲渡の知らせが第八号に載っている山川の「謹テ自由新報ノ読者諸君ニ告ル文」であるが、この譲渡の理由は明確でない。

この四・五月にはいよいよ政党結成へと進みつつあり、新聞発行の準備も整ってきたこともあり、そちらへ資金を回さねばならなかったこともあろう。またそうした政党結成の現実化の中で、山川の主導権に若干の変動があったかも知れない。

政党結成へ——第一次東北改進党

宮城政談社は東北に独立の自由党を結成することを目的として生まれた民権家の結集体であった。一方で河野広中は、板垣の自由党結成を受け、東北七州統一の自由党結成には時間がかかると判断したか、明治一四（一八八一）年一二月下旬、福島に自由党福島支部を創立した。また板垣自由党の支部結成を勧誘するため、一二月三〇日、奥宮健之が仙台にやってきたが、賛同する者なく去った[63]。

山川善太郎はこうした中央の政党組織の傘下に入ることを強く拒否し、「東北独立ノ自由党」の結成を繰り返し主張し、『宮城政談雑誌』第五号の論説「重ネテ東北独立ノ自由党ヲ組織セン事ヲ主唱ス」では、「東京ノ各党等ハ奥羽人民ヲ如何ニ看做シ居ルカ之ヲ察シテ自ラ計画スルハ奥羽人民ノ尤モ緊要トスル所」であり、山川の考えでは、「彼等ハ皆ナ奥羽人民ヲ軽蔑シ」ている。板垣・大隈のような人物が東北にはいないといって「他党ノ支部タリ支社タラントスルノ志ニシテ余ノ奴隷説ト云フ所以」である。東北独立の自由党を結成して東北の存在を見せよう、それができなければ東北は「一山百文ノ評ハ変シテ一山一厘トナラン」というのである。ここに当時東北が「白川以北一山百文」と呼ばれて侮られていたことへの東北人の反発心があり、東北出身ではない山川は、この東北人の心理を微妙について鼓舞しているのである。

この論説の発表される直前の一月下旬山川は上京しており、東京で自由党や改進党の現状を見聞してきたものと思われる。

明治一四（一八八一）年暮れから翌一五（一八八二）年春にかけて、自由党結成への準備は着々と進んだ。ひとつは資金集めである。一五年二月には拠金募集によって数万円が集まった[64]。

出版事業では、『宮城政談雑誌』を『自由新報』と改めること、金成善左衛門が社主となって「自由新聞」を発行することが決まった[65]。

当初は党名を「宮城自由党」と考えていたようである。

『宮城政談雑誌』第六号の雑報に「宮城自由党」の件あり、「本月(三月)十五日までに委員(増田松岡熱海石辺村松東)会を開き組織法の詳細を取極め早速遊説委員を各地へ派出せらるゝ見込なり」[66]とある。

こうして五月八日、遂に政党が誕生した。しかし党名は「東北改進党」であった。その経過をみよう。

三月中旬以降結党へ向けて賛同者を募り、四月二五日、大仏前の仙台義塾に主だった人々が会合を開き、党則や組織方法を決めた。この会合に出席したのは増田繁幸、熱海孫十郎、松岡修、石辺大三郎、首藤陸三、三浦虎彦、村松亀一郎、東儀平らであった。仙台区内を三五組に分け組毎に惣代を置く[67]。この組が政党の基礎組織となるわけである。

そしてこの各組惣代が集会して党綱領を決める計画であったが、同日三時からの会合には半数くらいしか集まらなかったようだ。会合では村松があいさつし、大立目が議長となって進行、党議綱領起草委員として、真山寛、岩淵仙之助、里見良顕、佐藤時彦、浅井元齢が選出された[68]。

この四月頃の政党結成準備の過程では、党名は「東北自由党」として進められている。このころの様子を『郵便報知新聞』[69]は、「仙台地方の改進自由党は近来ますます其結合を拡張し土地の広き人口の多き他に比類少なき陸奥も保守漸進或ハ官権などの党派ハ一人もなく就中白石、古川、登米、佐沼、中新田、渡ノ波、角田等ノ諸駅ハ公然と政党の標札を掲げ互に遊説員を派出して改進主義を主張」していると報じている。

同志獲得の遊説は郡部にも広く行われ、ついに五月八日、各組惣代による盟約会議が開かれ綱領三章と内規一九章を了承し、党名は「東北改進党」となった。[70]
結党までの過程で、「宮城自由党」「東北自由党」「東北立憲党」「東北立憲改進党」など、それぞれの民権家の思惑で党名が語られてきたが、最終的に「東北改進党」として落ち着いた。しかしこのように党名をめぐって右往左往したことは、やはり政党結成準備に結集した人々を強力に結束させるだけの組織性、指導性に弱点があったのであろう。またこの準備の真っ最中の四月六日板垣退助が岐阜で暴漢におそわれるという事件（板垣遭難事件）があり、「自由党」の名を冠することに躊躇する心理が働いたことも考えられる。
東北改進党は、幹事を村松亀一郎、大立目謙吾、常備委員を松岡修、三浦虎彦、石辺大三郎として発足した。しかしようやく結党に至った東北改進党は、政党としての認可を得られず、二、三カ月で解散してしまった。[71]
ちょうどこの頃（五月一七日〜二八日）元老院河瀬真孝による宮城県下巡察があった。その時の復命書は、仙台周辺の情況を次のように報告している。[72]

○元老院河瀬真孝による宮城県下巡察復命書
明治十五年五月三十日太政大臣三条実美あて
　申報　第四号
（前略）
県内概シテ人質ハ穏ニシテ和セリト云フテ可ナラン。（中略）

新聞紙ハ数多ナルモ仙台毎日《ママ》新聞（此紙ハ盛ニ行ハレ論説モ亦可ナリ）、東北新報、楽善叢紙、宮城政談雑誌、進取雑誌ヲ除クノ外ハ皆絶板同様ナリ。諸紙共格別暴戻ノ論説ナシト云。
演説ハ殆トナシト云フモ可ナル程ニテ支障ノ事ナシト云。
民権主張者等ハ諸県ヨリ来入シテ頻ニ県人ヲ誘導スルモ、金銭ノ徒費ヲ厭フテ更ニ組スル者ナシト云。（後略）

このように河瀬は民権派の結集は困難とみて割と楽観的な観測をしている。

このあわただしい東北改進党の解散に対して批判の投書が新聞に寄せられている。八月九日付『陸羽日日新聞』に掲載された東喜太郎による「東北改進党認可セラレザルノ事ヲ以テ自由党ニ合ス」(73)によれば、東北改進党は不認可となるや、内部に中央の自由党に入ろうという意見が湧いてきたようである。この投書者東喜太郎は、このような東北独立の党を唱えて結党しながら、不認可となるやその趣旨を捨ててしまうとは何事か、といった仙台民権家の不統一に対する批判であった。

また九月六日付に吉田亘理の「六十有余万ノ生霊中唯一人ノ首領ナキ乎」が寄せられた。国会開設を前に政党結成が必要なときにあたり「我県下ノ団結力ニ乏シクシテ大結合ヲ謀ル事ノ出来ザル」ような有様である。「余ハ曩日仙台区内ノ有志相会シテ仙台義塾ニ綱領規程ヲ議スルヤ其奮発ト其精励トヲ聞キ必ラスヤ一大政党ヲ組織シ地方ノ紳士ヲ推シ之カ首領トナシ万事ヲ其指揮ノ下ニ料理スルナラント心窃ニ喜ヒテ団結ノ神速ナラン事ヲ希望セシニ其甲斐モナク自由ノ主義ハ忽チ変シテ改進トナリ改進ノ綱領ヲ議定スト聞クヤ間モナク再変シテ東京自由党ヘ加盟シ板垣ヲ首領泰斗ト仰ケリトカヤ」と落胆の情を述べ「当地方人士ノ志操ノ軟弱」と「唯一人ノ首領トナスヘキ者ナキ」状況を憤慨した[74]。

このように東北改進党の解散は多くの仙台地方民権家の期待を裏切り、再び分裂状況を生み出すこととなった。

一方、政党結成準備と並行して進められてきた「一大政党新聞」の発行については、四月中旬頃にはすでに概要が決まり、『東北自由新聞』として発行することを各地の新聞に広告した（図5-3）。『東京横浜毎日新聞』には明治一五年四月五日以後数回、『郵便報知新聞』には四月一四日に広告が掲載された。仙台の『陸羽日日新聞』に広告が載ったのは四月二六日であった。しかし許可の下りるのが遅れたのか、『東北自由新聞』第一号は六月五日になって発行された。東北自由新聞社の事務局が定禅寺通櫓町三番地に置かれた。これは宮城政談社を元荒町に移した後の場所であろう。社主は金成

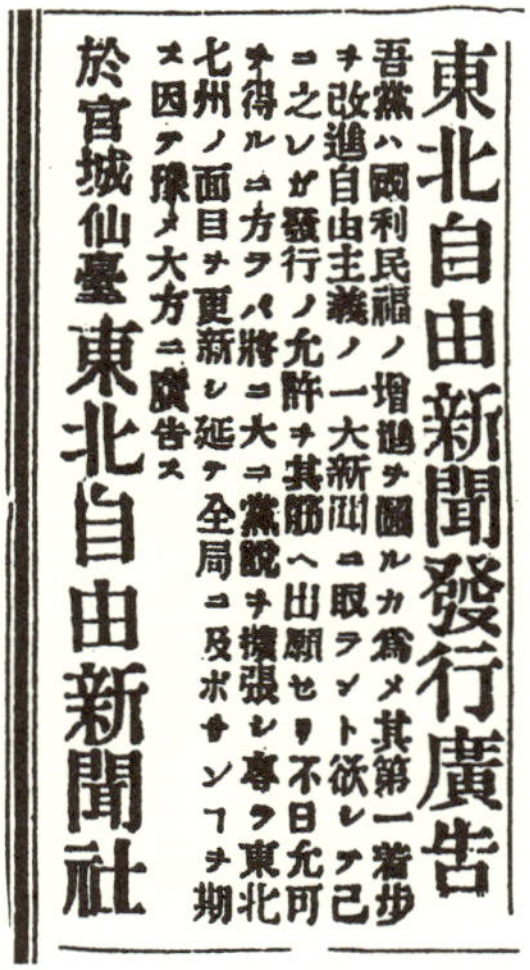

東北自由新聞發行廣告

吾黨ハ國利民福ノ增進ヲ圖ルカ爲メ其第一着步ヲ改進自由主義ノ一大新聞ニ取ラント欲シテ已ニ之レカ發行ノ允許ヲ其筋ヘ出願セリ不日允可ヲ得ルニ方テハ將ニ大ニ黨說ヲ擴張シ專ラ東北七州ノ面目ヲ更新シ延テ全局ニ及ボサンヿヲ期ス因テ豫メ大方ニ廣告ス

於宮城仙臺 東北自由新聞社

図5-3　東北自由新聞発行広告（『東京横浜毎日新聞』明治15年4月5日）

善左衛門、編集は武田忠太郎であったが、発行にあたっては、東京で『鈴木田新聞』を発行していた鈴木田正雄が編集員に加わっている。[75]

しかしこの新聞も七月発行停止処分を受けて八月には廃刊となってしまった。先に『宮城政談雑誌』から『自由新報』と改題した雑誌が廃刊して、それを発展的に受け継ぐ形の政党新聞ではあったが、東北改進党の解散とともに姿を消した。すべてが白紙に戻ってしまったわけである。

政党結成準備への過程で、宮城政談社→自由新報社は、政党活動に必要なさまざまな分野での活動も行っていた。人材を育成するための「人材学校」の設置や、「俗人又は婦女子社会の自由を主唱せんと」して絵入り雑誌『通俗自由珍聞』を発行することなどを計画していた。[76] これらは東北改進党が短期間で解散してしまったため、計画倒れになってしまった。しかしここで計画された「婦女子社会の自由」を提起した姿勢は、すっかり消滅したわけではなく、その後の仙台女子自由党への小さな一歩となった。

東北改進党結成の過程で深間内基の名は表面に現れてこないのであるが、彼はこの「婦女子社会の自由」のための活動に関わっていたのではないかと考えられる。この動きについては節を改めて記述したい。

民権派の分裂と第二次東北改進党

最初の東北改進党が認可されず早々に解散し、その後の組織化をめぐって再び意見が分裂し、期待をかけていた人々からの批判にさらされる中で、二つの潮流が生まれた。

ひとつは増田繁幸、遠藤温ら県会議員を中心とした「第二次東北改進党」の結成である。もうひとつは、旧東北七州自由党の流れを再興しようとする「東北会」への結集である。

明治一五（一八八二）年八、九月頃、東京の立憲改進党は東北地方に盛んに遊説員を送り、福島県南部や浜通り地方に同志を獲得していた。

仙台へは春木義彰が、山形遊説の後九月中旬頃やってきた。このとき県会議員を中心に多くの民権家が春木を囲んで懇親会を開き、山形・宮城の民権家の結集を論議した。参加者の主な顔ぶれは、増田繁幸、首藤陸三、石辺大三郎、大立目謙吾、三浦虎彦、遠藤庸治、怡土信吉、江口高達、遠藤温、窪田敬輔、藤沢幾之助、横山均その他仙台民権家多数が参加している。(77)

こうした立憲改進党の強力なオルグ活動が実ったか、第一次東北改進党の失敗を早期に克服して仙台の民権家の再結集をはかろうとしていた人たちの気持ちがこうしたオルグによって鼓舞され、一〇月二七日増田繁幸が中核となってついに第二次の「東北改進党」を創立した。惣代には遠藤温、首藤陸三、石辺大三郎がなり、事務所は榴ヶ岡の増田繁幸所有地内に置かれた。彼等は東北改進党趣意書と約束二章、内規（九条）を決定して政党認可を仙台警察署に出願した。(78) その趣意書、規則が、立憲改進党の趣意書、規

表5－4　政党綱領比較

第一次東北改進党 明治15年５月	第二次東北改進党 明治15年11月	東北会 明治15年11月
1．立憲政体の確立 皇室の尊栄 国民の自由康福	1．皇室の尊栄 人民の幸福	1．自由主義 幸福増進 社会改良
2．地方分権	2．内治の改良 国権の拡張	2．君民同治政体
3．正義公道 国権拡張	3．地方自治	3．東北七州団結

出典：『宮城県議会史』第１巻ほかにより作成。

則とほとんど同じものとなったのは、さきにみたように立憲改進党の東北遊説の影響下に結成されたことを物語っている。(79)第二次東北改進党設立当初の党員は『陸羽日日新聞』の記事によると次の一八名であった。

増田繁幸、虎岩省吾、金子順吉、田辺松兵衛、遠藤温、石辺大三郎、熱海孫十郎、千葉胤昌、武者伝二郎、大立目才二郎、松岡修、嶺岸大力、松田常吉、松岡馨兒、平斎、島原太、森永助、首藤陸三

この第二次東北改進党は増田ら県会議員グループが中心となって設立されたのであるが、ことにその立役者となったのは増田繁幸であった。増田は旧仙台藩士であるが、宮城県会の初代議長として、県会内の指導的人物であった。明治一四年には民権派の国会開設運動とは別に、県会グループだけで国会開設の請願をまとめたり、県令松平正直と是々非々の協調をとって県会を指導してきた。その増田が中核になって第二次東北改進党を発足させた。しかしその増田の指導性に対して、組織内部において必ずしも強い信頼があったわけではなかった。立憲改進党の路線を引き写しにした綱領には、その影響が強く反映されていたにもかかわらず、当の立憲改進党からは増田に対する疑念が起きていた。

少し後のことになるが、明治一六（一八八三）年八月、犬養毅は山形遊説の帰途仙台に立ち寄り、首藤陸三ほか数名の改進党員と懇談した。その際この第二次東北改進党について、次の様なことを言っている。(80)

原来東北改進党（仙台の党）起立の際益田《ママ》の奔走尽力せしは改進主義を弘張するの希望に非すして、其実は同地の有志者が進て我改進党に加入せんことを恐れ、之を防くか為に東北改進党なる者を作りて之に同地の有志を網羅したる者にて、是に付きては県令と謀を通し居たる事に相聞へ申候。然る処此頃に至り首藤始め純粋の有志者等其姦策を発見し、近日の中に党員の大会を開き益田《ママ》放逐の事を挙行する手筈に御座候。

東北改進党はこの年八月半ば東二番丁に事務所を設置し[81]、郡部へ党勢拡大をはかっていた。一方首藤らは東京の立憲改進党への加盟を党内で画策していた。犬養毅の言うように増田繁幸が東北改進党を発足させるにあたり松平県令と謀って進めたということが事実か否かは定かでないが、増田繁幸と首藤陸三との間における指導権争い、あるいは路線上の相違が生まれていたのは確かであろう。九月下旬、増田繁幸はついに自ら組織した東北改進党を離れることになった[82]。

首藤は、八月『河北新報』（社長菅野清時）を発行して改進主義の論陣を張ろうとしていたが、弾圧により二カ月で廃刊となってしまった。首藤はいよいよ立憲改進党への加盟を進めようとしていた。結局東北改進党は増田とその同調者が離党した後、立憲改進党への加盟を主張する首藤とその同調者が同じように東北改進党を脱党するということになった[83]。

こうして明治一六（一八八三）年末の頃には東北改進党は指導者を失ってほとんど分裂状態となり、政党としての活動もできなくなって休眠、自然消滅へと向かった。

東北会

さて、第二次東北改進党の漸新主義に不満をもつ自由党系の人々は、これには参加せず、改めて自由民権派の結集をはかろうとした。その背景に河野広中の仙台民権家への働きかけがあった。東北七州自由党、第一次東北改進党と、仙台を本拠地とした東北民権家の結集という河野の構想は実を結ぶことなく崩壊してしまったが、明治一五（一八八二）年六月の自由党臨時大会の後、河野は再び東北民権家の結集に乗り出した。仙台の村松亀一郎、秋田の武田忠太郎（在仙）がこれに呼応し、一一月一日から八日まで、仙台国分町の山崎平五郎宅で有志連合会を開いた。酒田の森藤右衛門や福島の安積戦なども参加していた。ここで再び東北独立の政党を目ざすこととなり、「東北会」が結成された。「自由主義」「社会の改良」「君民同治政体」「東北七州団結」を綱領とした。仙台からは村松のほか三浦虎彦、大立目謙吾、伊藤道友、倉長恕など十数名が参加した(84)。

第二回大会を翌一六（一八八三）年八月山形で開くことを決定し、一〇日にはみな帰途についた。

この連合会開催の頃、福島県では県会を無視して会津三方道路工事を進める県令三島通庸と河野広中県会議長ひきいる県会民権派勢力との対立は頂点に達していた。

そして、喜多方事件（一一月）に続いて福島自由党員の一斉検挙が始まったのである。河野広中は一二月一日、福島の自由党の本拠地無名館を急襲されて逮捕された（福島事件）。

福島事件の背後にスパイ安積戦が存在したことは有名であるが、その安積戦が仙台で開かれた有志連合会に参加しているのである。この少し前、一五年九月、警視庁の田辺実明による「奥羽地方視察員ヲ内密ニ設置ノ儀」という、東北への密偵派遣の建白書が太政大臣三条実美宛に提出されている。

そこで彼は東北の状況について「東京ニ於テ志シヲ不得過激ノ徒不平ノ輩東国ノ要地ナル仙台地方ニ至リ煽動スル所アルカ如ク随テ自由説ノ流行スル山村僻邑迄意外ニ流行シ且従来被行アル耶蘇妄信ノ徒モ日ニ増加する勢ヒアル故彼是相投スルトキハ元来我国体ニ暗キ奥羽人民自ラ他日共和論ニ傾向スルノ恐レ少ナカラザル可クト奉存候(85)」と上申し、仙台に民権家が結集する動向に警戒を示し、密偵派遣の必要性を訴えているのである。

この建白書はまさに有志連合会（東北会）の集会を予見しているようにも読める。そのことと、安積戦の同会合への参加に因果関係があったかどうかはわからないが、密偵による仙台民権派の探索が検討されていた状況が伺われる。

福島事件とその影響

福島の自由党は河野広中をはじめ一網打尽に捕らえられてしまった。仙台の自由民権運動は河野の影響が大きかっただけに事件から大きな打撃を受けた。

仙台の村松亀一郎、藤沢幾之助らは一二月六日国分町の旅宿針生久助方に集まって対応策を協議し、九日には米ヶ袋広丁佐藤仁哉方に二八名が参集して、「河野以下捕縛ノ不服ヲ其筋ヘ哀訴致シ度、右費用ヲ募集スルコト」を決定した。ところがその後、この救援金募集について異論が出てまとまらなかった(86)。河野らの逮捕が国家に対する反乱を企てた「国事犯」と報道されたため、後難を恐れて救援活動から離れる者も多かったのである。

仙台方面へも警察の手が伸び、『郵便報知新聞』には仙台の自由党内にも事件関係者がいるといって「福島県警察署より尚ほ其疑ハしき箇条あるを以て捕縛のうへ取調られたしと宮城県警察署へ通せられしに依り警部某がその趣を松平宮城県令に申て同党員を残らず捕縛せんと云ハれしに同県令ハ押止めて其不可なる旨を述べ若し強て悉く捕へんとせば当地にも一の若松事件を生起するも計り難し先つ厳密に探索し犯罪の明証ある者のみ拘引すへしとて其言を承諾させさりし」[87]とある。このように宮城県内の自由党関係者をもすべて、この際壊滅させてしまおうという動きがあった。こうした中で、村松、藤沢らの奔走にもかかわらず、救援活動は頓挫してしまった。その上翌年二月九日、村松亀一郎は事件関係者の逃亡を助けたとして逮捕され、若松道路問題で福島県令三島を訴える訴訟の代言人であった藤沢幾之助も同年九月「官吏侮辱罪」で逮捕されてしまった。[88]

他にも二月から九月頃にかけ、仙台の民権関係者、新聞人など多くの人が逮捕、処罰された。官憲による厳しい追及の中で何とか福島事件の真相を伝えようとして、仙台と東京で演説会が計画された。仙台での演説会は旧東北自由新聞の倉長恕が、明治一六（一八八三）年一月二四日東一番丁大新亭で開く予定であったが、入口に「若松変報演説会」との貼紙を掲げたために、倉長は逮捕されて軽禁固三〇日の処罰を受けた。[89]

一方、同じ旧東北自由新聞の武田忠太郎、山崎憲貞、石塚三五郎は一月中旬頃上京し、福島事件の顚末を報告し民権派を鼓舞する演説会を、一月二八日に浅草井生村楼で開催する計画をたてた。

この演説会は、武田ら上京した三人に在京の東北出身あるいは東北関係者が弁士となって、次のような演説を予定していた。[90]

武田忠太郎「秩序を紊乱する者は誰ぞ　東北の新天地」
長沼熊太郎（演題未定）
石塚三五郎「反対党の未来記」
山内庫之助「非常権を論す」
神成喜蔵「政権の減殺」
大久保鉄作「維新後気運の順環」
渡辺小太郎「米国償金の返戻を論す」
須藤林蔵「外粧は国家の元気に非す」
伊藤道友「若松の実況を述ぶ」
木村福二郎「文明変遷論」
山崎憲貞「治安策」
服部誠一（客員）「政党の争ハ何か　併て官民の軋轢を論す」

ところが、当局から許可が降りず、演説会は二月四日に延期され、さらに三月一二日に延期されて、ようやく実施された。しかし演題から「福島事件」を想起させるものは削られた。弁士も若干変わり、実施された演題は次のようなものであった。(91)

武田忠太郎「平和手段を論ず　政海の針路」

須藤林蔵「大和魂とハ何ぞ」
山内庫之助「我が行為を見よ」
山崎憲貞「政事家の責任を論ず」
神成喜蔵「王権論、智識を閑却する勿れ」
石塚三五郎「処世の弁、後進者の注意」
大久保鉄作「世運の循環」
伊藤道友「上下一致ハ目下の急務」

また討論会の議題は「常備兵と土着兵と何れか利害なるか及び政党の首領を置くの可否、民法を編纂するの可否」となった。客員弁士は服部誠一から漆間真学に交替した。

右にみるような演題変更をみると、福島事件を弁護したり、宣伝するような内容に対しては当局がきびしくとがめ、禁止したのであろう。それでもこの結果、武田忠太郎は東京府下での政談演説禁止の処分を受けてしまった(92)。

なお、この「東北有志政談演説討論会」出席弁士のうち、武田忠太郎、石塚三五郎、伊藤道友、山崎憲貞は旧東北自由新聞記者である。山内庫之助は山形県米沢の出身で、埼玉県で代言人となり、明治二八年川越で廃娼運動を指導した。長沼熊太郎は旧南部藩士（岩手県出身）で、東京で言論活動をしている。大久保鉄作は「秋田日報」社長。服部誠一は旧二本松藩士、東京で言論活動をし『東京新繁昌記』で文名を揚げ、明治一五、六年頃は『東京新誌』『吾妻新誌』を発行している。深間内基の親友でもある。服部から交替した漆間真学（徳島県出身）は、山川善太郎らと北辰社を組織した一人である。他の弁士については不明であるが、東北地方と何らかの関わりがある人々であろう。

その後四月にも在京東北出身者の結集が呼びかけられ「東北書生大懇親会」を開いたが、思うような成果はなかった。

一方、東北会の第二回大会は計画通りこの年八月山形で開催された。この大会は八月二七、二八日東北各県の自由党系、改進党系の民権家が集まり、再び両派合同して東北の団結を説く者もあった(93)。しかしこの集会も犬養毅は「至極雑駁の会合」で「無識の書生輩か討論場たるの有様」であり、とても東北独立の政党を組織するのは不可能であろうと述べている(94)。

先に述べたように（一七〇頁参照）このとき大会に参加した首藤陸三は犬養毅を伴って仙台に帰り、犬養は首藤ら改進党員と懇談した。以後東北改進党は分裂状況を来す。また東北会に依拠した自由党系の人々も、福島事件への対応をめぐって迷走し、弾圧もきびしくなって結集が困難となり分解して行った。

宮城政談社の総理として強力に東北独立の自由党を主張していた山川善太郎は、仙台の政党の流れが、第二次東北改進党と東北会に分かれていった明治一五（一八八二）年一一月頃、なぜか野蒜に「野蒜開港義社」を開設し、資本金を募集して野蒜市街化計画に参加しようとしていた(95)。このころ野蒜には、政府の殖産興業政策の一環としてオランダ人ファン・ドールン設計による港の建設が始まっており、その工事と併行して、野蒜に一大港町を形成しようと都市計画が進められていた。このため内務省が野蒜市街地の払下げを行い、旅宿など商業を営もうとする者が徐々に野蒜に移住しつつあった。山川善太郎がこの野蒜市街の造成にどのような形でかかわろうとしたのか不明であるが、彼の主張してきた「東北独立の自由党」のための資金獲得を目論んだのか、あるいは政党結成の実現性が遠ざかったとみて方向転換したのか。しかしこれはうまくいかなかったようだ。また野蒜港がその後台風による破壊で失敗に終ったため、野蒜の都市計画も幻に終った。山川は翌一六（一八八三）年山形に移り、二月米沢で演説を行ったところ「官吏侮辱」で逮捕された(96)。彼はその後上京し、また静岡で『東海暁鐘新報』の記者となっている。

この山形での第二回東北会大会前後には、民権運動も多少息を吹き返した様相がみえる。仙台では菅野元礼らあんま業の人々によって「東北群盲党」が結成され（六月）、また郡部に「興奥親睦会」が結成され（一一月）て「奥羽七州ノ盟約ヲ計ル(97)」目的をもって演説など行ったが、いずれも短期間で消滅したようだ。

山川善太郎、武田忠太郎、倉長恕、石塚三五郎ら自由党系の民権家が仙台を離れてしまった明治一六（一八八三）年末の仙台では「近来絶て政談も学術も演説会の開設途切れ政治上の運動ハ外面に現表せざるが如し(98)」といわれるほど自由民権運動は衰退していった。

三　仙台女子自由党結成への道

演説会と女性

仙台では、すでにみてきたように明治一〇年頃より演説会が始まり、翌一一（一八七八）年一〇月民権結社鶴鳴社が結成されてからは、盛んに政談演説会、討論会、法律などの学術講演会が開かれるようになった。こうした演説会の傍聴者の中に女性の姿もあった。

すでに見たように明治一二（一八七九）年二月一日の新聞に伝えられた一月三〇日の吉岡座での演説会の様子（一三六頁参照）では、「実に未曾有の大入にて官員風もあれは町人もあり百姓も教員も婆さんも娘も夫に猫なども出かけた様子木戸より入れた者は千人余なりと言ふ」盛大なもので、熱気あふれる会場の千人余の聴衆の中には、「婆さんも娘も」いた。つまり複数の女性たちが参加していたのである。そしてその女性の中には、のちに女子政談演説会や仙台女子自由党結成へと女性民権家の道を歩むことになる、清元の師匠成田うめもいたはずである。うめについてはまた後で述べるが、彼女は早い時期から演説会に参加していたようだ。

男女同権論の浸透

深間内基が「男女同権ノ説」と題した演説を行ったのは、明治一二（一八七九）年五月一一日である。

前述した一月三〇日の演説会にも基は弁士として出席していたが、このときの演題は不明。しかしこのように演説会への女性傍聴者が増えてきているという状況があって、「男女同権ノ説」が演題にのぼったのであろう。

この演説会は東一番丁の大新亭で午後三時から始められた。演説会の内容についての記録はないが、基の翻訳したミル著『男女同権論』の内容に則したものであったろう。そしてこの演説をきっかけに、あるいはその以前から、彼の『男女同権論』が仙台の女性にも読まれていたと思われる。

成田うめを始め、その後深間内基の妻となった鹿又ケイや、基の妹はな、またその周辺にいた女性たちが彼の演説を聞き、あるいは本を読み、民権運動に理解を示し女性の権利に目覚めていった。

女性の演説会への参加や、明治一〇年から仙台師範学校内に女子師範科が設置されて女教師の育成が始まるなど、部分的ではあれ女性の社会進出の道が開かれつつあった。明治一三（一八八〇）年には仙台の隣の「長町村々会規則」に女性の選挙権も盛り込まれるということもあった。もっとも実施された可能性は低い[99]。しかしそのように、このころから女性の権利の問題が社会化しつつあったのである。一方、それに反発し抑え込もうとする動きも出てくる。明治一四（一八八一）年一月には、そうした一男性からの新聞への投書があり、それに対して一女性が反論するといった場面も出てくる。

男性は「同求社々員　飯田宏」とあり、投書の題は「女子ニ文ヲ学ハシムベシ又大ニ学バシムベカラズ」というものである。これに対し女性の方は、「豊原美江女」と名のり、題は「質疑飯田宏君」とある[100]。この当時の新聞投書の通例で名前はほぼ偽名や号であるから、誰であるか特定することはむずかしい。また同求社というのもどういうものかは不明である。

しかしながら、明治一四年には新聞紙上で論争となるほどに、仙台では女性の急成長、男女同権思想の普及がみられたということであろうか。ではその論争の概要をみてみよう。

『陸羽日日新聞』紙上における男女同権論争

「男女同権」の風潮の拡がりに危機感を募らせ、旧社会の道徳を擁護しようという動きが出てくる。

社会変動の激しい時代には、こうした思想的な新旧の綱引きも激化する。投書者・飯田宏の主張は、旧社会の道徳の擁護者の典型を表現している。それは儒教的な男尊女卑と男女分業論につらぬかれている。

男は体力知力共にすぐれ、社会にあって国事に経済に奔走するものであり、女性は家庭を守り子供を育てるものである。そうして子孫の繁栄をはかるのが自然の原理であるから、女性に高等教育は必要ない。これが飯田宏の投書の趣旨である。彼の主張するところの言葉を一部引用してみよう。

女子タルモノ、目的一アルノミ曰ク良人ヲ佐ケテ一家ヲ整理スルモノ是ナリ一家ノ整理ヲ佐ケ児童ノ教育ヲ為スノ女子ヲシテ日本人タラシメハ何ゾ高等ノ学ヲ修メ英仏ノ語ヲ識ルヲ要センヤ

女子ヲシテ大ニ学ハシム可カラズ仮令大ニ文ヲ学ハシメン乎余輩只傲慢ニシテ柔順付随勘甚ノ女徳ヲ失スルヲ見ルノミ

人間ノ男女アルハ子孫ヲ蕃殖ナラシムル所為ニシテ即チ原理ナリ此ノ原理ニヨリテ男女ノ間ニ生スル分業ハ即チ天地自然ノ分業ナリ

女子ヲシテ学問太過ナラシムレハ智識拡充シテ身体脆弱又児ヲ胎育スル能ハス而シテ生民ノ蕃庶漸ク熄ム男児固ヨリ胎育ノ業ナク且ツ身体ノ健智力ノ強女子ニ比スレハ概シテ幾倍ナルヲ知ラス

故ニ男児ハ学問太過ナルトモ此害ヲ見ルニ至ラザルベシ

以上に対する豊原美江の反論も新聞二号に渡る長文の投書である。書き出しは女性的雰囲気があるが、本文は漢文調であり、また当時流行の西洋の偉人伝のような書物にも多少の知識があるようにもみえる。はたしてどのような女性であったのか。あるいは女性の意見を代弁した男性の筆になるものか。豊原美江という女性が実在していたかどうかを確かめることができないので、何ともいえない。豊原美江は、「君ガ此論ハ婦女子社会ヲ軽蔑スルノ甚シキモノニシテ妾等婦女子ヲシテ真正ノ人間タルヲ得ザラシメントスルモノ」であると怒る。そして、男女の異同は、習慣や教養によるもので、飯田の言うような男性優位論は理由のないものであり、「意フニ君ハ近来生開化者流ガ遽ニ男女同権説ヲ主張スルヲ笑ハンガ為メ」に仏国の法や西哲のことばを利用しているとして、飯田の主張を一々掲げて、これに反論を加えている。

では豊原美江の主張するところを少し読んでみよう。

智識ナリ才能ナリ豈男女ノ間ニ区別スヘキ者ナランヤ若シ又優劣ノ事ヲ称シタルトスル乎此レ謬見ノ尤モ甚シキモノナリ何トナレバ其男子ヲ以テ女子ヨリ優レリトスルモノ古今ノ事蹟ヲ通観シ万国ノ形勢ヲ歴観スレハ智勇才学ノミ男子ニ多クシテ女子ニ少ナキヲ以テ証拠トスルニ過キザルベシ斯クノ如キハ所謂ユル習慣ト教養トノ然ラシムルモノニシテ道理ヲ判断スル程ノ効力ヲ有スル証拠ニアルザルナリ

習慣其ノ弊ヲ去リ教養其ノ宜ヲ得改良進歩シテ已サレバ智勇才学ノ人ノ女子ニ多クシテ男子ニ乏シキニ至ルモ亦知ルベカラズ

嗚呼男子ノ女子ト体格性質コソ異ナル所アレ何ンゾ智識才能ニ優劣アルノ理アランヤ

女ヲ卑シムハ実ニ古聖人ノ意ニ戻レリ即チ道理ニ背ケルノ陋俗ナリ果シテ然ラバ今道理ヲ適当シタルノ説ヲ聞キ翻然其非ヲ悟リ旧来ノ陋習ヲ改メテ遽カニ女子ヲ貴ブニ至ルハ則チ所謂ユル過ヲ改ムルニ憚カラザルモノニシテ君子ノ事ナリ何ンゾ笑フベキモノアラン

夫レ文学ナル者ハ智ヲ研ク所以ナリ行ヲ修スル所以ナリ女子ヲシテ大ニ学バシメン乎智ヲ研キ行ヲ修シ以テ婦徳ヲ全備スルニ至ルベシ何ンゾ傲慢ノ弊ニ陥ランヤ

人ノ此世ニ処スル其ノ最モ重大トスル所ハ生民ノ蕃殖ヲ勉ムルニアラズ生計ヲ立テ衣食住ヲシテ欠乏スル所ナカラシムルニアリ

従来日本ヤ支那ノ習慣ニテ男子ハ外ヲ奔走シ衣食ヲ需メ女子ハ内ニアリテ其保養ヲ仰クノミナレドモ此レ卑ムヘキ陋俗ニシテ道理ニ背戻スルノ甚シキモノナリ夫男女均シク働クヘキ乎手足ヲ有セリ豈男子ノミ衣食ヲ需メシムルノ理アランヤ

若シ其夫タルモノ病気或ハ死去スルトキハ婦ハ何ニ由リテ生活ヲ得ベキヤ故ニ女子ノ高尚ノ学科ヲ修ムルカ如キ啻ニ其智識ヲ養フノミナラズ即チ衣食ヲ需ムルノ芸術ヲ知ラント欲スルノミ

約三六〇〇字に及ぶ長文の反論である。右に抜き書きしたのはその一部である。この時期の「男女同権」の考え方、これを受けとる女性の熱気も伝わってくる。自由民権運動に触れ、その影響を受けた都市部の女性たちの間に、折に触れ意気盛んな議論も行われたことであろう。

『頴才新誌』上でも男女同権論争

男女同権論争は、『陸羽日日新聞』紙上に限らない。その頃、若者を対象とした全国的投稿雑誌であった『頴才新誌』では、明治一五（一八八二）年中、男女同権をめぐって一大論争がくりひろげられた。

火をつけたのは、明治一五年三月四日発行の『頴才新誌』二四八号から、三月一一日二四九号、三月一八日二五〇号の三回にわたって連続掲載された永原鉦作の「男女不同権論」である。永原は、一七歳の福島師範学校生徒である。

この頃、福島師範学校生徒の間に、「男女同権論」についての論議が起こり、この投書は、そうした論議の一端を表すものであった。十代後半くらいの若者には関心の高い話題であったのだ。

永原の男女同権を否定する投書は、全国の『頴才新誌』読者の注意を喚起した。そして賛否両論が、ほぼ一年間誌上でくり返し論議された。

誌上討論に参加したものは一二人、掲載論文延べ三七本である。地域的には福島、栃木、東京、神奈川、岐阜の一二歳から一七歳にわたる男子である。このうち男女同権を否定する者は三人（うち一人は「歌」で表現）、同権を肯定する者八人、中間的意見が一人である。内容にまで踏み込むことは避けるが、彼らがこのころJ・S・ミルやスペンサーの著書の訳本を読んでいることが伝わってくる。「男女同権」ということばは明治七（一八七四）年頃すでに新聞等にも表れ、「夫婦同権」や「男女同数」などの表現と共に論じられてきていた(101)。明治一〇年代に入ってスペンサー『権利提綱』（尾崎行雄訳）、ミル『男女同権論』（深間内基訳）、スペンサー『社会平権論』（松島剛訳、原本は尾崎訳と同じ）が出版されて、多くの若者の心を捉えた。とくに深間内基のミル訳本は『男女同権論』という表題で、「男女同権」の言葉を一気に社会に広めたのである。

柳田泉は「『男女同権論』解題」（『明治文化全集』）において、「丁度この訳書の出た明治十一年、十二年あたりが、明治六、七年の第一期につづいて、男女同権論勃興の第二期になるが、その第二期にこの問題を、思想的に大きくもり上がらせるに役立ったのが、この訳書であったといふことは出来るであろう」と述べている(102)。

新聞・雑誌上での議論の広がりは、こうした出版事情を背景にしたものであった。自由民権を主張する者や、師範学校、中学校の学生らに、男女同権論は急速に広まっていったのである。

明治一五（一八八二）年頃には大阪で岸田とし（俊子）が演説を行うなど女性自ら演壇に上がる姿も表れ、兵庫、岡山、大阪に女子懇親会が生まれるなど、女性自らの結集、組織化の芽も表れてきている(103)。

このように全国的に「男女同権」が話題になり、女性自身が自らの生活や権利について公然と語り始めるという状況が生まれてきた。

『仙台絵入新聞』

全国的に女性民権家の萌芽的状況の中で仙台における女性をとりまく民権運動の状況はどうであったろうか。

仙台において、「男女同権」の第一声を放ったのは、明治一二（一八七九）年五月の深間内基演説であった。このころから女性の政談演説会への参加者が増えつつあったが、一四（一八八一）年一月には『陸羽日日新聞』誌上で論争が起こるまでにその関心は高まった。

その頃『仙台絵入新聞』が発行された。明治一四年四月のことである。女性の読者を意識して作られ、人情話風のものが多く、「絵入り民権談などが好評」であった。[104]定価は一部一銭八厘でほぼ当時の新聞と同等の値段である。しかし「好評」であったにもかかわらず、社内に内紛があって翌一五年五月には休刊となってしまった。

平権会

明治一五（一八八二）年一一月、政党結成が右往左往する中で、新たに「平権会」が結成された。『陸羽日日新聞』は次のように報じている。[105]

平権会　旧東北自由新聞の倉長恕氏の発起とかにて本月末に同会を開く由その趣向は車夫、髪結、芸妓、娼妓、官員、教員、猫、杓子迄を一同に会合して懇親の宴を開く積りなりとか

「旧東北自由新聞の倉長恕氏の発起」とあるように、自由党系の人々が東北会に結集しつつ、「芸妓、娼妓」など女性を含む新たな大衆化された結社を構想して作ったものであろう。

倉長恕は文久元（一八六一）年、鳥取県生まれの人。いつ仙台に来たのかは不明だが、明治一五（一八八二）年六月創刊の『東北自由新聞』の記者となった。明治一五年七月頃に六カ月間の政談演説禁止の処分を受けている[106]。『東北自由新聞』の方は二カ月で発行停止となった。こうしたことから、倉長ら『東北自由新聞』に依った人々が、新たな活路を見出すべく、「平権会」構想を打ち出したのであろう。また次にみる「風教演説会」も、集会条例を意識して、これまでの政談演説会とは違った方向を模索した結果である。「平権会」という名称も、これまでの民権結社とは違ったニュアンスが感じられ、女性の組織化の方向性が現れつつあることを予期させるのである。

ところで、「平権会」の名称は仙台だけのものではない。

大阪には明治一五年秋頃に「平権自由党」と称する団体が生まれ、「老幼婦女の区別なく」、また車夫など貧民層が、人間はみな平等ということで「平権」を唱えて集合したものという[107]。

この「平権」という言葉はこの頃出版された『社会平権論』（松島剛訳、スペンサー著、全六冊）の「平権」をとったものではないか。この翻訳書を、高知の立志社では社員の教科書として大量に注文した、と『明治文化全集』の解題に書かれている[108]。それだけ自由党系の人々に人気のあった書物だっ

たのであろう。内容は、道義上の原理、生命身体の自由、土地所有や思想上の権利、言論の自由、婦人・児童の権利など、人権全般に渡る理論書で、自由党の演説等で宣伝普及された結果、社会の底辺層にいる労働者や芸妓らを含めた婦人らに受け入れられ、「平権」の名を冠した団体が生まれたのであろうと思う。

しかし、趣旨や規則などもはっきりせず、近代的な結社、政党へと発展しうるような組織化は不可能であったようだ。

仙台の「平権会」も、大阪の「平権自由党」も直接に関係はないが、背景には、『社会平権論』などによる思想的影響と、一方で、自由党系の一部の人々による、底辺層の人々の組織化へのひとつの試みでもあったろう。こうした底辺層の組織化は成功しなかったが、自由民権運動が、士族や豪商農らだけでは展望が開けず、国会開設に向けての政党組織化の時代に見合った、底辺層の政治への覚醒と組織化の模索が始まっていたとみることができるだろう。

この流れの中で先ず女性独自の組織化が各地で生じてくる。

風教演説会

平権会への結集が呼びかけられている同じ時期、一一月一五日に「風教演説会」という演説会が開かれた[109]。

○風教演説会　来十五日夕刻より倉長、石塚、草刈、武田、伊東《ママ》、山崎、小池、丹野、佐藤等の

諸氏が東一番丁大新亭に於て開莚さる、同会は簡易にして婦人女子にも分かり易きを旨とせらる、由にて且つ集会条例の関与する限りに非らざれば定めて盛会ならん尚委しくは今日の広告に就て見るべし

そして広告欄をみると「第一回風教演説並ニ討論会」というのがあり、演題と演説者は、

倉長恕　「風俗論」
石塚三五郎　「欽幕論」
山崎憲貞　「人傑論」
草刈親明　「法律論」
鈴木田正雄　「天刑説」

とある。他に演題未定の弁士として武田忠太郎（忠臣）、中田豪晴、丹野俊治、小池平一郎、伊藤道友、佐藤亀久太郎の名がみえる。

この演説会が、右の記事にあるように、女性の傍聴を視野に入れた、というより、むしろ女性を主な対象として計画した演説会であることがわかる。そしてまた演説内容も集会条例違反を問われるような政談を避け、女性に対する啓蒙的学術教養演説としている。集会条例改正による規制強化の中で、婦女子の啓蒙という名目がひとつには弾圧を逃れる方法となってもいた。

演説者の顔ぶれから、風教演説会が倉長ら旧東北自由新聞に依った人々を中心とした自由党系の演説会であり、「平権会」結成への宣伝活動の意味合いをもった演説会と考えられる。

この頃の仙台自由民権派は東北独立の自由党という展望が開けず、政党結成が思うように進まない状況の中で、新たな運動の方向を、目覚めつつあった女性の参加に求め、活路を見出そうとしていた。

仙台女子自由党と成田うめ

こうした女性の政治参加によって、女性は演説会での傍聴者の地位から直接女性自身が主人公となって演説会を企画し、かつ自らを組織してゆく力へと成長していった。

明治一六（一八八三）年三月一五日『郵便報知新聞』に次のような記事が載った。(110)

　東北女子政談演説会
　宮城県下仙台にては女子政談演説会の企てあるよし予て噂ありしが此ほど成田むめ女外両三名の発企にて同会を設け有志の女弁士を集め近々発会するといふ

ひと月ほど前の二月一七日付『朝野新聞』にも、仙台の女子数十名が東一番丁大新亭で女子政談演説会を計画中、との記事があった。(111)準備に時間がかかり三月になってようやく実現の運びとなったのであろう。

この女子政談演説会を企画した成田うめはこのころ「仙台女子自由党」を結成している。『宮城県史』によると、深間内基の指導により、明治一五年に成田うめらが仙台女子自由党を結成したとある[112]。しかしこの年に独自の動きはみられない。有志の集まりを持った可能性は考えられる。さきにみた平権会や風教演説会などが女性を対象として意識されていることから考えれば、このころに女性の有志会が生まれ、翌一六年に結成されたと考えるのが自然であろう。三月一五日の『郵便報知新聞』にある女子政談演説会の知らせは、この演説会が、「仙台女子自由党」発会を兼ねた第一回の演説会であったと考えられる。しかしこの演説会がどのようなものであったのかは不明である。

『みやぎの女性史』によると、成田うめは、天保六（一八三八）年生まれ、仙台柳町小川徳兵衛の三女であった。成田善作と結婚して成田うめとなり、仙台芭蕉の辻で「瀬戸善」という瀬戸物屋を開業していた。長男善治郎はのち自由党員となったという[113]。

一方成田うめは清元の師匠であった。たぶんこの芭蕉の辻の家で弟子をとって教えていたのであろう。

成田うめは早くから自由民権に関心をもち、演説会を傍聴し、民権活動家の世話などもしていた。そういう点では、高知の楠瀬喜多に似たような存在だったのだろう。

さてこのような成田うめであったから、深間内基が仙台に来て演説をしていた頃、数少ない女性傍聴者の中に成田うめを見出していたであろう。深間内基と成田うめがいつ出会ったか、その接点を見出すのはむずかしい。しかし演説会における弁士と傍聴者という関係だけでは、あまりに遠すぎる。もっと間近な交流がなければ、その後の仙台女子自由党結成までたどりつかない。

成田うめは清元の師匠である。深間内基は成田うめから清元の手ほどきを受けていた形跡がある。

基は、晩年酒に酔うと浄瑠璃のサワリを唸っていた、という話がある。清元の師匠と弟子が、「男女同権論」では師弟関係が入れ替わる。成田うめの清元教授の場は、女性たちの「自由民権」「男女同権」の学びの場となり、一種のサロンのような雰囲気をつくりだしていたであろう。こうした中で信頼関係が作られ、その先に仙台女子自由党の結成といった大きな展開があり得たのだ。

結成の時期、組織の内容等不明であるが、明治一六（一八八三）年三月中旬頃に設立されたろう。成田うめは、自宅を仲間の集会所として使っているが、七月家を改修して民権派同志の集会所として開放した。その様子を『郵便報知新聞』が伝えているところによると、「宮城県仙台にて女子民権家の評を受けたる成田むめ女（四十六）は今度自宅に修繕を加へて改進自由両党員の集会所とし且つ両党員の同地に漫遊する者の旅宿に供し敢て宿料等ハ要求せぬといふ[114]」とある。

成田うめは仙台で「女子民権家」として名を知られていた。そして仙台を訪れる民権家の世話をするなど、その役回りは、高知の「民権ばあさん」楠瀬喜多と同様であることは少々驚きである。おそらく、明治一〇年代の自由民権運動の中で、女性民権家の位置というものは、自らを組織し学習・演説を行う先進的女性もいたが、一般的には、男性民権家の活動の補助的役割、とくに訪問者の宿所や身の回りの世話などが大きなウエイトを占めていたものと思われる。同じような例は福島県会津地方（耶麻郡）にあって、民権家の世話をしていた風間ハルという女性が国会開設請願に署名していることからも知れる[115]。こうした役割の有名、無名の女性民権家が各地に生まれていたのである。

さて、深間内基が『男女同権論』を翻訳出版し仙台において女子自由党の結成へと尽力するに至った背景には、明治九年に高知立志学舎の教員であったとき、立志社演説会に女性の参加者があり、楠瀬喜多のような女性がいることを知ったことがある。このときの経験が、彼の女性認識に一定の変革を生じさせ、高知から帰京して直後の『男女同権論』翻訳、そして仙台においての女性の政治参加への援助へと、彼自身の思想と実践を高めていったものと考えられる。

ところで、明治一四（一八八一）年末に宮城政談社の設立を果たした深間内基は、以後公に名前が出てくることがなくなった。政談演説会はもちろん、平権会や風教演説会、そして『東北自由新聞』関係の動向にも、彼の名が直接出てくることはない。仙台女子自由党結成に関しても、『宮城県史』に彼が指導していたと書かれているだけで、その根拠は不明朗である。しかしだからといってその事実を否定することはできない。深間内基の行動の軌跡を追えば、仙台女子自由党へと行きつくことは充分納得できるからである。だがそれだけでは推論の域を出ない。その根拠を調べることに力をつくしたが、決定的なものを見つけることはできなかった。ただ、成田うめと深間内基の接点を、第一には「清元」に求めることができ、第二には、成田うめが、ほとんど楠瀬喜多と同様の役割を演じていることに求められる。その点はすでに触れたように、深間内基の高知における体験と、晩年の生活、そして自由党系の人脈とを考えるなら、彼が東北における自由党の設立が困難となったとき、女子の政治参加と組織化に活動の重点を移していったであろうことは充分納得できるのである。しかも表立って名前を出すことを極力避けたであろうことも、明治一五（一八八二）年末福島事件で河野広中が逮捕され、仙台方面にもその監視の手が伸びてきている状況で、三春出身で、河野とは同郷・同志であることから、逮捕をまぬがれるために必要なことであったに違いない。したがって、福島事件以降、深間内基の活動は水面下で力を尽くすことにあったと考えるのが合理的であろうと思う。

ところでこの仙台女子自由党がいつ頃まで存在し、どのような活動をしていたのかは不明である。頼みとする自由民権運動が、福島事件以後は萎縮しがちであり、またそれぞれの思惑から分裂を繰り返す中では、さほどの活動は不可能であったろう。明治一八(一八八五)年三月、宮城県内のすべての結社に解散が命じられた。[116] 仙台女子自由党もこれより以前に自然消滅となったのではあるまいか。

しかしたとえ短期間の存在であったとはいえ、女子自由党という独自の組織を創り出したその先進性と組織性に、仙台女子自由民権運動の特徴があった。それを指導した深間内基の思想の先覚的役割は無視できないものである。

註

(1) 『仙台日日新聞』明治一一年一〇月二九日。

(2) 『河野磐州伝』上、一八六頁。

(3) 河野広中文書「南海記行」。この件に関しては従来『河野磐州伝』の記述をもとに九月七日高知到着とされていたが、実際は一カ月ずれていた。この点、高知での最近の研究はすべて訂正されている。原史料の「南海記行」を直接確認しなかった研究者のミスであったわけだが、私もまたその一人で、『明治天皇行幸と地方政治』中の第三章「明治一四年政変と地方政治」においては、九月七日高知着の説をとってしまった。強く反省している。ひとつには『河野磐州伝』が広く普及していることと、原史料である「南海記行」が手帳への覚書であって非常に判読し難いということもあったろうと思う。今度改めて原史料に当たった結果、私の思いとして残ったのは、東京での約二カ月間の河野の行動についても、再検討してみる必要があるのではないかということである。河野広中研究にとってはひとつの課題であろうと思う。

(4) 同右、一〇月一六日付。
(5) 同右、一〇月八日付。
(6) 福島県立会津高校編『会津嶺吹雪』歴史春秋社、一九八九年、二一七頁。
(7) 『三春町史』第三巻近代1、三四〇頁。
(8) 『河野磐州伝』上、二五三頁。庄司吉之助『日本政社政党発達史』御茶の水書房、一九五九年に収録されている三師社規則は明治一三年のものと思われるので、ここでは『河野磐州伝』より採った。規則変遷の過程の詳細は不明。
(9) 同右、二五八〜二五九頁。この年一〇月河野が石陽社の社長就任を辞退したさいの書状にも同様の趣旨（数社ヲ合併シ以テ東北ニ政論ノ一大社ヲ結立セントス）がのべられている（『福島県史』第一一巻近代資料1、一九六四年、三〇頁）。
(10) 滝沢洋之「石川地方の自由民権運動」『会津嶺吹雪』所収、二八七頁。
(11) 『河野磐州伝』上、二八六〜二九〇頁。
(12) 河野広中文書「明治八年〜一四年回顧談話」。この覚書は『福島県史』第一一巻近代資料1に収録された資料八九（一〇七〜一一一頁）中にある、明治一一年のメモである。ただこの県史収録分は、順序の間違い、翻刻の間違いが多いので注意を要する。
(13) 『郵便報知新聞』明治一一年二月七日。
(14) 『仙台市史　七』別編5、一九五三年、一七七頁。『仙台人名大辞書』の若生欄に紹介されている詩は若干文字が異なる。
(15) 『福島新聞』明治一一年一〇月一六日（河野広中文書）。
(16) 中村吉治編『宮城県農民運動史』日本評論社、一九六八年、一〇三頁。
(17) 菊田定郷『仙台人名大辞書』歴史図書社、一九三一年。
(18) 『仙台日日新聞』明治一一年一一月五日。
(19) 同右、明治一二年一月一四日。

(20) 同右、明治一二年一月二五日、二八日、二月一九日。
(21) 佐藤憲一「仙台の自由民権運動」『仙台博物館年報 2』一九七四年。「宮城の自由民権運動」『宮城県姓氏家系大辞典』収録など参照。
(22) 『仙台日日新聞』明治一二年一月二一日。
(23) 同右、明治一一年一一月五日。
(24) 同右、明治一一年一一月五日。
(25) 『郵便報知新聞』明治一一年一二月六日。
(26) 『宮城県農民運動史』第三章部分、一〇九～一一〇頁。なおこの論文では宮城県郡部の結社状況に詳しい。
(27) 『仙台日日新聞』明治一二年二月一日。
(28) 『郵便報知新聞』明治一二年六月二日。
(29) 同右、明治一二年六月一三日。
(30) 福沢諭吉『学問のすゝめ』岩波文庫版、一三三頁。
(31) 同右、一〇五頁。
(32) 中村敏子編『福沢諭吉家族論集』岩波文庫版、一九九九年、二〇六頁。
(33) 『郵便報知新聞』明治一一年一二月七日。
(34) 同右、明治一二年四月八日。
(35) 『仙台市史 一』一九五四年、五〇〇頁。『同 七』別編5、九八頁。
(36) 『郵便報知新聞』明治一三年二月四日。
(37) 『河野磐州伝』上、二八六頁。河野広中文書の覚書には「十一月東北有志連合大社《ママ》ヲ仙台ニ開ク来会者多数結果良好」とある。
(38) 『仙台日日新聞』明治一二年五月九日。
(39) 『近事評論』第二四六号（仙台市博物館『宮城の自由民権運動資料集』一九七四年所収）。
(40) 『仙台日日新聞』明治一三年一月二七日。

(41) 『河野磐州伝』上、三〇六〜三一〇頁。松本美笙『志士苅宿仲衛の生涯』阿武隈史談会、二〇〇一年、二一一頁。
(42) 『福島県史』第一一巻近代資料1、一〇〇〜一〇一頁。
(43) 『志士苅宿仲衛の生涯』二一〇頁。
(44) 『宮城の自由民権運動史料集』五〜九頁。
(45) 『仙台日日新聞』明治一三年二月二七日。
(46) 『進取雑誌』については『宮城の自由民権運動史料集』参照。
(47) 佐藤憲一「宮城県自由民権運動に関する新史料」『仙台博物館調査研究報告2』一九八一年。
(48) 『自由党史』岩波文庫版、上二七一頁、中二三頁。
(49) 『明治建白書集成』並びに『宮城の自由民権運動史料集』に収録。
(50) 『東北新報』明治一四年一月二九日。またこの間の若生の動きについては、『宮城県農民運動史』一二八〜一四〇頁、『宮城県議会史』第一巻、一九六八年、三九三〜三九七頁参照。
(51) 同右、明治一四年二月一日。
(52) 『宮城県議会史』第一巻、三九九〜四〇〇頁。
(53) 『福島県史』第一一巻近代資料1、一〇六頁。
(54) 『原敬日記』第六巻「海内周遊日記」福村出版、一九六七年、四一頁。
(55) 同右、八二頁。
(56) 『自由党史』中、岩波文庫版、八一〜八四頁。
(57) 『陸羽日日新聞』明治一四年一〇月一八日。『陸羽日日新聞』は明治一三年六月『仙台日日新聞』が改題したもの。
(58) 『宮城県議会史』第一巻、三六四頁。
(59) 『東北毎日新聞』明治一四年一一月一〇日。
(60) 『宮城政談雑誌』第一号（仙台市博物館蔵）、『宮城の自由民権運動史料集』二六頁に収録。
(61) 同右、第五号、雑報。

(62)「本社新年宴会記」同右、第四号。
(63)同右、第三号、雑報。
(64)同右、第五号、雑報。
(65)同右。
(66)同右、第六号、雑報。
(67)『陸羽日日新聞』明治一五年四月二六日。新聞記事は「三六組」とあるが、『宮城の自由民権運動史料集』三〇頁では「三五組」である。
(68)同右、明治一五年四月二七日。
(69)『郵便報知新聞』明治一五年四月二七日。
(70)同右、明治一五年五月一五日。『東京横浜毎日新聞』明治一五年六月二日参照。
(71)『宮城県議会史』第一巻、四〇九頁参照。
(72)我部政男編『明治十五年明治十六年地方巡察使復命書』上、三一書房、一九八〇年、二四三頁。
(73)『陸羽日日新聞』明治一五年八月九日。
(74)同右、明治一五年九月六日。
(75)『郵便報知新聞』明治一五年六月一二日。
(76)『宮城政談雑誌』第三、五号、雑報。
(77)『東京横浜毎日新聞』明治一五年九月二〇日。
(78)『陸羽日日新聞』明治一五年一一月一一日。『東京横浜毎日新聞』明治一五年一一月七日。
(79)『陸羽日日新聞』明治一五年一一月一三日。
(80)「犬養毅書翰　大隈重信・河野敏鎌宛」『大隈重信関係文書一』みすず書房、二〇〇四年、二三六〜二三七頁。
(81)『郵便報知新聞』明治一六年八月一六日。
(82)同右、明治一六年九月二四日。
(83)同右、明治一六年一〇月一九日、一一月一二日。

(84)『陸羽日日新聞』明治一五年一一月一一日。『郵便報知新聞』明治一五年一一月九日。『福島県史』第一一巻近代資料1、四二一～四二五頁には連合会開催の経過が詳述されている。
(85)『明治建白書集成』第六巻、筑摩書房、明治一五年の項、九一一～九一三頁。
(86)『福島県史』第一一巻近代資料1、七二二～七二三頁。
(87)『郵便報知新聞』明治一六年一月二九日。
(88)同右、明治一六年一〇月四日。『宮城県議会史』第一巻、四一七頁参照。
(89)同右、明治一六年二月二日。
(90)同右、明治一六年二月二日。
(91)同右、明治一六年三月一〇日。
(92)同右、明治一六年三月一九日。
(93)同右、明治一六年八月二八日、三一日、九月二九日。
(94)「犬養毅書翰」『大隈重信関係文書　一』二三六頁。
(95)『陸羽日日新聞』明治一五年一一月一三日。
(96)『郵便報知新聞』明治一六年二月五日、三月二日。山川善太郎が静岡の民権結社攪民社の「私考国憲案」の起草に、荒川高俊らと共に加わったとする説（家永三郎『明治前期の憲法構想』解説参照）があるが、これが『東海暁鐘新報』に掲載された明治一四年一〇月一日から一一月二四日の間、山川は仙台で活動していたので、静岡で「国憲案」作成に携わったとは考えにくい。
(97)『郵便報知新聞』明治一六年一一月二四日。
(98)同右、明治一六年一二月二八日。
(99)佐藤憲一「女子参政権を明記した明治十三年の『長町村々会規則』」『市史せんだい』VOL1、一九九四年、四六頁。
(100)『陸羽日日新聞』明治一四年一月一九、二〇日。及び明治一四年一月二八、二九日。
(101)明治初期の女性問題や男女同権論についての論争については、山口美代子編『資料　明治啓蒙期の婦人問題論争の周辺』ドメス出版、一九八九年を参照されたい。少し後のことになるが、明治一八年『男女異権論』と題する小冊子が出版された。異権と唱えているように、同権論に対抗して、これに反対の意を表明したものである。著者は秋田県出身の後藤房という女性である。もっとも西田長寿の解題によれば「この著者が、真に女性であるのか、あるいは案外男性執筆者の女性名であるのかは、多少疑問のあるところ」と記している（『明治文化全集婦人問題篇別冊』三頁）。内容的には『陸羽日日新聞』への飯田宏の投書と同様、男性の身体的能力の優位性とそれゆえの男女分業の必然性を、例を挙げて主張している。

(102)『明治文化全集　婦人問題篇』五頁。

(103)『東京横浜毎日新聞』明治一五年四月五日、六月二〇日、七月一五日。『郵便報知新聞』明治一五年八月四日、一一月六日。ほかに外崎光広『明治前期婦人解放論史』参照。

(104)『河北新報の生誕前後』河北新報社、一九八〇年、四二頁。

(105)『陸羽日日新聞』明治一五年一一月一一日。

(106)『明治新聞雑誌関係者略伝』六七頁。

(107)『東京横浜毎日新聞』明治一五年一〇月二一日。

(108)下出隼吉「社会平権論解題」『明治文化全集　自由民権篇』三五頁。

(109)『陸羽日日新聞』明治一五年一一月一三日。

(110)『郵便報知新聞』明治一六年三月一五日。

(111)『朝野新聞』の記事は『新聞集成　明治編年史』第五巻に収録されている。

(112)『宮城県史』第四巻、五九頁。女性史総合研究会『日本女性史』第四巻では明治一六年結成とある。

(113)宮城県・みやぎの女性史研究会『みやぎの女性史』河北新報社、一九九九年、三八一頁。

(114)『郵便報知新聞』明治一六年七月一六日。

(115)『福島県史』第一一巻近代資料1、一一二一～一一一八頁。風間ハルについては、中村とし「風間ハルと『先憂党』」会津民衆史研究会『民衆史研究』第八号、一九八四年参照。

(116)『宮城県姓氏家系大辞典』八一一頁。

第六章　晩年

一　新天地を求めて

加波山事件と函館渡航

まず明治一七（一八八四）年がどのような年であったかを基周辺の動きと社会的事件とを列挙してみてみよう。

四月　福島事件の被告河野広中が宮城集治監（仙台）に収監される。
五月　群馬事件起きる。
七月　深間内基、詞訟鑑定社「明法社」設立
九月　加波山事件起きる。
深間内基函館に渡航。
『秋田青森函館新報』発行。

一〇月　『秋田青森函館新報』廃止。
　　板垣退助ら自由党解党。
　　秩父事件起きる。
一二月　飯田事件、名古屋事件起きる。

　こうしてみると、明治一七年は追いつめられた自由民権運動が、各地で激化事件を起こし、自由党も解党に至るなど、社会の混乱がきわだった年であった。とくに九月の加波山事件は、河野広中の甥河野広躰《ひろみ》ら、福島事件で三島通庸に恨みを抱く者たちの報復的意味を持ち、深間内基の知己も何人かいた。基が函館に渡ったのが、加波山事件の起きた同じ九月であることも、やや気になるところである。

　この年七月、基は詞訟鑑定社「明法社」を設立した(1)。詞訟鑑定社とは、訴訟事件の鑑定、代言弁護人の紹介、紛議の仲裁、諸願伺届、訴答書類の文案起草などを行うところで、この頃、免許を持たない代言人がこうした鑑定社を設立したのである。基も無免許代言人であった。民権結社が休眠状態の中で、生活と活動の拠点を新たにつくらなければならない状況であったろう。

　ところが、まだ明法社が軌道にのっているとも思われない、設立してたった二カ月後の九月に、突然基は函館へ渡った。あまりにも急な展開である。その背景には何があったのであろうか。

　同じ九月に加波山事件が起きている。県令三島通庸の福島自由党撲滅政策によって強行された福島事件は、河野広中の甥広躰らに大きな恨みを残した。河野広躰ら福島自由党の青年たちと、鯉沼九八郎ら栃木自由党とが結び、九月初め、栃木県令となった三島通庸の襲撃を企てたが失敗、茨城県の加波山に集結して蜂起した。警察署を爆裂弾で襲撃したり、警察隊との交戦はすさまじいものであったが、結局散り散りになって逃亡した。そしてひと月足らずのうちにほとんどの者が逮捕された。三島通庸に対する恨みを強力な要因として起きただけに、福島県三春出身者が多い。中心的人物河野広躰はいうに及ばず、琴田岩松、天野市太郎、五十川元吉、山口守太郎、栗原足五郎（罪人隠匿）らが捕らえられた。

基とは直接的関係はないとはいえ、河野広中の甥広躰のことは当然知っているはずである。広躰は明治一二（一八七九）年に河野広中が二度目の高知訪問のときに同行し、立志学舎に学んでいる。その後明治一五（一八八二）年、三春正道館に立志社から派遣されていた教員に弘瀬重正、西原清東がおり、彼らが高知に帰ると、二人を慕って五十川元吉、栗原足五郎、山口守太郎の三人が高知に渡り、約半年滞在して「発陽社」で学んでいる。

弘瀬重正と西原清東は、基が立志学舎の教員をしていた頃の教え子でもある。めぐりめぐって弘瀬と西原が三春正道館で三春の青年たちに自由民権の思想を教え、そこで学んだ青年三人が再び高知に渡り、高知の民権運動の空気を吸って帰ったのである。

このように、立志学舎を介しての師弟関係にある三春の青年たちが、加波山事件のメンバーとなっていた。

基が、福島事件から加波山事件に至る自由民権運動の変遷と三春の人々の動向をどのような気持でみていたのか。深い杞憂の念を持っていたのではなかろうか。

福島事件の被告河野広中は、軽禁獄七年の判決を受け、鍛治橋監獄、石川島監獄を経て、明治一七（一八八四）年四月宮城集治監へ送致された。広中は広躰の三島襲撃の計画を知って軽挙をつつしむようさとしていた。

河野広中の意を受けて仙台に居た基が、広中の宮城集治監への収監を知らぬはずはないし、おそらく面会にも行ったであろう。その際広中から広躰らの動向を知らされたと考えられる。三春の急進化した若者たちの動きを止めることは不可能である。基は彼らの動きに巻き込まれることを避け、新天地に衰退した自由民権運動の活路を見出そうと考えたのではないか。それが函館渡航を促した理由であったのではないか。

福島事件以降、取締も一段と厳しくなり、一方資金難もあって仙台の自由民権運動も停滞し、明治一六年・一七年頃は目立った活動はみられなくなっていた。演説会もまともに開けない状況になっていたのである。河野広中が追求してきた東北七州自由党の動きもほとんど消滅してしまっていた。加波山事件直後の一〇月、中央ではついに自由党が解党され、東北民権家の団結の拠り所もすっかりなくなってしまった。

函館の情勢

今では札幌が北海道の中心であるが、明治一〇年代は函館が最も栄えた先進地域であった。とはいえ近代化の波は一足遅れでやってくる。北海道内最初の新聞は明治一一（一八七八）年一月北溟《ほくめい》社（印刷会社）によって発行された『函館新聞』である。社長渡辺熊四郎、印刷長伊藤鋳之助、編集長佐久間健寿（仙台出身、号は鉄園、日本画家）であった。

新聞の発行によって函館における言論活動も徐々に活発化し、中央の情報も広く伝えられるようになった。

明治一二、一三年頃には「国会開設」の論議も起こり、明治一四（一八八一）年の北海道開拓使払下事件を経て、自由党に参加する者もあらわれ、政談演説会も盛んになった。そして明治一六（一八八三）年一〇月、山本忠礼らによって「北海自由党」[2]が結成された。しかし、北海自由党はどのような内紛があったのか、創立委員であった山本忠礼が北海自由党を除名されてその年の末に函館を離れ、上京してしまった。山本がいなくなったあとの北海自由党はほとんど分裂状態で、明治一七年頃には自然消滅してしまった。これには、中央の自由党がこの年一〇月に解散してしまったことも影響しているだろう。

北海自由党の有力な一員に小橋栄太郎がいた。小橋は一六年の暮れに脱党していた。そして翌明治一七年六月秋田、青森の有志とともに「東北三州社」を設立し、函館、秋田、青森の三県共同の新聞を発行する計画を進めた。

東北三州社と『秋田青森函館新報』

函館の小橋栄太郎が加わって、秋田、青森の自由民権家が結合し、東北三州社が結成された。この結社の中核となったのは秋田の大久保鉄作であった。

秋田では、明治一四（一八八一）年六月に「秋田事件」を起こした秋田立志会とは別に、啓蒙的民権結社「北溟社」が、明治一二（一八七九）年一月、秋田師範学校教員を中心に結成された。この結社は、慶応義塾出身の教員高木喜一郎を中心とし、啓蒙的な演説会を開催した。この演説会のメンバーには秋田師範学校教員のほか、代言人で、のち仙台で宮城政談社の演説や『東北自由新聞』の編集にたずさわることになった武田忠太郎や、『秋田日報』編集人となる志賀泰吉がいた。

一方、明治一二年には士族の青年による「親睦社」が、大久保鉄作らによって結成され、ここには小学校教員や新聞記者が参加していた。

北溟社と親睦社がともに国会開設をめざして「北羽連合会」を組み、明治一三年以降の自由民権運動を主導した。この北羽連合会は、愛国社の傘下に入らず、東北独自の運動を目ざす。

このような経過と目標は、仙台に創られた鶴鳴社とその後の経過を比較すると非常に大きな共通性、類似性が認められる。それは、師範学校教員によって啓蒙的民権結社が起ち上げられ、それを基盤としつつ、その後国会開設運動に発展していく過程で、愛国社と連携しつつも、組織的にその傘下に入ることをきらい、東北独立の政党作りを目ざすという方向である。東北では愛国社は高知の立志社とイコールという見方が強く、とくに東北の中核を自負する仙台の民権家にその傾向が強く、自由党系、改進党系を問わず東北に独立した統一的政党を作ろうという共通認識があった。

武田忠太郎は自由党系であり、仙台に来て活躍していたが、明治一五（一八八二）年頃は東北七州自由党（東北会）の再興を図り、六月『東北自由新聞』を創刊した。しかしこれはまもなく瓦解してしまった。

一方地元秋田では、大久保鉄作が『秋田日報』を舞台に活動し、明治一五年六月に秋田改進党を結成した。編集人には北溟社系の志賀泰吉、親睦社系の籠谷《こもりや》定雄がおり、彼らは共に東北三州社による『秋田青森函館新報』発行に加わることになる。

また東北三州社結成の前年（一六年）に東京浅草で福島事件の報告演説会の開催を企画し、当局の許可を得られずに内容は一般的政論に変更されたものの「東北有志者演説会」が開かれている。この演説会には、武田忠太郎も大久保鉄作も共に弁士として参加している。武田はこのあと東京に留まり、詞訟鑑定社「北洲社」の理事となった。大久保は秋田で『秋田日報』の編集を続けたが、秋頃から経営難に陥っていた。

同じ頃青森でも、明治一二（一八七九）年に発行された『青森新聞』（陸羯南《くがかつなん》）が、明治一五年には『青森新報』となって引継がれ、自由民権家に言論発表の場を提供してきたが、相次ぐ発行停止処分や、罰金、記者の拘引などの弾圧で、新聞発行を維持することが困難になっていた。

このように、東北の民権家たちの言論・出版の環境は日を追って悪化していた。こうしたなかで、明治一七（一八八四）年五月、秋田で、東北七州有志懇親会が開かれた。

東北七州有志懇親会は五月一五日から五日間の日程で開かれ、参会者は当地秋田のほか、青森、山形、岩手、岐阜から約五〇名ほどであった。最終日の五月二〇日有志者による東北政談演説会が開かれ、『秋田日報』の籠谷定雄が「誰レカ幸福ヲ欲セザル者アランヤ」と題して演説、警官より中止解散を命ぜられた(3)。

この秋田での懇親会に参加した『秋田日報』と『青森新報』の記者が協議、意気投合して新たな新聞の発行をめざして結合することとなった。『秋田日報』も経営困難に陥っていた時期であり、追いつめられた者同士の窮余の策という観もある。

こうして新しい新聞発行に合意した青森の有志が、函館に回って同志を勧誘し、六月二〇日弘前で津軽五郡大懇親会を開催した際に函館と秋田の有志も参会し、ついに盟約を結び「東北三州社」の結成となった(4)。

東北三州社の盟約は、まず六月二六日「東北三州社創立契約書」(全四条)が秋田の大久保鉄作、青森の村首競、函館の小橋栄太郎三名の名で結ばれた。これを左に紹介しておくが、新聞発行に関する資本金二万円の拠出や事務に関するものである(5)。

東北三州社創立契約書

我等地方有志総代トシテ三県共立新聞設立契約ヲ締結スル左ノ如シ

第一条

秋田青森函館三県ハ左ノ金額ヲ各自ニ醵出スルノ義務ヲ諾ス

一金弐万円　　総資本金高

内金六千円　明治十七年七月ヨリ同十八年二月迄ニ実行経費トシテ本年十二月迄醵出スルモノトス

此訳

金弐千円　　秋田県負担

但旧秋田日報印刷器械ヲ以テ金千円ニ充ツ

金弐千円　　青森県負担
金弐千円　　函館県負担
金壱万四千円
此訳　金四千円
是レハ三県連合本部ヲ函館ニ移シ盛大ニ致スノ日ヲ俟テ別ニ協議ヲ以テ各其負担額ヲ定ムルモノトス
第二条
三県共立新聞ハ秋田青森函館新報ノ題号ヲ用フ
第三条
秋田青森函館新報ハ当分事務所ヲ青森市街中便宜ノ場所ニ据置クモノトス
但明治十八年一月ニ至リ北海三県連合ノ実効ヲ奏スルトキハ更ニ該事務所ヲ函館ニ移シ且題号ヲ改正スル事アルヘシ
第四条
共立新聞ニ関スルノ事務ニ付テハ三県中各自ニ其委員ヲ派遣スルノ責ニ任ス
各契約ヲ証スル為メ我等共署名捺印シ且ツ各自ニ正本壱葉ツヽ領ツモノナリ
明治十七年六月廿六日
秋田県有志総代
大久保鉄作

青森県有志総代
村首　競
函館県有志総代
小橋栄太郎

その後規則書が整理され、全一五章二五条から成る「東北三州社規定」が作成された[6]。「第一章　主旨」は、「第一条　本社ハ羽後、陸奥、渡島三州ノ有志協同シテ新聞紙ヲ発兌スルニ在リ」、「第二章　名称」「第三章　位置」「第四章　資本」「第五章　責任」「第六章　権利」「第七章　株券」「第八章　純益」「第九章　役員」「第十章　役員撰挙」「第十一章　職制責任」「第十二章　取締」「第十三章　株主総代」「第十四章　会議」「第十五章　役員任期」となっている。事務所（本局）は当面青森に置き、いずれ軌道に乗ったところで函館に移すという構想であった。

新聞は『秋田青森函館新報』と名付けられ旧秋田日報の印刷器械を青森に運んで発行することになった。青森の本局は東津軽郡青森米町《こめ》（堤川河口部左岸）に置かれ、支局は函館富岡町と秋田大町一丁目に置かれた[7]。

こうして、いよいよ東北三州社に結集した人々は、八月中の新聞発行を目ざして動き出した。しかしこの新聞の実態ははっきりしない。明治一七（一八八四）年七月二四日、『秋田青森函館新報　号外』が発行された[8]。ここに東北三州社結成までの経緯、規定、小橋栄太郎の寄書「北海道有志諸君ニ告ク」や雑報が掲載されている。今のところ現存するのはこの号外のみのようだ。

これは、新聞発行を予告した宣伝紙である。創刊号は八月一七日説と九月一日説がある。同紙の記者であった籠谷定雄に関する『明治新聞雑誌関係者略伝』[9]の説明文には、明治一七年八月一七日創刊、ひと月一二号で廃刊とある。一方『北海道・樺太の新聞雑誌』[10]には、九月一日創刊、タブロイド判四頁で、ひと月で廃刊となったとある。全体としては九月一日説が多い。新聞記事を探ってみると、八月二九日付の『郵便報知新聞』[11]に「東北三州社より発兌の秋田青森函館新報ハいよいよ来る九月一日より発兌するよし」とある。八月二九日の新聞記事であるから、それより前の八月一七日の創刊ということは疑わしいこととなる。そして九月一八日付同新聞にはついに「本月一日に第一号を発行[12]」と再び記事があるので、九月一日創刊号が無事発行されたと考えてよいのだろう。

また新聞の名称は『秋田青森函館新報』が正しいことはこれまでみてきた資料で間違いないのであるが、一部文献では『青森秋田函館新報』とあったり、『秋田青森函館新聞』とあったりと、この新聞が宣伝紙以外現存しない幻の新聞となっているゆえのあいまいさがある。

いずれにせよ、ひと月あまりで崩壊してしまったということだけは確かである。資金難が大きな原因ではなかったかと思われる。また秋田・青森・函館にまたがっての活動が、距離的に往来の困難をもたらしていたということもあろう。しかしなんといっても、福島事件、加波山事件と続き、自由党の解党もあって、東北地方の自由民権運動が全般的に意気消沈していたことが、大きな要因であったろう。北海道人民との連帯による東北民権運動再生の夢は、こうして空中分解してしまった。

旧友高橋文之助

深間内基が明治一七（一八八四）年九月に函館に渡ったときは、ちょうど『秋田青森函館新報』発行直後であったと思う。しかし一〇月にはこの新聞は廃止となってしまった。この間の新聞が現存していない以上、基が果たして新聞発行に関係したか否か不明である。これは全く私の推測によるところであるが、基が函館に行ったのは、『秋田青森函館新報』の発行にあたって、函館における活動を支援することにあり、仙台で不調となった東北自由民権運動の再結集の一端を担うつもりではなかったか。基の仙台での活動からして、ほかに函館に行く理由を考えられない。

しかし、函館渡航といってもそう簡単ではない。何か函館との具体的な接点がなければ無理であろう。そして幸運にも私は、函館に基の旧友、仙台での同志の存在を見つけることができた。その男は、仙台で宮城政談社に基と共に参加していた代言人高橋文之助である。

基が函館で寄留した春日町の神家の隣に、高橋文之助が住んでいた。

春日町は函館山のふもと東側にある。『角川　日本地名大辞典　北海道』によれば、明治一六年頃は戸数九八戸、人口五三三人とある。現在青柳町の一部となっている。私はこの地を二〇〇五年の夏訪れたが、基の住んだ町は「青柳坂」と名付けられた通りに面しており、裏手には天台宗天裕寺がある。この天裕寺の門前に、「旧春日町」を示す碑が建っている（写真参照）。

高橋文之助が基の寄留先の隣家にいたことは、全く偶然に発見した。

高橋文之助という人物が明治二〇年代函館に存在していたことは函館市史等でわかっていたが、はたしてこの人物が仙台の宮城政談社に所属していた高橋と同一人物か、または同姓同名の別人である

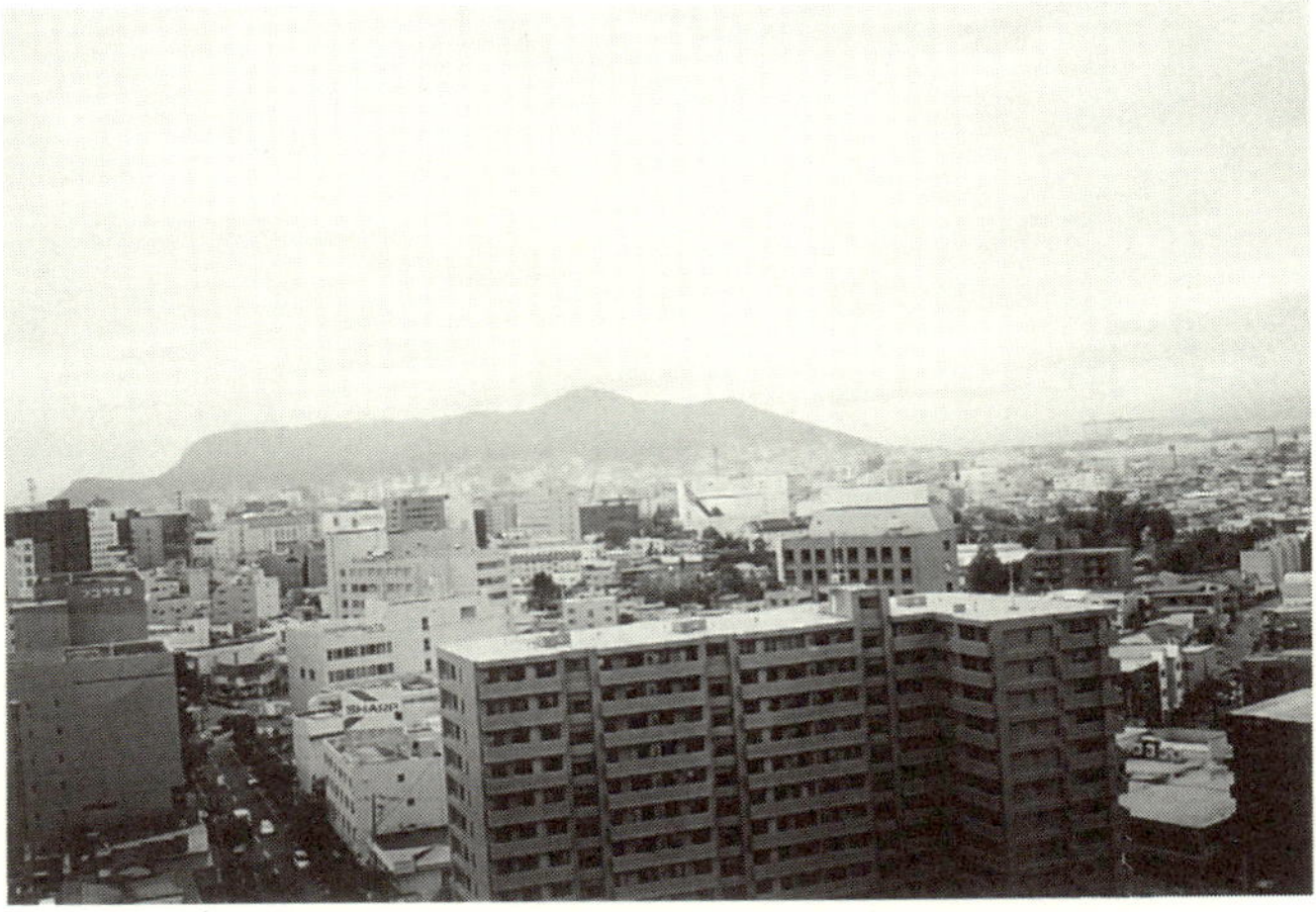

図 6 - 1　旧春日町碑と函館山全景

かについてはわからなかった。別人か同人かを確認することも目的のひとつとして、北海道を訪れたのであるが、はたして北海道立図書館において、高橋文之助を発見することができた。彼は間違いなく、仙台の高橋文之助であった。しかも、彼が基の寄留先の隣家に居住していたという事実まで知ることできたのである。

これによって、基の函館渡航が高橋文之助を頼って行ったことは、ほぼ確実であると考えられた。以下高橋について簡単に記そう。

高橋文之助（嘉永五年生）は旧仙台藩士で、明治一一（一八七八）年免許代言人となった。一四年一一月、深間内基らと共に宮城政談社の結成に加わった。しかし仙台での活動に展望を見出せなかったのか、あるいは個人的な理由があったか、一五（一八八二）年三月には函館に渡った。ここでひとつ思い起こされるのは、『宮城政談雑誌』が明治一五年一月から函館の修文館で販売されるようになったことである。

宮城政談社は函館と何がしかの因縁があったのであろう。自由党系の見えない糸が、仙台と函館をつないでいたようだ。

高橋は函館で代言人として成功し、函館に定着した。明治二三（一八九〇）年以降は何回か函館区会議員を務め、また三五（一九〇二）年には北海道議会議員も務めた。代言人、政治家としてのみならず、汽船会社の取締役など実業家としても成功し、長男文五郎も東京帝国大学卒業後函館に渡り、弁護士となった。

明治二三年、函館では旧自由党系の人々（工藤弥兵衛、林宇三郎など）によって新聞『北海』が発行されたが、高橋文之助は『北海』の筆頭株主となっている。

また高橋は北海道議会開設に尽力しており、明治二四年の函館有志によって提出された「北海道議会設立意見書」の署名人となっている[13]。

函館を本拠地として東北自由民権運動の失地回復を意図した東北三州社であったが、『秋田青森函館新報』がひと月ばかりで挫折してしまい、組織は自然消滅してしまった。

遠い函館まで出向いた基であったが、日ならずして頼りとする結社も新聞もなくなってしまったわけである。基がいつまで函館に滞在したかはわからないが、新聞が廃止となった一〇月以後の早い時期に函館を離れたものと思われる。

二　妻と共に

函館以後

函館を引上げて以降の基の足跡はほとんどわからない。明治二〇年代は東京で暮らしていたらしい。明治二七、二八年の日清戦争に従軍したことが「墓碑銘」に記されているが、詳細はわからない。その後病になり、明治三四（一九〇一）年四月、仙台の妻の実家で亡くなった。

そこで、基の家族の動向から、晩年の基の暮らしを、描いてみたい。カギとなるのは、妹はなの動きである。

基の末の妹はなについては『みやぎの女性史』でも紹介されているが、それでも不明な点は多い。

はなは、明治一二（一八七九）年七月、基が仙台永住を決意したことで、母いそ等と共に仙台に来て共に暮らすようになった。そして朴沢三代治の松操私塾で裁縫を学び優秀な成績で、明治一六（一八八三）年七月卒業した。

松操私塾の授業は、中等科六カ級、高等科四カ級で、一カ級が二カ月、合計二〇カ月で終了する。各級は試験で昇級し、卒業試験に合格すれば卒業できる。はなは全課程を終えて高等科を卒業している。

松操私塾を開いていた朴沢三代治は明治維新後仕立業を開業するかたわら、旧藩士の子女らに裁縫を教え、明治一〇（一八七七）年八月、仙台師範学校内に女子師範科が設置されると裁縫教員となった。一方明治一二年一月、県に対し「裁縫私塾開業願」を提出して認められ、「松操私塾」を開いた。ここを卒業して小学校の裁縫教員になる者も多かったようだ。明治一五（一八八二）年一二月には教則・校則を整えて学校としての体裁を確立した[14]。

朴沢は明治一七（一八八四）年初めまで師範学校で裁縫教員をしていたので、基が師範学校教員時代は同僚でもあったわけである。

この頃の教員の月給は基が二五円、朴沢三代治は五円（女子部の裁縫だけであったので）であった。当時校長は五〇円から七〇円位であった。その後明治一五年、一六年頃には朴沢は九円に増給されている。

さて朴沢の私塾で裁縫を学んだはなの卒業は、七月一九日付の『奥羽日日新聞[15]』に掲載されている。同記事によると、同期卒業生は、飯淵きく、佐藤きさ、鹿又もの、武田よふ、深間内はな、の五人である。はなの年齢「二〇年七カ月」とあるが、はなは文久元（一八六一）年生まれであるから、実際は二二歳であった。同期卒業の鹿又もものは住所が「東一番丁」とあるので、あるいは基の妻となった鹿又ケイの妹であったとも考えられ、そうであれば、兄嫁の妹と一緒に松操私塾に通ったことになる。基が鹿又家と深い縁で結ばれていることを考えれば、充分考えられることと思う。

さてはなは成績優秀であったため、卒業後は松操私塾で助教として裁縫を教えていた。明治一七（一八八六）年九月（卒業直後）のアメリカ教育博覧会には、はなの作品「幕雛形」が出品された。[16]はなは、基が函館に渡った頃は、仙台で松操私塾の助教として働き、基の留守中の家を支えていた。ところが、明治一九（一八八六）年夏頃、松操私塾の校長夫妻（朴沢三代治夫妻）が上京することになった折に、はなも随行したという。[17]そして上京後はなは結婚し、「片柳」姓となった。その後、朴沢学園の記録では明治二九（一八九六）年に飛んでしまう。それは長野県から朴沢三代治の元へ裁縫教員の派遣が要請され、朴沢は「片柳はな」を推薦して長野に送ったということである。「裁縫講習会」は明治二九年九月から始まった。当初講習会は長野と松本で開催されたが、はなの教授は大好評で、飯田や諏訪地方その他全県下に及んだ。しかしはなの講習は明治三四（一九〇一）年四月に打止めになった。そのため改めてはなは信濃教育会専任講師として招かれ、明治三四年六月以降再び長野で裁縫講習会の講師を務めている。[18]

さて以上の明治一七〜三五年までのはなの記録の中で、途切れた時間があることに気付かれるだろう。それは明治一九年夏の上京以後明治二九年まで。そして明治三四年四月の突然の裁縫講習会の打ち止めである。朴沢学園の記録にはその理由は何も語られていない。

そこで基の動きが、この途切れた中に入ってくるのである。まず、はなが明治一九年の夏上京した際結婚していることである。これは、兄基がこの時期すでに東京にいたことを示している。基は深間内家の家長である。基の存在しないところではなの結婚の成立はないであろう。このことから考えると、基は函館を離れていったん仙台に戻ったあと、家族と共に上京。はなは松操私塾で教員をしていたのですぐに仙台を離れるわけにはいかず、明治一九年夏の校長夫妻の上京に伴われて東京に行ったものと思われる。

その頃、基は東京で妻ケイの仕立ての仕事や、また一時は菓子店などを営んで生計を立てていたように伝えられている。

そこではなは基一家と合流し、また結婚して「片柳はな」となったのである。したがって明治二九年まで朴沢学園にははなの記録がない。そして再び仙台へ戻ることになって、次に長野へ裁縫教員として派遣される。この間母いその死（明治二六年）と日清戦争がはさまれている。基の「墓碑銘」には日清戦争に従軍とある。基の年齢からして少々疑問を感ずるが、直接的軍役ではない分野（衛生関係など）もあるので、何か戦時に貢献したことがあったのかも知れない。この点は確認できるものがない。

母の死後基一家は仙台に再び帰ったのであろう。そして日清戦争後基の健康に支障が出てきたのではなかろうか。そのためにははなの働きが一家の支えとして大きな意味を持ってきていたろう。

基の東京在住中、結婚したはなは横浜で教員などもしていたようであるが、夫との生活は永くはもたなかったようである。夫と別れ兄と共に仙台へ戻ったはなは裁縫教授の仕事に戻り、明治二九年九月から長野に行く。

次にはなの記録は突然講習会の中止を伝える。それは明治三四年四月である。このときは、兄基の亡くなったときである。明治三四（一九〇一）年四月二四日、基は仙台東一番丁の妻ケイの実家で息を引き取った。五四年余の生涯であった。

妹はなが突然長野を去ったのはこのためである。兄の葬儀を終え、一人となったはなは、再び長野県で裁縫教員を務めた。その後明治四〇（一九〇七）年片柳と正式に離婚し、旧姓深間内に戻り、大正期は松操学校（この頃塾から学校になっていた）で裁縫を教え、昭和五（一九三〇）年退職して郷里三春に戻った。そして一九四六年姉はまの嫁ぎ先の鎌田家で没した。

基が亡くなった直後、ケイは次男勉を出産した。このことは「墓碑銘」に「君配鹿又敬子有一男一女長男先没女亦早世故養鹿又璇璣氏次男廉為《ママ》長男死後遺腹男子生称勉」とあるとおりである。基が病床にあった明治三四年二月、ケイの弟廉夫妻を深間内家の養子として、廉に家督相続をさせている。これは生まれてくる実子勉が成長するまでの中継ぎとして養子としたものであろう。基は郷里三春の先祖代々が眠る龍穏院に葬られたが、大正二（一九一三）年四月二四日、基の命日の日に廉は仙台の宗禅寺に基の墓碑を建立し、基の生前の功績を刻んだ。この墓碑銘は現在も宗禅寺に残っている。そして大正四（一九一五）年六月、廉が死亡すると深間内家は実子勉が相続した。妻ケイはその後天寿を全うし、一九五〇年八九歳で亡くなった。

基の残したもの

明治二〇年代以降の基は、もはや政治の世界とは縁を切ったのであろうか。東京ではこれといった仕事もなく、妻ケイの収入に頼って暮らし、最晩年は病気となって妻の実家の世話になっている。こんな基を、彼の親族は「どうしようもない男」と評していたようだ。

基の最も活躍した時代は仙台における明治一二年から一六年頃までであった。しかし彼の名を後世にとどめたものは、明治一〇年前後の、英学者としての道を歩みつつあった時代の翻訳書であり、とりわけミルの訳書『男女同権論』である。この時代の最先端の思想を翻訳という形で世に問い、また彼の思想的影響を最も強く受けて成長したといわれる妹はなは、裁縫教員として、職業婦人の道を全うしたのである。また晩年は基自身、妻ケイの裁縫の仕事に支えられている。

また自由民権運動の関係では、確かに明治二〇年代に入って彼の足跡はぷっつり消えてしまうのであるが、郷里の政治指導者河野広中との交流は残っていたようである。それというのも、基がすでに亡くなった後の明治三六（一九〇三）年一二月、河野広中の衆議院議長就任に際して、養子の深間内廉から祝いの書状が送られているほか、弟宗蔵も同様の祝い状を送っている(19)。

こうしたことから考えると、深間内基は、最後まで河野広中との交流を保ち、またそれは家族ぐるみの交際の面もあったように思われる。

仙台での活動をみても、基は自由民権運動の様々な局面において東北に自由党を創設するための運動に参加していながら、その名が表立って出てくることが極めて少ない。そういうことからして、晩年の東京生活においても、何らかの政治的活動を底辺で支援するような位置にいたのかも知れない。

彼の一生は、実に波瀾万丈であったが、晩年名を成さなかったため、歴史的にはその名が、わずかに翻訳者として残るのみとなった。多くの彼の仲間が、ある人は政治家として、ある人は実業家として、またある人は弁護士として社会的に大成していったのと比較すれば、明治の「立身出世」の時代に挫折した人物として、親族から「どうしようもない男」とヤユされるのも、一面やむを得ないであろう。俗世間における出世を求めないさめた目をもち、柳田泉のいうような「学者肌」のところがあったかも知れない。あるいは根っから自由人の気風があったか。基の晩年の東京での生活は、妻ケイと共に、貧しいながらも穏やかな生活であったようだ。酒を飲むと機嫌良く昔覚えた浄瑠璃をうなっていたとも伝えられている。

だから私には、基は社会的に成功した男ではなかったけれど、自ら翻訳した『男女同権論』の思想を、ケイとの生活の中に体現していったように思われるのである。

高知での演説会に参加する婦人をみて開眼、東京でミル著『男女同権論』を翻訳出版し、仙台で民権結社の創立に尽力し、東北自由党のために奔走、そして行きついたところは仙台女子自由党の結成である。それらは中途挫折を余儀なくされたとはいえ、基の人生の価値を減ずるものではない。このような人生の軌跡の中に、「男女同権」思想の一筋の流れを感得できることと思う。結果的に政治社会では成功しなかったが、晩年の夫婦生活は、やはり基の思想の到達点に築かれたものであろう。

基の波瀾万丈の人生から「男女同権」思想のひとしずくが落とされ、大正・昭和と地に浸しみわたり、第二次大戦後に花を咲かせることとなったのである。

註

(1)『仙台弁護士会史』仙台弁護士会、一九八二年、四〇頁。
(2)北海自由党創立時の中心メンバーは、山本忠礼、工藤弥兵衛、林宇三郎、池田六右衛門、木下善一朗、小野亀治、小橋栄太郎(『函館市史』通説編第二巻、一九九〇年、四一九頁)。
(3)『郵便報知新聞』明治一七年五月二六日、五月二八日。この年、関西有志懇親会(六月)、北陸七州懇親会(九月)が開かれている。
(4)『青森県史』資料篇近現代一、二〇〇二年、三四三頁。
(5)永井秀夫編『北海道民権史料集』北海道大学図書刊行会、一九八六年、四二九頁。
(6)『青森県史』資料篇近現代一、三四三頁。
(7)『郵便報知新聞』明治一七年七月三一日、『青森県史』資料篇近現代一、三四四頁。
(8)『青森県史』資料篇近現代一、三四一〜三四六頁。
(9)『明治新聞雑誌関係者略伝』。
(10)功刀真一『北海道・樺太の新聞雑誌』北海道新聞社、一九八五年、六〇頁。ほかに、小野久三『青森県政治史』、『青森県百科事典』(東奥日報社)なども九月一日発行、ひと月で廃刊、となっている。
(11)『郵便報知新聞』明治一七年八月二九日。
(12)同右、明治一七年九月一八日。
(13)高橋文之助の経歴については次の文献を参考に整理した。大和田芳雄「仙台の代言人」『仙台郷土史研究』二二一号、一九八二年一月。『北海道民権史料集』。『北海道立志編』第二巻、北海道図書出版合資会社、一九六一年。『函館市史』。深井清蔵『函館名士録』函館名士録発行所、一九三六年。
(14)鈴木理郎『朴沢学園女子教育一一一年の足跡』一九九六年参照。宮城県庁文書「明治十三年　師範学校綴」中の「宮城師範学校教員人名調」には朴沢三代治と甲田みどりが裁縫教員として記録されている。
(15)『奥羽日日新聞』明治一七年七月一九日。『奥羽日日新聞』は明治一六年一月『陸羽日日新聞』が改題したもの。
(16)『朴沢学園女子教育一一一年の足跡』四六〜四八頁。

(17)　同右、一五四頁。
(18)　同右、一五四～一六一頁。
(19)　河野広中文書。河野広中は明治二二年帝国憲法発布の恩赦で出獄し、以後大同団結運動を経て、明治二三年以後衆議院議員となり、明治三六年衆議院議長となった。

補章　深間内基の翻訳書——その業績と背景

はじめに

旧三春藩士深間内基が、明治初期の文明開化の時代に、数点の欧米文献の翻訳出版によって啓蒙的役割を果たしたことは、一部には知られているものの、その評価は充分ではなかった。ここまで深間内基の足跡をたどり、彼の生き方と彼の社会的活動を各時代毎に記述してきた。ここに基の翻訳書とその背景に限って独立した一章を設け補章とした。重複する部分もあるがお許し願いたい。

まずは基の簡単な略歴を紹介し、その上で彼の翻訳書を年代順に解説していこう。

深間内基は旧三春藩士。弘化三（一八四六）年生まれ。一三〇石の家柄。明治元（一八六八）年一一月慶応義塾（福沢諭吉門下）に入り、英学を学ぶ。明治六年頃より翻訳を始める。明治九（一八七六）年、高知立志学舎の英学教員となる。明治一二（一八七九）年、仙台（宮城）師範学校教員となる。以後仙台で自由民権運動に参加。明治三四（一九〇一）年没。

深間内基の翻訳活動は明治六年から一一年の間であり、彼の人生の前半の数年間ではあったが、それがその後の基の生涯を規定するものとなり、かつ彼の業績は明治の社会に大きな影響を与えた。

一　啓蒙修身録（明治六年）

深間内基の処女出版本である。「巻の一」と「巻の二」からなる二巻本。出版元は「名山閣」とある。名山閣は東京のほか大阪にもあったが、これは東京の名山閣と考えてよい。

この翻訳書が以後の翻訳書と違うところは、巻頭に自序が掲載されている点である。翻訳文以外に基自身の文章というのはほとんど残っていない。そんな中で自ら序文を書いているのはこの『啓蒙修身録』のみであるので、たとえ同書翻訳にかかる説明にすぎないとはいえ、彼の肉声を知る唯一の史料でもある。そういう点では貴重でもある。全文紹介したいところであるが、ここでは要旨の紹介に止める。

まず序文は「夫レ世界文明ノ国ト称スルモノハ邦内ニ幾多ノ学校ヲ設立シ遍ク人民ヲ教導ス」で始まる。そこでは「政事修身ヨリ経済窮理等ノ諸課」を学ぶが、それらの学課を習得するにも「修身」が「教導ノ大路」となるのである。人との交際や国への忠心、事の大義はこれなくして知ることはできず、子供（童蒙）は判断することができなくなる。「故ニ習例ノ適当ナルモノヲ挙ゲテ以テ童蒙学歩ノ指標ト為ス」ことがこの書の趣旨である。つまり子供向けの修身書である、と言っている。

そしてこの書に例示した物語は「千八百七十年亜人サアゼント氏ノ著ス所ノ第三リードルヲ抜萃翻

訳セシモノ」とある。

アメリカ人サアゼント（Sargent）の「第三リードル（Sargent's third reader）」は、慶応義塾の教科書のひとつでもあった。慶応義塾では、経済、地理、歴史、物理などの実学、哲学のほか、修身を非常に重んじた。ことにウェーランドの修身書は義塾では欠かせない教科書であったが、明治六年六月の日課表には、サアゼントの第三リードルが教科書として使われている。[1] 毎週日曜日に「等外」の生徒、つまり初歩の生徒を対象とした素読用として使用されていたようだ。

このころ深間内基は初学者を相手に教授を行っていたようなので、これは自ら教授していた教科書を翻訳し、一般の子供向けに話をわかりやすく編集して出版したものと思われる。

図補-1　『啓蒙修身録』

サアゼントの「第一リードル」と「第二リードル」は、慶応義塾出身の吉川泰次郎が校長となった東奥義塾（青森県弘前）で使われている。[2] サアゼントのリードル（読本）は初学者の英語学習用として広く使われていたのであろう。

なおこの本には、「明治八年文部省交付」の押印がある。これが何を意味するのか私には良くわからないのだが、あるいは教科書として当時の小学校での使用を許可されていたのかも知れない。

序文の最後に「干時明治六年七月亳ヲ横港寓舎ノ北窓ニ揮フ」とある。基はこの時期横浜に居住または一時滞在して、この翻訳を完成させたのであろう。七月に序文を書き終え、その後東京深川に移り、服部誠一と共に出版許可を願出て許可され（四六頁参照）、この年一〇月に刊行された。

では本文の構成をみておこう。

これは「修身録」と名付けられているように、偉人の功績、民衆の善行、美談、家庭の倫理、そして知識、教養といった内容をわかりやすく項目ごとに数ページで語り聞かせる文章となっている。

巻の一は二四項目から成り、例えば「人の忠告を用ひずして損せし事」「拿破崙《ナポレオン》一卒を恵む事」「老人を重ずる事」「華盛頓《ワシントン》自己の憤怒を抑制せし事」「自ら務め自ら励む事」などである。

巻の二は二七項目から成り、「ヘイトル月の運転するを解す」「一家幸福を得たる事」「火薬を仕用する起原」「蒸気機関を造る事」「名医の頓智」「智識の事」などである。

本文中の漢字にはすべてふりがなが付けられ、子供に読めるよう、理解されるように工夫されている。

この翻訳本がどのように販売され、またどのくらい読まれたかは明らかでないが、原著書が英学の初学者用テキストとして用いられていたこと、当時慶応義塾関係の出版物は多くの学校で教科書として使用されていたことを考えると、深間内基によるこの翻訳本が、小学校教育の場で使われたろうことは充分考えられる。

ところでこの時期は、徳川の封建社会が崩壊して数年を経たばかりで、古い封建道徳と欧米から輸入される新思想のせめぎ合いと混沌の中にあった。欧米思想の翻訳紹介にあってはそれを日本人に受け入れやすいように編集したり、話の内容を日本に置き替えるなどの工夫をして、盛んに日本人を啓発しようとする本が多数出版された。表補‐1を見ていただけばおおよその見当がつくであろう。修身書、啓蒙書が次々に出版され、小学校の教科書としても使われたのである。

一九三〇年代に、哲学者戸坂潤は「啓蒙」の語について一文を残しているが、そこで戸坂は「啓蒙という日本語には特別に哲学的規定は含まれていなかったらしく、単に文明開化啓蒙と云った調子に、明治の初期に使い慣れたもの」で、明治初年が「世界史的に見ても広義の啓蒙期に入れることができる」と記している。そしてその例として、深間内基『啓蒙修身録』、藤井三郎『啓蒙雑記』、条野伝平『啓蒙地理略』の三書を掲げている[3]。

戸坂潤がここに例示した本を果たして直かに読んでいたかどうか、単に啓蒙の修飾があるためにたまたま拾い上げたのかはわからな

表補‐1　「修身・啓蒙・訓蒙」を冠した類書（明治4～7年）

書名	訳・編者	備考（原著者）
泰西勧善訓蒙	箕作麟祥	（仏）ボンヌ及ヒコック
童蒙教則往来	鈴木縫之助	
修身学絵解	為永春水	
童蒙教草	福沢諭吉	（英）チェンバー
童蒙読本	上羽勝衛	
修身（学）訓蒙	山本義俊	（仏）フローリー
啓蒙地理略	条野伝平	
訓蒙修身学	萩原乙彦	
修身学一名人の行道	神鞭知常	
啓蒙修身録	深間内基	（米）サアゼント
啓蒙雑記	藤井三郎	
幼童教の梯	深間内基	
泰西修身論	山本義俊	（米）ウェーランド
修身学	謝海漁夫	同
修身学初歩	久保田久成	同
修身小学	沢井鬶平	（英）チェンバー
西国童子鑑	中村正直	（米）ハンベル
国体訓蒙	太田秀畝	
致知啓蒙	西　周	
修身論	阿部泰蔵	（米）ウェーランド
修身論	尾見末吉	（米）ウォードウェル
修身要訣	石村貞一	

出典：『明治文化全集』各巻より作成。

い。しかし、基の翻訳書が取り上げられたことはそれなりのインパクトを持って受け止められたからであろう。つまり、明治初年は「啓蒙」という言葉が、社会風潮を示す重要なキーワードとなっていたわけである。

二　幼童教の梯（明治六年）

明治六（一八七三）年一一月刊の『幼童教の梯』も、書名からして修身関係の本ということがわかる。その上前年出版された師福沢諭吉の『童蒙をしへ草』（チェンバー著「モラルカラッスブック」）を思い起こす書名である。構成も似ている。前著『啓蒙修身録』と同様、巻の一（第一～九章）、巻の二（第十～十五章）から成る二巻本である。

目次、つまり各章の表題は漢文（読み下し付き）で、本文はふりがな付きの漢字かな混じりの文章となっている。『啓蒙修身録』よりもやや上の年齢の児童を対象にしたのであろう。内容は欧米庶民の美談・訓話の類であるが、表題は日本で慣れ親しまれた故事ことわざを用いている。例えば巻の一の第一章は、「所已不欲勿施於人（已れの欲せざる所を人に施すなかれ）」、第二章は「報怨以徳（うらみに報いるに徳をもってす）」といった具合である。

こうした故事ことわざに相応しい内容の話を欧米の修身本からピックアップして編集しなおしたものが本書である。

この本の奥付には「紀元二千五百三十三年十一月刺成　深間内基訳」とあり、「発行書林」として

「北畠茂兵衛、三家村佐平、山中市兵衛、稲田佐兵衛、稲田政吉」の名がある。いずれも東京で当時西洋本などを出版していた。稲田佐兵衛、稲田政吉は山城屋を名乗り、服部誠一の『東京新繁昌記』を明治七（一八七四）年六月に発行し、これは大ベストセラーとなった。この服部誠一が基の『幼童教の梯』に序文を寄せている。深間内基と服部誠一とは親密な交際があり、特に最初の翻訳二著には服部の協力があったことはすでに述べた通りである。

さて服部誠一とはどのような人物であろうか。彼は『東京新繁昌記』で一躍文筆家として有名になった。そのため今日でも服部誠一に関する文献があるので、ひととおりの人物像を知ることはできる。『明治新聞雑誌関係者略伝』は文筆家としての彼の履歴をかなり詳しく記述している。『二本松市史』第九巻（人物編）の方は、簡単に整理している。まずはこの二つの文献から彼の履歴の概略を示そう[4]。

図補-2　『幼童教の梯』

服部誠一は天保一二（一八四一）年生まれ。号は撫松。祖父の代から二本松藩の儒者の家系である。二本松藩々校敬学館に教授として招かれた服部大方、その跡を継いだ服部洞城の子が誠一である。安積艮斎の優秀な門下生でもあった。廃藩置県後（一説に明治二年）上京、明治七年六月出版の『東京新繁昌記』の好評で、それより文筆家となる。明治九年九春社創立。『東京新誌』創刊。明治一六年『吾妻新誌』創刊。雑誌とは別に四通社を設立して明治九年新聞に近い『広益問答新聞』を創刊して、政治、経済を論じる。明治一二年『中外広問新報』創刊、明治一三年『江湖新報』創刊。しかしいずれも発行禁止等の処分を受けて廃刊となっている。

明治一五(一八八二)年には『内外政党事情』を創刊。四通社を政党事情社と改称しての発行であったが、これも一六年には廃刊。明治二九年から十数年間仙台で中学校の漢文教師を勤め、吉野作造らに漢文を教えた。明治四一年没。

さて以上の履歴からも彼が文芸的執筆だけでなく、政治的な発言も多分にしていたこと、そのためにたびたび発禁処分を受けるような、つまり政府に批判的な思想を有していたことがわかる。

服部誠一が明治初年どのような社会的影響をもった文筆家であったのかは、柳田泉の一文「小説革新の先駆——服部撫松」(5)に詳しい。その前に柳田泉は「明治十年以前の文学思想」(6)において、「明治十年以前において、そうした大きな文学観念の立場に立って、文学思想の形成とつながっていく大きな人物はといえば、ともかく無条件に三人ほど数えられる。福沢諭吉、中村正直、西周、これである。これを補うに、福地源一郎(桜痴)、成島柳北、服部撫松の三人をもってしよう」と述べている。

つまり明治初年に六人の文筆家の一人に数えられるほどの位置にあった。しかも柳田の評価は非常に高い。成島に比較して服部は「漢学出身のインテリで、それ自身西洋学問、西洋文学の造詣がなかったが、時代順応の力は極めて豊かであったので、移入された西洋思想に調和して、小説革新の面でやはり先駆的立場を占めた」といい、服部撫松に一項をさいた下巻の「小説革新の先駆」ではさらに断定的に「当時のインテリ文学家中、ともかく小説革新の志を公然と示した人物」で「小説革新論者の第一人者」と評価している。その後服部は戯作に接近し、「諷刺の筆を振って、一切の社会悪を規正せんとする。これが彼の文学の骨である」といわれている。

このような性格の服部誠一であるから、自由民権運動が盛んになってくると自らこれに関わって、改進党に近い立場にあった。

そのような服部誠一が、明治六年刊行された深間内基の『幼童教の梯』に序文を寄せているのである。

深間内と服部は同じ福島県の出身である。それだけではない。二人は慶応義塾において英学を学んだ学友であり、福沢門下生であったのである。

先に引用した柳田泉の文章を再度読んでいただきたい。柳田は、服部の漢文の素養を高く評価していたが、彼が慶応義塾で英学を学んでいたことは知らなかったようだ。服部は「西洋学問、西洋文学の造詣がなかった」と言っている。ところが服部は「西洋学問、西洋文学」に触れていたのである。

服部誠一は上京後慶応義塾に入った。入社時期は不明であるが明治四年頃の「慶応義塾学業勤怠表」には彼の名がある。もっともその頃は、服部元素と名のっていた。(7)

明治六年の『幼童教の梯』序文では「松塘服部誠一」と記しているので、号も「撫松」を名のる前は、「松塘」と名のっていたのであろう。この序文中に「学友深間内氏」のことばがあるので、同じ頃慶応義塾で学んでいたことは明白である。もっとも基の方が先輩で初学者への素読の教授も行っていたから、あるいは服部誠一も基から教えられることがあったかも知れない。その後服部の発表した小説に西洋文学を下敷きにした創作があるのは、慶応義塾で西洋文献になじんでいた経験があってのことである。

さて話が少々飛んでしまったが、深間内基の『幼童教の梯』序文に戻ろう。服部誠一によるこの序文から、この本の出版の意義などを述べた部分を少し引用（〆はシテと改めた）してみよう。当然そこに基の翻訳出版への意思が含まれているだろうから。

序文はまず次のような大きな世界把握の心構えから始まる。

今也以《テ》二世界之心《ヲ》一為《シテ》レ心《ト》而《シテ》不レ私《セ》二其心《ヲ》一以《テ》二世界之耳目《ヲ》一為《シテ》二耳目《ト》一而不レ私《セ》二其耳目《ヲ》一故《ニ》能《ク》締《シテ》二世界之交《ヲ》一而《シテ》守《ル》二世界之信《ヲ》一也。（中略）世界之聡明《ハ》乃一国之聡明也。

のっけから大上段に世界の普遍性について語っている。世界の心を心とし、世界の耳目を耳目とすることで世界の信用が生まれる。世界の聡明、すなわち進歩や正義をいうのであろうが、それは一国の聡明に通じる、というわけである。

そして次に来るのは人間である。

夫《レ》天之生《スル》レ人《ヲ》他所《ノ》レ生《スル》之地雖《トモ》レ異《ナリト》所レ生《スル》之人豈《ニ》異《ナラン》乎彼《レモ》人也我《モ》亦《タ》人也天《ニ》無《ク》二偏頗一人《ニ》無《シ》二等位一匀《シク》稟《ケテ》二其性《ヲ》一而《シテ》共《ニ》営《ミ》二其生《ヲ》一以《テ》供《スル》二天之命《ニ》一也。

人は生まれる国が違っても、みな人であることに変わりはない。すなわち「彼も人なり我も人なり」である。天の下に人はみな平等であることをうたっている。

続いて、人々が学問や技術をみがき国家を富強に導くことに触れてのち、我国のことに至る。

国則《ハ》懐《ヘテ》二独立之宝《ヲ》一而《シテ》謀《リ》二独立之利《ヲ》一人則《ハチ》得《テ》二自由之権《ヲ》一而営《ナム》二自由之便《ヲ》一不《サル》二亦《タ》愉快《ヲ》一乎。

こうして国の独立と人の自由を得るために、

修《メ》二其礼儀《ヲ》一而《シテ》抱《キ》二報国之心《ヲ》一磨《ヒテ》二其智識《ヲ》一而競《フ》二発明之眼《ヲ》一世界無《ク》二不耕之地一各国無《シ》二不勉《メ》之人一。

というのである。国の独立・発展と人々の成長・幸福は比例するものと信じられた時代でもあった。

学友深間内氏採二撮《シテ》脩身之習例《ヲ》一而《シテ》編《ンテ》為《シ》二一冊《ト》一名《ケテ》曰《フ》二幼童教之梯《ト》一刊布《シテ》以《テ》欲《ス》レ便《リセント》二於童蒙《ニ》一来《テ》示《シ》二於余《ニ》一且需《ツム》レ序《ヲ》閲《ミスレハ》レ之《ヲ》頗《フル》啓蒙之適例《ニテ》而《シテ》可《キ》レ謂《フ》二教之捷径《ト》一也。

よって服部は「学友深間内氏」のために、この本が児童のための「啓蒙」の書としてすぐれたものであるとの序文をしたためたわけである。

服部の序文に示された思想は基の当時の思想でもあり、多くの開明的知識人に共通のものでもあった。

最後にこの序文執筆の時期が明治六年七月一日とある。前著と同時期に翻訳は完成して「西国美談抄」前編・後編として出版する予定であったものを、出版の都合で二回に分けて刊行された（四六頁参照）。

三　輿地小学（明治七年）

これは地理の本である。世界地理の概論書となっており、前二著の修身書と同様、教科書として使われることを前提に編集されたものであろう。

巻頭に翻訳・編者である深間内基による「凡例」が記載されており、それによれば、この地理書の原著書は、ウィルレム・ヒューズ、オドク《ママ》スチス・ミッチェル、ゴールドスミスという三人のそれぞれの地理書から抄訳をし、アジアを中心に編集しなおしたとある。この三人は一八〇〇年代後半の地理学者、Hughes William（英）、Mitchell Samuel Augustus（米）、R. F. Goldsmith（英）、を指すものと思われる。

三人の地理学者のうちミッチェルについては、慶応義塾で使用した教科書（明治六年）の中に、ミッチェル『古代地理書』があるので同人物と思われる。

ところでこの『輿地小学』の総目次は巻之一から巻之七まで全七冊となっている。しかし巻之三までは現存しているが、巻之四から巻之七までは行方不明である。途中までで終わってしまうこともよくあることなので、巻之四以降は発行されなかったのかも知れない。巻之三までは明治七（一八七四）年五月に大阪名山閣より出版されている。なぜ大阪で出版されたのであろうか。あるいはこの頃一時的に基は大阪にいたという可能性もありうるが、わからない。

巻之一は「総論　亜細亜洲」となっており、総論は地球の回転の法則から解き起こしている。また亜細亜洲の部では日本の明治維新政府の生まれるまでを通観した歴史地理学となっており、廃藩置県によって生まれた新生日本を「今ヤ本邦開化ニ進歩シ西洋諸国ト並立スルニ至ル」と結んでいる。日本が封建社会の鎖国状態を脱して世界史の中の一国となったことを評価した一文である。

巻之二は「亜細亜洲」、巻之三は「阿弗利加洲　襖西太利亜洲」である。

未見の巻之四から六までは「欧羅巴洲」、巻之七は「南北亜墨利加洲」である。

図補-3　『輿地小学』

私の確認したのは巻之三までで、この最後の頁には販売所が記されているので、左に紹介しておこう。

大阪の河内屋喜兵衛、伊丹屋善兵衛、東京の山城屋佐兵衛、須原屋伊八、椀屋喜兵衛、和泉屋市兵衛、和泉屋吉兵衛（版）である。

なお、『明治文化全集』編集氏は地理関係の出版物について、「幕末明治にかけ、真面目に世界地理を扱ひたる文献」として一九種の地理書を掲げている。[8] そのひとつに深間内基の『輿地小学』が入っている。

四　百科全書・電気及磁石（明治七年）

深間内基の翻訳書のなかでやや異質なものが『百科全書』中に含まれる「電気及磁石」である。これは物理学の分野に含まれるものである。基の他の翻訳書は、思想・哲学・歴史系で、これだけは特殊である。『百科全書』出版に当たり語学のできる者を総動員して、専門に関係なく翻訳を依頼したため、という事情があったせいであろう。

この『百科全書』に関しては、福鎌達夫著『明治初期百科全書の研究』[9]に詳しい。彼の研究書に依拠しつつ、『百科全書』刊行と深間内基について述べてみよう。

『百科全書』は文部省の企画により、明治四（一八七一）年頃から翻訳が始まり、六年から刊行され、販売者や出版元を変えつつ、最終的には丸善版として出版されて明治一八年に完了した。

原著書はチェンバーズの『インフォメーション　フォ　ザ　ピープル（Information for the people）』で、「チャンブルの百科全書」と呼ばれた。原書を日本に持ち込んだのは、福沢諭吉であろうといわれている。

この本は、スコットランド出身のウイリアム・チェンバーズ（William Chambers）とロバート・チェンバーズ（Robert Chambers）の兄弟によって一八三三年にイギリスで出版され、一八六〇年に米版が出版されている。

日本で翻訳された『百科全書』は全九二編から成る彪大なもので、当時の英学者を総動員して翻訳に当たった。その企画の中心になったのは当時文部省にいた箕作麟祥（翻訳局長）と西村茂樹（編集課長）であった。「欧米新知識の摂取と普及という啓蒙運動の推進に一役買ったのが、明治新政府の文部省当局であり、明治四年創設以来十余年間に同省直属の翻訳機関で多数の人材を擁して企画・翻訳・出版された刊行物中最も大がかりなものの一つに『チャンブルの百科全書』の名で世に喧伝された百科事典があった(10)」のである。

明治六（一八七三）年七月に『百工応用　化学編』が出版され、編毎に遂次刊行され、明治一六（一八八三）年八月の『農学』の出版をもって、最初の文部省版分冊本は終了した。

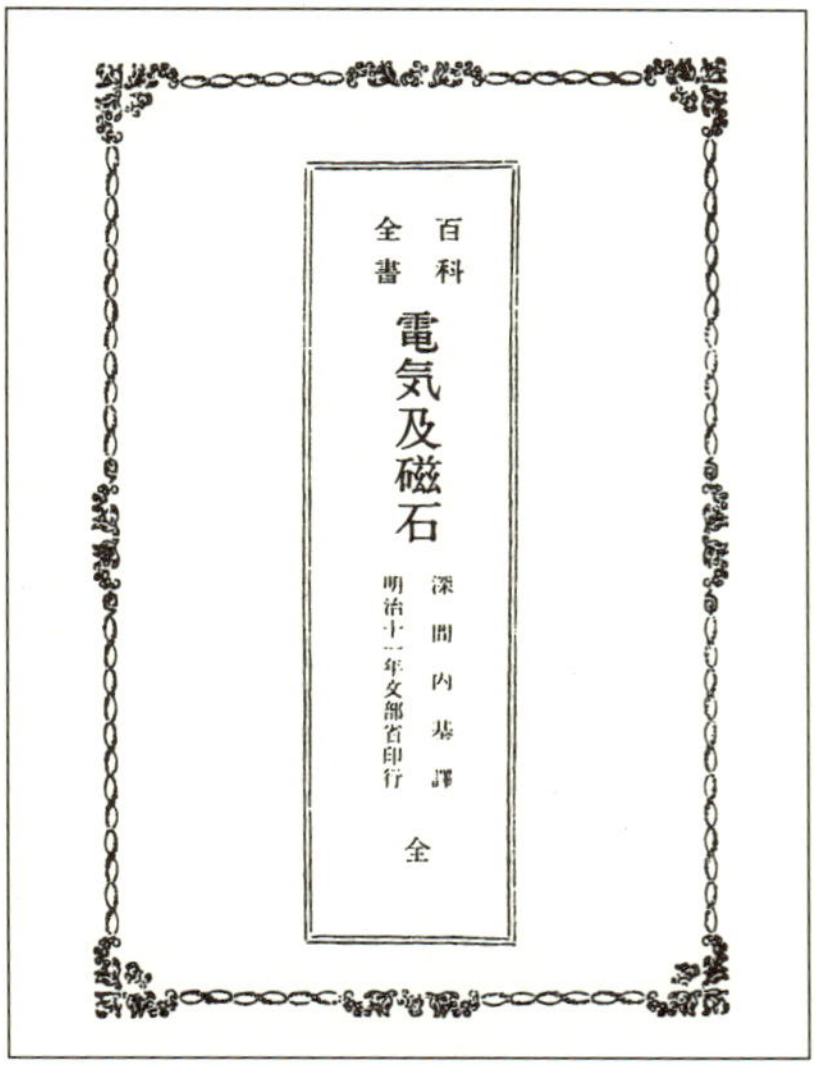

図補-4　『百科全書　電気及磁石』（復刻版）

深間内基の翻訳になる『電気編』（全二冊）は六番目に刊行された。明治七（一八七四）年一二月刊で定価は三〇銭となっている。分冊本のほかに「合本版」があり、それによると、基の翻訳分は「第三冊」に入っている。「第三冊」は、物理学・重学・動静水学・光学及音学・電気及磁石で構成されている。基の翻訳分は分冊本では「電気編」であったのが、ここでは「電気及磁石」となっている。原題は“Electricity-Electro Magnetism”である。合本版「第三冊」の刊行は明治一一～一二年頃で、定価九〇銭である。

その後、有隣堂や丸善商社に委託発行された。決定版は丸善商社が版権を取得し、丸善版『百科全書』として、上・中・下三巻にまとめて出版したものである。丸善版三巻本は、上巻が第一～四冊、中巻が第五～八冊、下巻が第九～一二冊となっており、文部省がまだ訳出していなかった部分も新たに訳して、構成しなおして出版した[11]。

丸善についてごく概略のみ述べると、明治二年開業の書店「丸屋」に始まる。慶応義塾出身の早矢《はや》仕《し》有的が、福沢諭吉と相談の上始めた。会社の名義人を丸屋善八としたことから「丸善」を通称として用いられるようになり、明治一三年には会社を改組して名称も「丸善商社」となった。洋書の輸入販売から始まった会社であるが、出版の仕事も多く、とくに翻訳書の出版販売は時代の要請に応じて盛んに行われた。『百科全書』版権が文部省から丸善に移ったのも、翻訳者の多くが慶応義塾関係者であったことや、慶応義塾が英学の中核的存在であったことなどが背景にあったろう。

丸善では明治一六年四月に『百科全書』を予約販売とすることを決定し、予約者が千人に達したら出版することにして新聞広告等によって予約者を募った。その結果予約者は順調に増え、一六年一〇月に第一冊目が発行され、一七年一〇月にはすべてが完了した。そして翌年一月には索引一冊が発行された[12]。こうした西欧文化に対する好奇心と向学心とによる需要の高さには驚かされる。

新聞広告は次のようなものであった[13]。

百科全書予約広告

文部省御蔵版

百科全書　背革布表紙大本　三冊

附録いろは分目録　一冊

合四冊　通常売価拾八円

予約代価拾二円

右ハ前ニ諸新聞紙ヲ以テ広告セシ通リ来ル九月ヨリ左ノ規則ニ依リ出版ニ着手致候間予約御希望ノ諸君ハ八月三十日限リ御申込アラン事ヲ乞フ尚予約規則書并見本□等ハ御望ニ随ヒ御郵送可致候

○印行卒業ノ期ハ来ル九月ヨリ来十七年八月迄全一ヶ年間トス而シテ毎四月一巻ヲ刷成シ其都度之ヲ各方ニ送致シ本編ハ都合三回ニシテ終ルモノトス

○本書ノ差立方ハ月賦金四円即四ヶ月分領収スル間ニ一巻ヲ刷成シ送付スル者トス故ニ月賦金四円ニ満タサレハ右差立ヲ見合ス可シ

○代金送与方ハ着手ノ日ヨリ毎月金一円宛及運賃見込金ヲ添ヘ送致アリテ十二月即一ヶ年間ニ悉皆領収スルモノトス

東京日本橋区通三丁目十四番地

丸善商社書店

このように出版方法、代金支払い方法が広告された。画期的方法である。では当時『百科全書』はどのくらい売れたのであろうか。福鎌前掲書は、有隣堂出版の分を合わせれば、二、三千部以上の部数が全国にゆきわたったろうと推測している[14]。

さて『百科全書』翻訳者について福鎌前掲書中の「翻訳者及校訂者人間関係一覧[15]」によると、訳者四七名（本文では五五名）のうち、第一グループ箕作麟祥門下生（一〇人）、第二グループ福沢諭吉門下生（九人）、第三グループ大学東校関係者（四人）、その他文部省関係者（六人）、そして残り帰属不明者に分類されている。このうち第二グループ福沢門下生としては九人の名があげられているが、第一グループ・第三グループおよび帰属不明者の中に福沢門下生（慶応義塾生）が入っており、私の再確認によれば少なくとも第二グループ福沢門下生は二二人になる。ちなみに我が深間内基も不明者の中に入っていた。したがって第二グループとされた福沢門下生が最も多いことになる。このうち永田健助と木村一歩は深間内基と慶応義塾同期生でもある。

翻訳者の稿料は、箕作麟祥が一番高く、「十行二十字」で一枚四円、低い方は一枚一円であったそうだ。これは石井研堂が『明治事物起源[16]』で紹介した「佐原純一の談話」に出てくる話である。稿料は平均二円で当時としては高額で、「訳者の中には吉原に流連《いつづけ》して、金に困ると二三枚訳して、文部省に使を出して稿料を受け取った者もあった[17]」などというエピソードもある。

現在『百科全書』は青史社によって復刻（一九八四年）されているのを見ることができる。この復刻版によると深間内基の部分は『百科全書　電気及磁石　深間内基訳　明治十一年文部省印行　全』と表題されている。三〇字一二行で一一四頁である。二〇字一〇行で平均二円、最低は一円という稿料から単純計算すると、基の場合『電気及磁石』の稿料として、最低でも二〇五円、平均的稿料を受取ったとすれば四〇〇余円の収入を得たことになる。明治一〇年の官僚の月給が五等属で三五円、一等属で六〇円である。もう少しわかりやすい例でいえば、明治一一年宮城師範学校校長の吉川泰次郎（慶応義塾出身）の月給が七〇円であったことと比較すれば、おおよその見当がつくであろう。

深間内基にとって、これは相当な収入であったろうから、この仕事によって、彼は翻訳者としての自信を深めたと思われる。

五　道理之世（明治九年）

深間内基の翻訳書の中では最も彪大な量である。全八冊（巻一～巻八）あり、版権免許は明治九（一八七六）年五月二日。校正出版人は磐前県（のち福島県に合併された）大越村出身のジャーナリスト干河岸《ひがし》貫一である。

内容に入る前に、まずこの八冊本の構成と発行の経過を一覧しておこう（表補-2）。表中の発行年月は新聞広告から得た情報に依拠しているので必ずしも正確ではないことをお断りしておく。

まずは『道理之世』が出版された当時の広告文から、その内容を把握していただこう。

表補-2　『道理之世』出版経緯

原著	翻訳	頁数（頁）	定価	発行年月（新聞広告）
初篇	巻一	44	50銭	明治9年7月
	巻二	49		
中篇	巻三	53	60銭	明治14年11月
	巻四	54		
	巻五	56	60銭	不明
	巻六	36		
後篇	巻七	46	50銭	明治15年8月
	巻八	48		
	全巻	揃	2円	

出典：『郵便報知新聞』広告より作成。

最初の二冊（巻一、巻二）出版の際の広告は次の通り。[18]

深間内基訳述
○道理之世　全部八冊内二冊発行
右ハ英人トウマスペイン氏の原著にして真実の道理を
説き耶蘇教を弁せし書なり
　発兌所　尾張町二丁目十八番地　明教社

右のように簡単な広告文であったが、三冊目以降の広告文は、さらに内容に踏み込んだ文となっている。左に掲げるのは最後の全八冊翻訳刊行時のものである。[19]

深間内基訳述　干河岸貫一校正
道理之世　　全部八冊定価二円
一名破耶蘇教　郵税料共
但シ一帙二冊　郵税共六十銭発売ス

此書ハ米国ノ大学士トーマスペエン《ママ》氏ノ著ヲ訳セシ者ニテ氏カ耶蘇教繁昌ノ米国ニアリ乍ラ理学高尚ノ識見ヲ以テ新旧両約書ノ信スルニ足ラサル事ヲ約書中ヨリ掲ケ出シ一々証拠ヲ挙テ論破セシモノナレハ耶蘇教排撃スルニハ未曽有ノ良書ナリ

以上のように『道理之世』が英人トーマス・ペインによるキリスト教批判の書であることがわかる。「米国ノ大学士」とあるのは、米国亡命中の著書であったためにそのように書かれた。

トーマス・ペイン（Thomas Pain）は『世界人名辞典』（岩波書店）に「革命の哲学者」と紹介されているので参照されたい。フランス革命を支持して『人間の権利』を書き反逆罪に問われた人物である。ペインが一七九四、九五年、アメリカ亡命中に書いた“The Age of Reason”（理性の時代）が、基によって翻訳され『道理之世』となった。

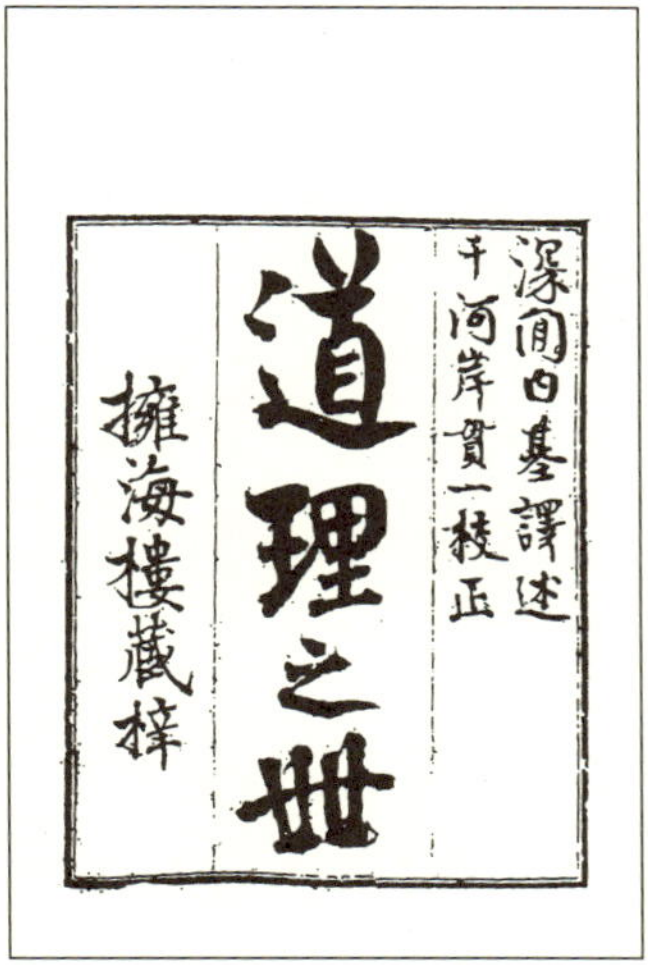

図補-5　『道理之世』

ペインと基について、洋学史研究の山下重一は次のように述べている[20]。

「『道理之世』は、明治大正期を通じて、ペインの唯一の訳書である。この両書（『道理之世』と『男女同権論』――筆者）の訳者としての深間内基について、筆者はかねてより関心を抱いているが、その生涯と思想については断片的にしか知り得ないことは残念である。特に、フランス革命を全面的に支持してフランスに亡命したが、恐怖政治に失望し、ルイ十六世の処刑に反対したため投獄されたペインが獄中で前半を書き、アメリカに亡命した後出版した『理性の時代』が、明治九年に全訳されたことは驚くべきことであり、深間内基の政治活動と英学者としての業績については、今後の研究の余地が多く残されていよう」。

氏の説明中「明治九年に全訳」とあるが、先にみたように明治九年は初編部分に相当する巻一と巻二の二冊の刊行であった。先に全訳して販売状況をみて順次刊行したものか、あるいは翻訳を終えた巻から逐次刊行したものかはわからない。しかし途中途絶えることなく全巻刊行がなったということは、この書が多くの読者に受け入れられたことを物語っている。それは深間内基の英学者としての力量を示すと同時に、『道理之世』を歓迎した明治一〇年代の革新的仏教者たちと基との交流も垣間見えるのである。以下、そうした側面についてみていこう。

『道理之世』を開くと、まず最初の頁に「道理之世序」が六頁にわたって載っている。序文の最後に「日本紀元二千五百三十六年三月　鶴巣逸民坦山撰」とある。この頃「日本紀元」が欧米の西暦に対抗した日本の通史的年号として使われていることがしばしばある。『幼童教の梯』も紀元が使われていた。

ところで序文寄稿者「鶴巣逸民坦山」なる人物が誰であるのか。当初私は全く見当がつかなかった。はじめは「鶴巣」という号を求めて右往左往した。しかしどうしても『道理之世』に序文を書くような関係者が見出せず、半ばあきらめかけていたとき、全く別方面から「原鶴巣」の名を目にした。それは『明治文化全集　宗教篇』に鶴巣のことが「原坦山」という仏教者として紹介してあったのであ

表補-3　『道理之世』と仏教者

氏名	宗派	所属	
深間内基	菩提寺曹洞宗	三師社	
河野広中	菩提寺浄土宗	三師社	
岡大救	臨済宗	三師社	福島県出身
干河岸貫一	浄土真宗	『報四叢談』	
原坦山	曹洞宗	『報四叢談』	
大内青巒	曹洞宗	『報四叢談』・共存同衆・楽善会	
島地黙雷	浄土真宗	『報四叢談』・共存同衆	
大谷光尊	浄土真宗	西本願寺派法主	

る。人名辞典類はいずれも「原坦山」で掲載されているので、「鶴巣」で調べることができなかったのである。

さて彼の略歴を見ると、磐城平藩士新井勇助の長男、文政二（一八一九）年生まれ。初め良作といい、字坦山、号覚仙、別号鶴巣とある。坦山は一五歳のとき江戸に出て昌平黌で医術を学んだ。彼の論文に「惑病同源論」がある。これを著した動機は、京都心照寺にいるとき「仏教対西洋理学に関してかつて小森某といふものからやり込められ、其為に大いに此方面を研究して、医学の実験的基礎から仏教の心性を説明しようと志したことにある[21]」という。

明治一二年東京帝国大学印度哲学科の講師となり、その後学士会会員、二五年曹洞宗管長並に曹洞宗大学総監。同年没。また坦山は奇言奇行の人であったという。

このような人物であれば、『道理之世』序文寄稿者として充分その資格を有する。なぜなら先に説明したように、この書はペインによる、聖書にみえる不合理性を指摘した一種のキリスト教批判の書であったから。

校正・出版人の干河岸貫一もまた仏教者である。

干河岸貫一は嘉永元（一八四八）年、大越村大乗寺（浄土真宗

に生まれた。廃藩置県後上京してジャーナリストとなった。大内青巒（仙台出身）らによる明治七年創刊の仏教者の雑誌『報四叢談』（翌年廃刊）の編集人もしている。その後は東京日日新聞、大阪日報、大阪朝日新聞などの記者を経て晩年は郷里に戻り大乗寺住職となった。号は桜所。現在大乗寺に墓碑があるが、碑文は石の劣化がはげしく読みとることはできない。

さて以上のように、『道理之世』が世に出るには、二人の仏教者の協力、支援があり、その影に多くの仏教者の存在があった。そこで基周辺の仏教関係者のつながりをみておこう（表補-3）。

深間内家の菩提寺は三春の曹洞宗龍穏院である。坦山は曹洞宗の僧侶で、一時京都西本願寺大谷光尊に招かれて門下の教育にあたっている。明治七年仏教界初の雑誌『報四叢談』を創刊した大内青巒はやはり曹洞宗の僧侶で、十代の後半江戸に出て坦山に禅を学び、明治の初め大谷光尊の侍講となっている。また干河岸貫一は『報四叢談』発行時に大内青巒代理として編集を引受けるほどの関係である。干河岸の大乗寺の本山は西本願寺である。さらにここに島地黙雷が加わって強い仏教関係者の結合がみてとれる。

こうした仏教者の連携は、西本願寺を拠点とした真宗四派による大教院分離運動があり、政府の神道国教化政策に抗して仏教の独立普及をめざした革新運動を背景にしていた。同時に活気を呈しつつあったキリスト教に対する対抗意識もあって、仏教者の社会的活動が活発化していたのである。

大内青巒、島地黙雷は一時小野梓、馬場辰猪らの共存同衆に参加しており、また大内青巒は前島密、中村正直らの楽善会に参加している。

一方三春の自由民権運動の中心人物である河野広中は、臨済宗高乾院の住職岡大救から禅思想の手ほどきを受け、禅は河野の生涯の思想を形成するものとなっている。岡大救は河野にとって禅の師であると同時に、民権運動の同志でもあった。その河野は、深間内基の同郷の友人であり、また民権運動の同志でもあった。また河野は干河岸とも交流があった。河野が明治一二年の高知訪問のさい、途中大阪で当時大阪日報にいた干河岸を訪ねていることからも明らかである。(22)

以上のような明治一〇年前後の人的交流からみえてくるように、自由民権運動と曹洞宗をはじめとする禅宗を中核とした仏教革新運動が重なり合う一面があったわけである。

こうしたことから考えると、自由民権運動は欧米の学問、思想すなわち「洋学」の受容とそれを思想的根拠とした啓蒙活動から、国会開設や選挙など政治的民主主義の要求へと進んでいった政治運動の側面が主たる特性ではあったが、一方宗教的・倫理的側面においては、布教活動を拡げつつあったキリスト教に対しては必ずしもそれになじめないものがあったと思われる。初期の民権運動を担った士族層の儒教的教養と倫理観は、禅の思想と共鳴するところがあったのだろう。もちろん自由民権家にはキリスト教関係者も多く、晩年キリスト教に帰依することになった人も少なくない。したがって自由民権運動の担い手における宗教的倫理的流れは、一方にキリスト教があると同時に、もう一方に禅宗（広く仏教）があったと考えて良いであろう。明治初めは仏教が宗教として独立しようと様々な革新運動を展開して、それが自由民権運動と共振するところがあったのである。

しかし、仏教の宗教的活動は初期における民権運動との協調から次第に遠ざかり、キリスト教との対抗的側面が強くなってゆく。明治一四年政変以後は自由民権運動に転機が訪れ、政党結成による党派的活動が強くなってくるにつれ、仏教関係者は独自に仏教演説会を開催することが多くなった。明治一五年頃は大内青巒、原坦山、干河岸貫一らによる仏教演説会がたびたび開かれている。こうした仏教者たちの需要があって、『道理之世』はついに明治一五年八月をもって全巻完訳・刊行を果たすことができたわけである。

六　男女同権論（明治一一年）

イギリスの経済学者であり、思想家であったジョン・スチュアート・ミル（John Stuart Mill）著「ザ　サブジェクション　オブ　ウーメン（The Subjection of Women）」を翻訳し、『男女同権論』の書名で明治一一（一八七八）年六月出版された。

ミルの著書は有名な『自由之理』（中村正直訳）をはじめ、議会論・経済論・宗教論・婦人論と、広い分野にわたって日本に紹介され、日本の近代的思想形成に欠くことのできない大きな影響を与えた。この婦人論は明治九年頃には福沢諭吉がすでに読んでおり、このころ慶応義塾内では少なからず読んだ者がいたと思われる。しかし翻訳は明治一一年の深間内基によるものが最初である。その後百年近くにわたり、くり返し翻訳されて、婦人解放論のバイブルといわれた。大正期には、野上信幸、片口泰二郎、大内兵衛により、昭和初期には高橋久則、平塚らいてうにより、第二次大戦後には山本修二、守田義広、大久保純一郎＝宮崎信彦、大内兵衛＝節子によって翻訳された。大内夫妻による翻訳『女性の解放』（一九五七年）が最後で、これが決定版であったが現在では絶版となっている。

大内夫妻の翻訳本が出るまでの経緯は「第二部　ミル婦人論翻訳史」で紹介するので、ここでは簡単な記述に止める。深間内基が最初にミル婦人論を翻訳して日本に紹介したのであるが、このときはミル原著書の前半部分のみで、後半部分は翻訳されていない（出版されなかっただけかも知れないが）。そのため若干評価が落ちてしまっている。しかし、このミル本を原題に忠実に「女性の隷従」とせず「男女同権論」としたところに、翻訳者の意思を感得できるのである。そして明治一〇年代の男女同権論争には基の『男女同権論』に触発された側面があった。男女同権思想の深化に大きな社会的影響を与えたのである。

基訳の『男女同権論』は今日でも読むことができるので、翻訳原文を収録している文献を左に紹介しておこう。

・『明治文化全集 婦人問題篇』解題柳田泉

・『世界女性学基礎文献集成』第一巻

深間内基譯
男女同權論
東京書林 山中氏藏版

図補-6 『男女同権論』

七 今世西哲伝（明治一一年）

この書は残念ながら確認できなかった。『今世西哲伝』という名称からして、欧米の偉人の伝記を抄訳して紹介したものということは察しがつく。『人物書誌大系30福沢諭吉門下』[23]ではこの翻訳書の原著者は米国カァレーとある。出版は明治一一（一八七八）年八月となっている。

福鎌著『明治初期百科全書の研究』の中での翻訳者深間内基の略歴中、『今世西哲伝』西洋形小本三冊、とある。(24)

他には、大正二（一九一三）年に建立された墓碑銘に翻訳業績の一例として『今世西哲伝』の名が刻まれている。

私の知ることのできた『今世西哲伝』に関する情報は以上三カ所の記録のみである。米国人カァレーについても残念ながら調べることができなかった。福鎌本の紹介が最も詳しいのであるいは氏の収集本の中にあったのかも知れない。

註

（1）『慶応義塾百年史』付録、二〇五頁。
（2）『日本教育史資料一』。
（3）「思想と風俗」『戸坂潤全集』第四巻、勁草書房、一九六六年、二六九頁。戸坂潤の「思想と風俗」は一九三六年執筆されたものである。同全集別巻には「啓蒙の現代的意味と役割について」の一文があるが、ほぼ同文である。
（4）『明治新聞雑誌関係者略伝』。『二本松市史』第九巻各論編2（人物編）、一九八九年。
（5）柳田泉『明治初期の文学思想』下、春秋社、一九六五年。
（6）同右、上。
（7）「慶応義塾学業勤怠表」（慶応義塾大学及国会図書館蔵）。
（8）『明治文化全集　外国文化篇』外国文化関係文献年表、五六〇～五六一頁。

（9）福鎌達夫『明治初期百科全書の研究』風間書房、一九六八年。
（10）同右、一九頁。この評価に関しては柳田泉『明治初期の文学思想』下、一三六頁を参照。
（11）『丸善百年史』丸善、一九八〇年、二〇〇頁。
（12）同右、二〇一頁。
（13）『郵便報知新聞』明治一六年八月一三日。
（14）『明治初期百科全書の研究』六七頁。
（15）同右、三七二頁。
（16）石井研堂『明治事物起源』中「百科全書の賃訳」と題した項。現在ちくま学芸文庫で復刻されている。
（17）『丸善百年史』一九九頁。
（18）『郵便報知新聞』明治九年七月二二日。
（19）右同。明治一五年八月三一日。
（20）山下重一「福島県三春の自由民権運動」『国学院法学』第二〇巻三号、一九八二年、八〇頁。
（21）苫米地一男「仏教大家論纂解題」『明治文化全集　宗教篇』四二頁。「小森某」とは蘭方医小森宗二のこと。小林と記述した文献もある。
（22）河野広中「南遊日誌」、庄司吉之助『日本政社政党発達史』収録、御茶の水書房、一九五九年。
（23）『人物書誌大系30福沢諭吉門下』。
（24）『明治初期百科全書の研究』三六一頁。
※なおここで紹介した翻訳書は国会図書館所蔵である。

第二部　ミル婦人論翻訳史

――『男女同権論』から『婦人の解放』まで

はじめに

一九世紀イギリスの経済学者、ジョン・スチュアート・ミル（John Stuart Mill）は、日本の近代化に多大な影響を与えた人物である。明治一〇年代の自由民権運動の高揚にとりわけ大きな影響を与え、その思想の背景にあり、封建制からの脱却と新政府の有司専制に対する抵抗の理論形成の基礎となったのが、ミルと、ハーバード・スペンサー（Herberd Spencer）である。それらの思想は、「時に非常に理想化された形で、また時には非常に矮小化された形で理解され」(1)たことが事実であったとしても、そうした思想によって触発され、現実の政治に脅威を与えるほどの社会運動の理論的支柱となったことも確かであった。

一八八一（明治一四）年一〇月、暴漢に襲われた板垣退助を診察したドイツ人医師ベルツは、板垣らの思想に触れて、「日本の国民に幸福をもたらそうというこの一派の人たちはといえば、スチュアート・ミル、ジョン・ブライト、ハーバード・スペンサーを一手に引受け、それによって自由の将来を建設しようと思っているのである。奇妙な理論家たちだ！」(2)と、冷めた批判的な言葉を吐いている。ドイツ人ベルツの立場からは、ミルやスペンサーがもてはやされる日本の風潮に苦々しさを感じていたのであろう。そのくらい、この当時、自由民権家や開明的知識人に、ミルやスペンサーが読まれていた、ということを物語っている。

ミル著書の中でも中村正直（敬太郎）訳『自由之理』、永峯秀樹訳『代議政体』は、自由民権運動

表　明治初年のJ. S. ミル翻訳本

出版年	翻訳者	翻訳書名	原書名
1872（明治５）年	中村敬太郎（正直）	自由之理	On Liberty
1875（明治８）年	林董・鈴木重孝	彌児経済論	Principles of Political Economy
1875（明治８）年	永峯秀樹	代議政体	Considerations on Representative Government
1877（明治10）年	西周	利学	Utilitarianism
1878（明治11）年	深間内基	男女同権論	The Subjection of Women
1878（明治11）年	小幡篤次郎	彌児氏宗教三論	宗教論を集めたもの
1879（明治12）年	渡辺恒吉	官民権限論	経済論の一部
1880（明治13）年	渋谷啓蔵	利用論	Utilitarianism

出典：『明治文化全集』各巻から作成。

家にとって運動の指針となるような書であった。

同じ頃、ミルの「ザ・サブジェクション・オブ・ウーメン」（The Subjection of Women「女性の隷従」）が、日本に翻訳紹介された。深間内基訳『男女同権論』として、一八七八（明治一一）年にである。その人物像と彼の生きた時代については、第一部を読んでいただきたい。

ここでは、その研究の一端として、『男女同権論』として翻訳されたミルの婦人論が、その後どのように日本で受け継がれてきたか、その軌跡をたどってみたい。

一　男女同権論の誕生

明治初期の男女同権論（あるいは男女平等論、男女同等論）の展開過程をわかりやすく、時期区分をして叙述しているのが、外崎光広著『明治前期婦人解放論史』（高知市民図書館、一九六三年）である。女性史総合研究会編の『日本女性史　第四巻　近代』（東京大学出版会、一九八二年）でも一応時期設定をして説明しているが、明確な時期区分はない。

そこでまず外崎氏の時期区分を簡潔に整理して紹介する。

㈠明治初年　啓蒙期

この時期には私生活の領域における同権論にとどまっていた。夫婦間においては賛否両論起こる。

㈡明治一〇年代前半　自由民権期

西欧の婦人解放論が多数翻訳出版され、「男女同権」の語意が明確になってきた。夫婦の同権、婦人の参政権論の抬頭の結果婦人の民権家が生まれてきた。

㈢明治一〇年代後半　社会改良期

自由民権運動の退潮により、抽象的論争から具体的な平等実現のための方法として女子独立論が生まれる。そのために女子職業論、女子教育論が活発となった。

㈣明治二〇年代　天皇制確立期

男女同権論が急速に衰退し、良妻賢母論が拡まった。特に教育の場において、良妻賢母主義が貫かれた。

右に示したように、日本における男女同権論は、発生から論争、西欧理論の紹介、運動と実践、弾圧・教化による退潮という経過をたどった。

では、男女同権論の発生と特質を、J・S・ミルの「ザ・サブジェクション・オブ・ウーメン」との関連で考察してみよう。

男女同権の思想は、明治維新以降に紹介された西欧思想によって一般に拡がった。その火付け役は何といっても福沢諭吉である。豊前中津藩士福沢百助の五人兄弟の末っ子であったが兄が亡くなったため、福沢家を継ぐことになった。二〇代に蘭学を学び、二五歳のとき（一八五八年）、江戸築地鉄砲洲の奥平家中屋敷内の長屋で蘭学塾を開いた。ところが二六歳のとき横浜に行って外国人と接し、「洋学者として英語を知らなければ迚も何も通ずることが出来ない」とさとり、「それから以来は一切万事英語と覚語を極めて[3]」英語の勉強に励む。そして彼は幸運にも一八六〇（万延元）年、アメリカに渡る幕府の軍艦咸臨丸に乗り込むことができた。その渡米体験の中に次のような記述がある。艦長の木村摂津守がオランダ人医者に招待されたときのこと、「如何にも不審なことには、お内儀さんが出て来て座敷にすわり込んでしきりに客の取り待ちをすると、御亭主が周施奔走している。これは可笑しい。まるで日本とアベコベなことをしている。御亭主が客の相手になってお内儀さんが周施奔走するのが当然であるに、さりとはどうも可笑しい[4]」と、いかにもおかし気に書いている。

その後一八六二（文久二）年、幕府の遣欧使節一行に加えられて一年間ヨーロッパ各国を回り、さらに一八六七（慶応三）年再び渡米の機会を得た。この三回の欧米体験と、その地で購入して持ち帰った書物が、福沢とその周辺の洋学研究の人々に大きな影響を与えることになった。そしてこれらの西欧思想が明治初期に翻訳紹介され、自由民権運動の思想的・理論的後盾となったわけである。

福沢諭吉がアメリカで体験した新鮮なおかしさを感じさせた男女関係は、その後のヨーロッパ体験と洋学研究によって深められ、彼自身の理想の男女関係論を構築してゆく。欧米における一夫一婦制に近代文明社会の基礎を見出した福沢は、一夫一婦制の近代性・合理性を紹介してゆく中で、一八七〇（明治三）年、「人倫の大本は夫婦なり」「男といい、女といい、等しく天地間の一人にて軽重あるべき理なし」[5]という原理に到達する。以後の福沢の男女関係論はこの原理をベースに展開されてゆく。「天は人の上に人を造らず人の下に人を造らずと言えり」で始まる『学問のすゝめ』は一八七二（明治五）年から一八七六（明治九）年までに一七編の小冊子として著述、出版された。その初編は二〇万部が発売され、当時の日本人の一六〇人に一部の割で買われたことになるという。[6]たいへんな大ベストセラーである。このころかなり良く売れた本でも数千部ではなかろうか。

福沢の一夫一婦制を基本とした、男女に軽重なしという思想は、家や国家へと拡げられ、「一身独立して一国独立する」[7]といい、その独立とは「自分にて自分の身を支配し、他に依りすがる心なきを言う」[8]と説明している。ここに、福沢の「心身の自由」の観念がすでにみえているが、八編（明治七年四月）になると「我心をもって他人の身を制すべからず」となり、この編の後半は男女関係（家族関係）を述べているため、女性史関係では必ず取り上げられる部分であるが、福沢の言わんとするところは「心身の自由」についてであろう。福沢はここでアメリカのウェーランド著「モラルサイエンス」[9]（Wayland “Moral Science”）より、人にはみな「身体」「知恵」「情欲」「至誠」「意志」の五つがそなわっており、この性質を自由に取扱って一身の独立をはかるのである、という。そしてその説明のひとつとして、「先ず人間男女の間をもってこれを言わん」と。男も女も人としてかわりはなく、ただ男の方が力が強いだけである。世間では「力ずくにて人の物を奪うか、または人を恥かしむる者あれば、これを罪人と名づけて刑にも行わるる事あり。然るに家の内にては公然と人を恥かしめ、嘗てこれを咎むる者なき何ぞや」と、夫が何をしようと妻は服従しなければならないという「女大学」の教えを批判した。一夫一婦制を人類が到達した文明の制度として評価し、男女の平等・同権、心身の自由・独立を説く福沢の態度は以後も一貫した信念となっている。

このように福沢の男女観は強い倫理感に裏打ちされたもので、それは封建社会道徳であった儒教への批判精神と、西欧文明より摂取した歴史や倫理学の精神によって形成された。ウェーランドの著書から多くを学んだことは『学問のすゝめ』にも記されているところであり、また慶応義塾における教科にも含まれている。こうして形成された倫理観と共に、女性に対する男性の支配が不当なものであり、男女に人間としての尊卑はないことを解いて男女同権を主張したJ・S・ミルの「ザ・サブジェクション・オブ・ウーメン」によって、福沢は自分の男女観にさらに確信を強めたことと思われる。

しかし福沢がミルについて言及しているのは『学問のすゝめ』十五編（明治九年七月）の「事物を疑って取捨を断ずる事」においてである。つまり「文明の進歩は、天地の間にある有形の物にても無形の人事にても、その働きの趣きを詮索して真実を発明するに在り。西洋諸国の人民が今日の文明に達したるその源を尋ぬれば、疑の一点より出でざるものなし」という、文明の進歩には、これまであたりまえとされてきたことも疑って考察してみること、そのことによって真理が究明されるという究理精神の必要を説明するための、ひとつの事例として、ミルが取り上げられているのである。

「今の人事において男子は外を務め婦人は内を治むるとてその関係殆ど天然なるが如くなれども、スチュアルト・ミルは婦人論を著して、万古一定動かすべからざるのこの習慣を破らんことを試みたり」[10]とミルの婦人論に触れて「人事の進歩して真理に達するの路は、ただ異説争論の際にまぎるの一法あるのみ。而てその説論の生ずる源は、疑の一点に在りて存するものなり。疑の世界に真理多しとは、蓋しそれの謂なり」[11]と言っている。

福沢がこのころ（一八七六年）J・S・ミルの「ザ・サブジェクション・オブ・ウーメン」を読んでいた、という研究者等の指摘は、この『学問のすゝめ』の叙述に依っている。[12]ミルのこの著書は一八六九年に出版されたものであるから、かなり早い時期に日本に入ってきたと思われる。ミルの著書は、すでに『自由之理』（明治五年、中村正直訳）、『代議政体』（明治八年、永峯秀樹訳）、『彌児経済論』（明治八年、林董・鈴木重孝訳）が出ているので、一八七〇年代初頭にミルの著書が日本に入ってきて、慶応義塾の人々をはじめとする洋学者によって読まれていたのであろう。したがって「ザ・サブジェクション・オブ・ウーメン」も、一八七〇年代中頃には、福沢をはじめ慶応義塾の人々の間ではすでにかなり読まれ話題になっていたのではないだろうか。福沢がミルの「ザ・サブジェクション・オブ・ウーメン」の内容について、とくに取り上げて説明することをせず、ただ真理の究明には過去の常識に「疑」をもってあたる姿勢を説くための事例としたにすぎない取り上げ方をしたのはなぜだろうか。それは、ミルの著書の前半部分における男女同権論、すなわち女性に対する男性の不当な支配については、すでに福沢自身、「女大学」の批判という形で具体的に何度も語っているので内容的には共通していることと、ミルの著書の後半は、女性の参政権など政治参加について言及しているので、当時の福沢は、そこまで深入りする気持ちはなかったのか、あるいは意識的に避けたのか、その辺はわからない。この「ザ・サブジェクション・オブ・ウーメン」は、一八七八（明治一一）年になって、福沢の門下生である深間内基によって初めて翻訳出版されることになった。

さて、福沢が先鞭をつけた男女同権論は、『朝野新聞』や『明六雑誌』などで論争となった。旧道徳や身体的相違にしばられた反対論はともかく、福沢の主張に同調しているようにみえる人々の叙述も、微妙に違ってはいるが、多くの人が福沢の文章のフレーズとほとんど同様な表現であるのが目につく。たとえば森有礼の『妻妾論ノ一』(『明六雑誌』第八号)は冒頭「夫婦ノ交ハ人倫ノ大本ナリ。基本立テ而シテ道行ハル、道行ハレテ而シテ国始テ堅立ス」の文章で始まる。森は男が妾を持つことを批判しているのだが、『妻妾論ノ二』(『明六雑誌』第十一号)は「血統ヲ正スル」に進み、さらに『三』と『四』では夫婦の貞潔と女性の妻として母としての責任論(母による子の教育)となっている。

坪井仙次郎「女子に告る文」[13]は「されどもよく〳〵考へ見よ。男子も人類なり、女子も人類なり。決して男女の間には、神と人との如き差あらず。敢て男を主人と崇尊し、女を家婢と卑下するの理あらんや」「一男一女の正道を行く事(中略)。これ実に人事の正説にして、開化の基本なり」と、彼の師福沢の二番せんじの文章を繰返したあとは、「男子を助て共々に洪福の世を渡り、女子たるものの正道を守り、貧苦を忍び、艱難も堪へ、己を正し、子供を訓へ、国の開化を助てこそ、女子たる位階に恥ず、真の女子と云ふべきなり」「女子の男子を助くる職分は、昔封建の世に一国の大君に家老の必要なるが如し。如何程の明君にもせよ、非凡の家老あらざれば、大業を成就しがたし。(中略)国にとりての家老は、家にとりての妻君なれば、家を治むるになくて叶はぬ人物なり」という。これはひとつの職分論、分業論で、早い話が「内助の功」説となってしまって、福沢の真意からはずれていって、その後生まれてくる「良妻賢母」説に進む芽生えが見てとれる。

福沢の友人でもある箕作秋坪もまた「貞潔ヲ守ル可キ説[14]」で「夫婦室ニ居ルハ人ノ大倫ニシテ、固ヨリ生涯相親テ相離ル可ラサルモノナレバ、淫情ヲ恣ニシ姦ヲ犯スハ天道ノ厳ニ禁スル所ナリ」と論を立てる。仏教関係者による教育、啓蒙の雑誌『報四叢談[15]』でも大洲石堂「彝倫《いりん》終始論」は「友人某曰人倫ノ本ハ夫婦ニ始リ、人行ノ極ハ君臣ニ終ルト」「凡ソ夫レ万物資生ノ元ハ夫婦ヨリ先ナルナシ」で始まる。

明六社の主たるメンバーで啓蒙家加藤弘之も米国の宗教政策を論ずる中で「凡ソ戚族ハ邦国ノ基礎タル者ニシテ、真誠ノ交際ハ実ニ戚族ニアリ、而シテ西方各国ニ於テハ、戚族ノ交際ハ、実ニ一夫一妻ノ婚姻ヨリ始マルトナス、蓋シ西方ノ開化、遥カニ東方諸国ニ優ル所以ナリ[16]」といって一夫一婦制を評価している。

以上いくつかみてきたように、福沢の主張への同調、類似、二番せんじのような叙述は諸々に見られる。それだけこの明治初年代において福沢の影響の大きさ、広さを証明しているといえる。同時に、このような論潮の多さからわかるように、「一夫一婦」論が、多くの人に受入れられつつあったこと、また現代では常識的な一夫一婦制が、当時は、啓蒙を必要とされるような問題、社会的課題でもあり、こうした主張が「開明」的「文明」社会の条件として語られていることである。それだけ儒教的な道徳が社会をおおい、また夫（家長）の妻に対する横暴が目に余るものがあったのであろう。

福沢諭吉の男女同権論の始まりは、結局この一夫一婦を基礎にした健全な家族関係論に主眼があり、その先に身心の自由や一身の独立、国の独立を創造するものであった。しかし、女権の弊害を説くものなど反対論は別としてもいろいろな立場の人々がそれぞれに自己の都合に引寄せて福沢の主張を援用し、一人歩きするような側面もあった。こうした争論のあと、福沢自身一歩後退し「同権ナトムツカシキ話」は今はまだ早すぎるとやや自嘲気味に一夫一婦の合理性を「男女同数論[17]」と題して書き、「此同権ノ初段世ニ行ハレテ数年ノ後ニ今ノ水掛論モ何レニカ落着ニ及フ可キナリ」と結んだ。「男女同権」という言葉が、女性の増張、不品行を生み、要するに女が男を尻に敷くように受取られることが応々にしてあり、こうした議論を福沢は「水掛論」と感じたのではなかろうか。しかし福沢がこの「同権」という言葉を一担捨てるとすぐ、阪谷素は「同権ノ語ハ寝席間ニ立ツ可クシテ平生ニ立ツ可ラズ」「要スルニ権ノ字弊アリ。既ニ権ト称ス勢ヒ抵抗ノ力ヲ生ズ。(中略) 宜ク男女守分トカ夫婦同体トカ称ス可シ。[18]」といい、森有礼はこれまで「妻妾論」で主張してきた自論について「夫婦ノ間ハ同等ニシテ尊卑ノ差ナキコトヲ述ベタレドモ、同権ニ至テハ絶テ之ヲ論ゼシコトナシ[19]」と弁明し、中村正直もまた「男女同権ノ弊ヲ気遣フハ教育ノナキ婦人ノ亭主ヲ尻ニシクヲ怕ルヽニ過ズ。(中略) 同権カ不同権カソレハサテオキ、男女ノ教養は同等ナルベシ[20]」という。

そして津田真道のように、「婦女幼者廃篤疾及ビ無学文盲等智識ヲ欠ク所ノ人ハ、都テ此政権（参政権のこと――筆者）ヲ有スルコトヲ得ザルヲ以テ通説トス[21]」と主張してきた結果、「夫婦同権」を「此言ヲ吐ク者ハ何事ゾヤ」と怒り、欧米における「男女同権」も民法上のことで「国家ノ政事ニ関係スル公権ニ於テ男女自ヅカラ別アリ」「一家ノ主トシテ家事ヲ幹理スル者ハ夫ナリ[22]」と断ずることになった。

こうして「男女同権」論争は、一八七五年頃には「同権」という言葉自体が否定され、後の「良妻賢母」主義への傾斜の芽を早くも顕わし始めた。

男女同権論争がこのような経過をたどっていた一方で、一八七四（明治七）年、民選議院設立建白書が提出され、自由民権運動は着々と拡がりつつあった。

一八七七（明治一〇）年、士族反乱としては最大の西南戦争が新政府によって鎮圧されると、不平士族の復古的武力反乱はほぼ終息した。一方、困窮士族の互助的活動のために組織された結社が、開明派官僚や、欧米思想を吸収した士族らによって国会・地方民会開設の要求や地方産業の振興を求めて、自由民権結社へと成長していった。

そうした自由民権運動の拡大を背景に、再び「男女同権」論は新たな光を当てられ、「人権」や「権利」として理論化されてゆく方向を見せ始めた。明治一〇年代の多くの翻訳本の出版がそうした方向性を裏付けている。そして「男女同権」は必然的に「婦人参政権」を展望する。その明治一〇年代の幕明けというべき、西南戦争が決着してすぐの一八七七（明治一〇）年一二月、尾崎行雄の抄訳によるスペンサーの『権理提綱』(Social Statics) が出版された。その中に「女子之権理（一名男女同権論）」がある。この本は女子参政権に触れている。翌一八七八（明治一一）年には、深間内基訳でJ・S・ミルの『男女同権論』(The Subjection of Women)、鈴木善宗訳でアモスの『婦女法律論』(Difference of Sex) が出版された。

深間内基の『男女同権論』はミルの原著書名を忠実に訳せば「女性の隷従」が最も近い。しかしこの書名を使わず正面から『男女同権論』の題を掲げたことに大きな意味がある。あとの章で紹介するようにこの書物は戦後においても『女性の解放』とか、女性解放のための啓蒙的・実践運動的課題を託して翻訳されてきた。そのような意味を持つ書物であるから、一八七八年の時期に「男女同権」を表題に掲げること自体が意義あるものと認められるのである。尾崎行雄の『権理提綱』[23]と深間内基の『男女同権論』の出現が、「男女同権」の意味を明確化し、以後、植木枝盛のような男女平等論者や、婦人参政権運動に投ずる女性運動家を生み出してゆく社会的基盤を作ったといっていいだろう。ただし、深間内基による翻訳出版は前半部分のみで終わり、後半部分はついに出版されなかった。そして後半部分に、女子参政権についての論究があったため、翻訳書としても、思想書としても、中途半端になってしまった点は否めない。残念である。

しかしながら、明治初年の男女同権論の最初の一歩は、夫婦同権論にあった。それは封建社会において妻が、政略結婚や家の持続のための子供を産む道具として（腹は借り物）扱われてきたことへの疑問、抗議、否定として、まずまっ先に取り上げられねばならない課題であったからだ。

社会的政治的同権論、典型的には婦人参政権であるが、それが正面から取り上げられていないことをもって明治初期の男女同権論を過少評価してはならない。物には順序がある。理想との距離の幅を評価の基準にはできない。その時代に何が必要であり、何から始めるべきであったのかを理解しなければならない。

明治初期の近代化の発展にとって、封建社会（制度、思想共に）からの脱却が最大の課題であった。そのとき男女間の問題では、まずは夫婦間の対等・平等の関係を作ること、そのことを自覚することが最初の課題として求められたのである。つまり、妻の「人間宣言」である。妻を夫と対等な人間として認識すること、このことが男女同権論の始まり（入り口）であった。

すでにみたように（第一部第五章第三節）、深間内基の『男女同権論』が世に出ることによって、一部知識人の枠を超えて論争に火がつき、多くの日本人に新しい時代の到来を認知せしめたのである。

二　「ザ・サブジェクション・オブ・ウーメン」の日本への紹介

J・S・ミルの「ザ・サブジェクション・オブ・ウーメン」は、一八六九年イギリスで出版され、翌一八七〇年にはアメリカのニューヨークで出版された。日本に持ち込まれたのは、このニューヨーク版である。どのようにして持ち込まれたかは不明だが、持ち込んだ人物は福沢諭吉である。福沢はこのミルの著書から影響を受け、自分の婦人論を深化させた。福沢の『学問のすゝめ』十五編に、ミルの婦人論についての叙述があるので、これが発表された一八七六年には、すでに福沢はミルの「ザ・サブジェクション・オブ・ウーメン」を読んでいたのである。したがって一八七〇年出版のニューヨーク版を、五、六年のうちに福沢が手に入れていることになる。その早さに驚かされる。

福沢はミルの原本を読み、慶応義塾内で講義することもあったろうし、また義塾生のうちにもこれを読み、あるいは弁ずる者もあったと思われる。しかし翻訳に取り組む者はまだなかった。

一八七八（明治一一）年、その最初の翻訳者となったのが深間内基であった。基は一八六八（明治元）年慶応義塾に入社して英学を学び、すでに数冊の翻訳書を出版していたが、一八七六（明治九）年高知立志学舎の英学教員となって、高知の自由民権運動に触れ、その地の女性が演説会に参加する様子を直かに体験して東京に戻った。深間内基が最初の翻訳者となるにふさわしい必然性があったのである。

しかもその翻訳されたミル本の書名は『男女同権論』であった。この書名こそが最も注目される点である。明治一〇年代の日本の状況にふさわしく、またその頃の男女問題、女性問題にかかわる様々な議論のあいまいさや言葉をもてあそぶ風潮に対して、この書名は決然とした表現で、男女の同権を表明する。

その後の多くの翻訳書が「隷従」や「解放」の語を用いていることと比較しても、この基翻訳書の書名の決然さは極立っている。もっとも基の翻訳は完約ではなく、後半部分がない。

さて基翻訳のあと、男女同権論争は多くの若者の間に伝播するのであるが、明治年間には新たな翻訳者は現われなかった。

次の時代は大正一〇年代に三人の翻訳者が現われ、三冊の翻訳書が出版された。これに続いて昭和初期に二冊出版された。これは大正デモクラシーの影響と女性の社会運動への進出の結果である。とくに一九二九（昭和四）年には初めて女性による翻訳書が発表された。これが平塚らいてうであり、女性社会運動家のシンボルのような人物によってなされたことは、理論と実践が実在の人物によって象徴的に体現化されたといっていいだろう。

しかし以後日本の軍国主義化の波の中でこのような翻訳は姿を消し、十五年戦争に敗北した後、戦後復興と民主化の社会的高揚の中で再び見直され復活してきた。一九四八（昭和二三）年、一九五〇（昭和二五）年と三年の間に三冊の翻訳書が出された。

戦後女性にも参政権が与えられたことによって、女性の社会的進出が飛躍的に高まってゆく情勢に呼応した結果であり、女性が初めて公けに自らの権利を主張できる社会の到来により、再びミルの婦人論が脚光をあびたわけである。

その後一九五七（昭和三二）年、大内兵衛・節子夫妻による翻訳書『女性の解放』が出版されて、ミルの「ザ・サブジェクション・オブ・ウーメン」翻訳は最後を告げる。戦後はマルクス主義の立場からの婦人論が主流となりその後フーコー[24]（仏）の理論などが取り入れられ、女性史、女性学、ジェンダー論と、女性問題に関する理論や実践が変遷してくる中で、ミルの著書もその翻訳者たちの名も忘れ去られつつあるのが現状である。果たして女性にとっての課題が変わったのであろうか。

ともあれ、明治から戦後にかけ、すなわち一八七八年から一九五七年まで、百年近くにわたって翻訳され続け、近代以降の女性の啓蒙と権利獲得のために理論的根拠を提供しつづけた「ザ・サブジェクション・オブ・ウーメン」の翻訳書を出版順にみてゆきたい。

だが、まずはその前に、この書を生んだミル夫妻の人生について簡単に紹介しておく。

三　J・S・ミル夫妻について

ジョン・スチュアート・ミルに関しては、その著書の多くが日本でも翻訳されており、岩波文庫版『ミル自伝』（朱牟田夏雄訳、一九六〇年）があって、手軽に入手して読むことができる。ミルについて詳しく述べることが私の目的でもないし、またとても私の手に負えるものでもない。ここでは、ミルが「ザ・サブジェクション・オブ・ウーメン」を執筆するにあたって大きな影響を与えた、彼の妻ハリエット・テイラーとの生活について簡単に触れておく。

J・S・ミルは一八〇六年ロンドンに生まれた。父ジェイムス・ミルは、スコットランドの靴屋に生まれ、ロンドンで編集者として独立し、『イギリス領インド史』を執筆して一八一九年東インド会社に勤務した。父ジェイムスによって、ミルは早期教育を施こされ、特にベンサムの功利主義の洗礼を受けた。一八二三年にはミル自身も東インド会社の社員となる。こうしてミルは功利主義の若き学徒として社会的活躍を始めるのである。しかしその後彼は功利主義に疑問を持つようになったようだ。その精神的な危機を抱えた時期に、将来妻となる女性、ハリエット・テイラーとめぐり会うのである。『ミル自伝』は全七章から構成されているが、第六章が、ハリエット・テイラーとの出会いの場面から始まる。

私の精神的発達がちょうどこの段階まで到達したころに、私は、わが生涯の名誉とも最大の祝福ともなり、また、人間の進歩のために私が今までにしようと試みた、あるいは今後になしとげようと希望するいろいろなことの、大きな部分を生み出すもとともなった一つの交友をむすぶことになった。この、交友二十年の後にわが妻となることを承諾してくれた婦人に、私がはじめて紹介されたのは、一八三〇年、私が生まれて二十五年目、彼女が二十三年目の時であった。（岩波文庫、一六三頁）

ミルが二五歳のとき知り合ったハリエット・テイラーは二三歳であった。しかもすでに結婚していた。ミルの自伝中、彼女がテイラー夫人と呼ばれているのは、彼女の夫ジョン・テイラーの名による。ミル一家はスコットランドのニューウィングトン・グリーンに居住していたとき、ジョン・テイラーの祖父が隣に住んでいて、ミルは少年時代にこの老紳士の庭で遊んだというから、何かしら縁があったのであろう[25]。

ハリエット・テイラー夫人についてミルは「彼女という人は最高の意味でまたあらゆる意味で絶えず修養して向上してゆくということが、身にそなわった鉄則のような人であり、向上を求める熱意からいっても、何かの感銘や経験はすぐさま叡智を身につける源かよすがかにせずにはいられない自然の性向からいっても、それが必然的な人なのであった」（一六四頁）といい、その夫となったテイラーは「非常にまっすぐで勇敢で立派な人物で」「自由主義的見解の持主であったが、ただ知的あるいは芸術的な趣味はない人」（一六四頁）であったと評している。この「自由主義的」な夫テイラーの理解もあり、ミルは人妻であるハリエットとの交遊を続けることができた。独身の男性と人妻との交際は社会一般からとがめられることもあったようだ。二人の交際は「強い愛情と何もかも打ちあけあう親密さ以外の何ものでもな」く、「いかなる意味でも彼女の夫に、ひいては彼女自身に、汚点をつけるような行動は一切つつしむ」ことにより「私の成長が彼女の成長と手に手をとって進むことになった」（二〇〇頁）。

ミルはハリエットとの交際を通して「精神的な危機」を脱して成長、『論理学体系』（一八四三年）や『経済学原理』（一八四八年）を執筆した。ところがその後重大な変化がもたらされた。ハリエットの夫テイラーが一九四九年に病死、ミルはその結果「わざわいを転じて私自身の最大の福とし、すでに長く存在していた思考、感情、執筆上の協力関係に、全生活の協力関係という追加をゆるされることになった」(二〇九頁)つまり、ミルは一九五一年、二〇年の交際ののちにハリエットと結婚することができたのである。そしてミルは結婚以前の交際中はもちろん結婚生活中においても、「公刊された私の著作のすべては、私の仕事であると同時に彼女の仕事でもあった」(二一〇頁)というほどに、ミルの著作は二人の協同の成果であった。しかし二人の結婚生活は七年半で、ハリエットの死によって終わりを迎えた。一八五八年、旅行の途中、フランスのアヴィニョンで妻ハリエットは病死した。

ミルは妻の死の翌年『自由論』(日本では、一八七二年中村正直訳『自由之理』として出版され、自由民権運動に大きな影響を与えた)。を刊行したが、「『自由論』は私の名を冠した他のどの著作とくらべても、より直接に文字通りに二人の合作であった」(二一九頁)と言っているくらいである。

妻ハリエットを失った後、ハリエットの連子であった娘ヘレン・テイラーが、ミルの仕事の良き理解者、協力者となった。一八六一年「ザ・サブジェクション・オブ・ウーメン」が書かれたが、これは一八六九年になって出版された。これには娘ヘレンの提案と「娘自身の書いたいくつかの節が加わっている」ようであるが、主要な部分は妻と二人で「何回となく会話や討議を重ね、その結果いわば両人共有の思想的資産になっていたもの」(二三〇頁)であり、この中に書いてある「女性が実際上いかに多くの方面にわたって法律的に無能力であるかの認識は、主として妻から教えられたもの」(二二二頁)であったという。またミルは娘ヘレンと共に婦人参政権運動を推進するなど、女性の権利の拡大に実践的な役割も担った。妻ハリエットの死後、彼女の死んだアヴィニョンの近くに家を買い、一八七三年その地で病死した。こうしたミルの一生から、ミルはたぐいまれなフェミニストと称され、「ザ・サブジェクション・オブ・ウーメン」は「婦人参政権に関する古典[26]」とか、「女性解放のバイブル[27]」といわれてきた。

四　戦前の翻訳（明治初期、大正期）

(1)　深間内基訳『男女同権論』

深間内基は一八四六（弘化三）年、三春藩士深間内基時敬（一三〇石）の長男として生まれた。一八六八（明治元）年に上京して、福沢諭吉の慶応義塾に英学を学んだ。その後一八七六（明治九）年には高知の立志学舎に英学の教員として招かれている。『男女同権論』は一八七八（明治一一）年一月一五日に「版権免許」が与えられて六月には出版された。出版当時の深間内基の住所は東京の「愛宕下町一丁目一番地」とある。高知から東京に戻ったあと、かつて知った旧三春藩上屋敷跡周辺の地に居住したわけである。版元は東京「芝三島町一〇号」の東京書林（山中市兵衛）である。

この翻訳書は『明治文化全集　婦人問題篇[28]』に収録されている。それには、柳田泉の明解な「解題」が載っているので、この翻訳書の内容についてはこの「解題」を読まれるのが良いであろう。以下、柳田氏の言葉を借りて、『男女同権論』についてみてみる。

この書の主意は「世界文明が今日のやうに進んできたのに、なほ女性を男性の隷従としているのは大きなまちがひであり、且つ人類の一半たる女性の天才がそのために人類の幸福に利用出来ないのが大変な不幸であること、従ってこの文明が真に人類の幸福を生むためには、男女両性の完全な平等、あらゆる分野にわたっての同権の状態とならなければならぬこと」にある。

本書の第一章は、昔からある男性の暴力と感情による女性支配の不当性と、そうした隷従的地位から女性は解放されるべきであるということ、そして第二章では結婚における男女の法的不平等の不当性に触れている。さらに第三章、第四章では、社会における制度上、政治的活動から女性がしめ出されていることが、女性の才能を発揮する機会を奪っているとして、参政権をはじめ女性の政治活動への参加に触れている。

深間内基の訳出は、第一章・第二章のみで終っており、第三章・第四章には全く手がつけられていない。「原本の全体からいへば、前二章は男女同権論の序論、後二章はその本論となるわけであるが、深間内氏の訳が、前二章だけで止まっていたのは、惜しい」、またこの訳本には誤訳や初歩的な間違いも多く感心できないが「然し原本のむづかしさと、当時の日本の翻訳文学界の全体的未熟さを考え合わせると、全くよくやったものと考へてよい」と言っている。

後半の第三章・第四章がなぜ出版されなかったのかについては、当の深間内自身の説明も何もないのでわからない。当時の女性論が、未だ女性の政治活動を論じるまでには至っていないという認識からこの部分の翻訳を避けたのか、または単に物理的な理由で、時間的余裕がなかったためかとも思われる。深間内は、この年の秋宮城県仙台に移り、仙台における最初の民権結社「鶴鳴社」の結成にかかわっている。さらに、民権運動の退潮期には、彼の指導、援助により、仙台女子自由党（明治一六年）が結成されている。こうした事情を考えると、基の翻訳は女性の政治的権利を含む後半部分もなされていたのではないかという思いを強く感じる。すでに完訳していたにもかかわらず、出版元の都合で後半が世に出なかったという可能性も考えられる。

もっとも、この当時の翻訳本は、原本に忠実であるよりも、それを単純化したり、また抄訳や再編集などによる出版が結構あるようで、『自由之理』（中村正直訳）も「明治初年の日本にふさわしく単純化し」てあったり『代議政体』（永峯秀樹訳）も全一八章中の第四章までであったというから、深間内の翻訳が半分だけといっても、さほど不思議ではないのかもしれない。[29]

しかし、当時すでに『明六雑誌』で加藤弘之や福沢諭吉らによって女性問題が論じられているとはいえ、深間内訳の『男女同権論』が「問題のあり方をはっきりさせ、論点を強化して、思想の発展を大きく推進させたといふ功は、何としてもみとめなくてはなるまい」と、柳田泉は評価している。

柳田泉はさらに明治期に顕われた男女同権論について、『明六雑誌』等で論じられた一八七三〜七四年を第一期として問題提起の時期とし、深間内基の訳本の出た一八七八年からを第二期とし、男女同権論から女子参政権問題へ進み、民権運動に女性が登場してくる時期とみた。その後民権運動が退潮して一八八五年以降の社会改良期を第三期というように時期区分して、この問題の推移を見通した。そしてこれ以後の婦人問題が社会問題として進められるとき、いつもミルのこの書が「運動の理想の書の一つと見られ、いはゆる雲の柱、火の柱となって、精神的に大きな力を与へたものであるが、深間内氏のこの訳書は、この書の翻訳の先駆として、多少の欠点はあっても、時代相当に画期的な意味をもったものといってよからう」と高く評価している。

以上、柳田泉の「解題」に依拠して、その内容と訳出の意義を紹介したが、基翻訳の先駆性は、以後百年近くにわたってミルのこの書が翻訳され続けたことからも理解できる。

深間内基の性格について柳田泉は「何れかといへば学問的興味を比較的つよくもっていた人」とみて、『男女同権論』もそうした学術的見地からの翻訳と考えている。ただし、基が高知での立志社とその自由民権運動を体験した直後にこの翻訳をしたという事実を、柳田は知らなかったのではあるまいか。基に関する研究はもちろん、経歴も良くわからなかった時であるからやむをえない。しかし今、基が立志学舎の教員をし、その後仙台で自ら自由民権運動に身を投じ、仙台女子自由党の結成に関与していった基の人生を知るなら、このミル婦人論の翻訳が、単なる学術的関心からではなく、きわめて実践的な意義を持つものであり、明治一〇年代の社会的要請に応じたものであったことに気づくだろう。

ところでこの訳本がいくらで売られ、どのくらい流布したものであるかは、残念ながらわからない。現在国立国会図書館に現物が保存されているほか高知市民図書館など一部の図書館にも現存している。奥付には版権免許と翻訳人、蔵版人の名があるだけである。しかし同じ基の訳本で『男女同権論』の前、一八七六（明治九）年刊の『道理之世』全八冊（トーマス・ペイン著）が一冊五〇銭、六〇銭で販売されている。おそらく『男女同権論』も同様の値で販売されたのではなかろうか。また販売地域も東京・大阪など大都市が中心であったと思われる。

しかしその影響は相当広く各地に伝播した。スペンサーの著書の翻訳書『権理提綱』（明治一〇年、尾崎行雄訳）、『社会平権論』（明治一四年、松島剛訳）と共に、ミルの翻訳書『男女同権論』は、明治一〇年代の自由民権運動家はもちろん、師範学校や中学校の学生に広く読まれ、男女同権論争をひき起こしたのである。

左に『男女同権論』の新聞広告を紹介しておこう。(30)

英国大博士密爾氏著
大日本国深間内基訳
男女同権論　西洋本　壹巻

茲書ハ英国大博士密爾氏の著す所にして女子をして男子に従属せしむるハ天理に反戻するのみならす大に人智の開達を妨害する所以の理を喩し男女の権理毫厘も優劣なからざる義を審かに論し従来の慣習を一洗し一家和合して福祉を稟け子孫長久して永く天禄を全ふするの理を説示したる書なり

東京書林　山中市兵衛

右の広告文は、よくこの書の内容を知らせていると思う。

深間内基の翻訳出版が前半で終わってしまったあと、明治期にはあとに続く翻訳はなかった。日清・日露と二つの対外戦争に進み、国権論が盛んになってゆく状況下では、ミルの婦人論は必要とされなかったのだろう。

そして次は、大正デモクラシーの時代をまたねばならなかった。

(2) 野上信幸訳『婦人解放の原理』

一九二一（大正一〇）年一二月、基による『男女同権論』からおよそ四〇年の時を経て、ようやくこの書の全面的翻訳の完成をみた。

野上信幸は京都大学に学んだ若い学者であった。「序」を寄せているのは京都大学教授河田嗣郎。その序文によれば、J・S・ミルの「ザ・サブジェクション・オブ・ウーメン」は古い時代（一八六九年、英国）に発行されたにもかかわらず、「その論鋒の鋭利なる、その観察の深刻なる、その批評の適確なる点に於いて、其後世に表はれたる汗牛充棟もたゞならざる婦人問題の群書中、よく此書に随従し得るものがあるか。私は之を知らぬ。（中略）私は本書の良訳が我国にも欲しいものだと豫々思って居たが、今回野上学士の訳成って、その校正刷を送られたのを一読して、平素の渇望の醫せられたるを感じ、衷心歓喜に堪えぬ」と述べている。

また野上本人の「自序」によれば、彼がこの書の存在を知ったのは熊本での高等学校時代に、「ミルの代議政体に関する論著を学んだ時」であった。そして「今日婦人問題に関する論議漸く旺んなるに及んで、之を訳出して広く江湖に紹介することの決して徒爾でないことを思ひ」全訳をした、という。

「ミルの代議政体に関する論著」とは“Considerations on Representative Government”のことであろう。原文でか、誰かの訳本でかわからないが、高校時代に読んでいるというのであるから、野上の早熟さ、優秀さが伺い知れる。

彼はこれを『婦人解放の原理』と名付けた。直訳すれば、「婦人の隷従」という様なものになるところ、「解放の原理」と名付けたところに、広まりつつある婦人運動の指針となる、という意志を込めての命名であったろう。

さらに、原著にはない各章毎に見出しを入れて、それぞれの章に何が書かれているかを読者が把握しやすいように工夫した。その章毎の見出しは次のようなものである。

第一章　男性の暴戻
第二章　法律上に於ける性的不平等
第三章　婦人の参政権
第四章　男女同権の功過

また野上は翻訳にあたって、山本修二の助言を得た、といっている。山本修二は戦後いち早く自ら翻訳することになる（後述）。

この翻訳本は東京の隆文館から発行され、定価二円で発売された。

こうして我国でミルの「ザ・サブジェクション・オブ・ウーメン」は初めて、全文を翻訳書で読むことができるようになった。

野上信幸が、一八七八年の『男女同権論』を知っていたか否かは、知るよしもない。

(3) 大内兵衛訳『婦人解放論』

野上訳から約一年半後、大内兵衛による翻訳が完成した。野上訳が、比較的かみくだいた表現で読みやすさに重点を置いて翻訳されたのに対し、大内兵衛は婦人解放運動に資するという立場は同様ながら、学術書としての価値に留意して翻訳にあたった。

「兎も角も吾国婦人運動の前途は遼遠であり従って又多忙であると云はねばなるまい。この故に人類の正義を思ふ者は益精進せねばならぬのであって、それがためにはもっと理論的に、もっと学問的にその準備を整へてかゝらなければならない。本書の訳に出づる理由は、斯の如き時代相が、本書の如きを要求すること、そのことに外ならない」（訳者序）と言う。

このように大内は婦人運動を長期的展望の中に捉え、その発展・深化のためにはもっと学習し、運動の理論的根拠を身につける必要があると考えたことが翻訳の動機となっている。そのために「邦文の許すかぎり、能きるだけ忠実に翻訳し、且つ一字一句をも省略しない様にと注意した」（同）のである。

しかし表題については直訳のままの「隷従」という言葉はなじみがないため『婦人解放論』とし、また読者が理解しやすいように、巻頭に要旨（「本書の梗概」）を載せ、各章には（　）つきで見出しをつけている。このように表題や章毎の見出しなどは野上訳と同じ方法を採用した。

見出しは次の通り。

第一章（女子の地位の由来及其の将来）

第二章（女子の法律上の地位及其の批判）
第三章（政治上及社会上の地位と女子）
第四章（婦人解放の社会的効果）

大内の「訳者序」によれば、彼は一九一八（大正七）年の夏にこの書の翻訳を思いたったというから、野上信幸の『婦人解放の原理』より以前にこの原書を読み、翻訳を考えていたということになろう。そんな大内が、自分が関心を持つ本の出版を知らないはずはないだろうから、野上訳を読んで、もっと学問的に正確な翻訳書を、と刺激された面もあったかもしれない。

当時大内は学問上の仲間と「同人社」というグループを作っており、この書の出版にあたっても同人社グループの援助を受けた。しかしようやく稿成って一九二三（大正一二）年五月に同人社書店から発行されたこの翻訳書（定価二円）は、九月一日の関東大震災にあってほとんど焼失してしまった。このため大内は戦後再び翻訳に取り組むことになる。

戦後改めて翻訳出版された、大内兵衛・節子夫妻共同の『女性の解放』（岩波文庫）に収められた「解説」から、この間の事情を読みとってみる。

大正六・七年のころなぜ私がこの本を翻訳しようと考えたか。当時私は大蔵省の役人であったけれど、そういう位置にいながら、第一次大戦後における世界思想界の動揺によっておこった日本のデモクラシー運動の波を感じないではいられなかった。そこで私も東大の高野岩三郎先生のもとに集っていた若い経済学徒の一群に加わってそういう話を聞いていた。その一群のうちには、後年大原社会問題研究所と東大経済学部によって日本の学界に意義ある仕事をした森戸辰男君、櫛田民蔵君、権田保之助君、糸井靖之君などがいた。彼等は彼等のグループを同人会と称し、毎月各自の研究を報告しあっていた。そのうちに、各自はそれぞれの研究を大成する手はじめとして、それぞれ西洋の古典を訳して、それで同人会叢書を作ろうということになった。この約束に従って森戸君がまずブレンターノの『労働者問題』を出し、次いで権田君がビュヒャーの『経済社会の発展』を出し、つづいて糸井君がケンメラーの『物価決定の法則』を出した。その次に櫛田君が『共産党宣言』を訳してそれを出そうとしたが、それは検閲の関係で駄目となった。その次が私の順番で、私はミルの『婦人解放論』を出すことにしたのであった。

私がなぜとくにミルの婦人論を選んだか。それは、私が学生の時代からミルの経済学に親しんでおり、それに傾倒していたということがあったからであるが、当時、婦人論が日本で盛んであったというような事情にもよったものであったにちがいない。

大内兵衛が自ら語るように、一九二〇年前後は、社会主義思想が、労動運動・農民運動に浸透し、大杉栄、堺利彦らが活躍していた。一九一八年の米騒動では多くの婦人が行動に立ち上がっていたが、一方中産階級の婦人らも、男女平等の政治的権利を要求して運動を展開、一九二〇年には市川房枝、奥むめおらによって「新婦人協会」が結成され、女子の政治結社への加入や政談演説会への参加を求めて活動した。このの ち婦人参政権を求めて運動が進められた。これらの過程で多くの先覚的な婦人運動家も生まれた。このような、政府の弾圧的な政治と民主的権利を求める民衆との緊張した社会背景があって、その時代の波に押されるように再びミルの「ザ・サブジェクション・オブ・ウーメン」が大内兵衛の手によって訳出されたのである。しかしこの訳本の運命は、「出版と同時に関東大震災に見舞われて、僅少の部数のほかはたいてい焼けてしまった」のである。

(4) 片口泰二郎訳『婦人の服従』

さて、大内兵衛訳が出版された同じ一九二三（大正一二）年一一月、片口泰二郎訳が出版された。ここで初めて書名が原著書に忠実な訳語が採用され、『婦人の服従』とされた。書名が直訳であったように、本文も、「序」のあとは、いきなり本文に入り、見出しもなく、ただ段落に一、二……と数字が付してあるのみである。書名同様本文も原文に忠実な訳を心がけた結果ではなかろうか。野上訳が広く読まれることを意識して見出しをつけたほか、本文も「きわめて世間向に砕いて訳した」（野上本・自序）のと対象的である。野上に続く大内訳の場合も原文に忠実であることに留意しつつも構成は野上訳に準ずるものであったことからすると、少なからずとっつきにくい感がある。

片口の「序」は、一種のアジテーションである。開口一番、「日本の女性は覚醒すべき時代に到達した」とある。そしてこの数年婦人解放運動が叫ばれていることに触れたあと、次のように呼びかける。

婦人の黎明期は来る。見よ！　今や将にわが日本の各方面に於る女性の解放運動が抬頭し、而も具体的に進捗しつつあるではないか。総ては、人類平等の本源に帰らむ事を希ひ、男女差別的待遇の謬見をただして、人類平等の理想に近づかむ努力に外ならないのである。

日本の女性よ、醒めよ! そして自らに覚めよ。然る後君等の真価は認められ、総ての希望は実現されるであらう。君等の力は重きをなすであろう。

男子よ、醒めよ! そして自らの暴戻を廃めよ。女性の真相を究めよ。女性の力を信ぜよ。然らずんば、君等は自らの破滅を招くものであらう。

右のように文章は過激で、婦人解放運動を鼓舞する呼びかけとなっている。

そして次にミルのこの書の意義を数行述べたのち、「希くば、之に衣って婦人の覚醒を促し、且つ、男子をして婦人の真価を認めしめるやう助成するならば、そして、男女共通の幸福を促す一助ともなれば、訳者として望外の満足に思ふ処である」と結ばれている。

以上、片口本人の「序」からみるに、彼の翻訳の動機は、現実の婦人解放運動に呼応し、かつ鼓舞するというところにあった。

それは彼自身を闘う婦人の側に置くという政治的立場の表明でもある。

片口泰二郎が実践的に婦人解放運動に関わっていたのかどうか、残念ながらわからない。

片口の『婦人の服従』は、東京の聚英閣から出版され、定価は一円四〇銭と康価であった。そうした低価格と、大内兵衛訳が関東大震災で焼失して手に入らなくなってしまったこともあってか、売れ行きは良かったようで数回版を重ねた。

(5) 高橋久則訳「婦人の隷従」

昭和に入って、最初に出版されたのが、高橋久則訳である。一九二八（昭和三）年八月、春秋社の『世界大思想全集』の第二四巻に収録されている。この巻には、ベンサムの「功利論」（田制佐重訳）とミルの「自由論」「功利主義」「婦人の隷従」が収められている。ミルの三著書を高橋が翻訳している。「訳者序」によれば、スタントン・コイト（Stanton Coit）の注釈のついた版からの翻訳であり、原本は高橋の先輩香原一勢の所蔵本であるという。序のあとに、「ジョン・スチュアート・ミルと彼の哲学」と題して、ミルの経歴と学問についての解説がある。「自由論」「功利主義」に続いて「婦人の隷従」が掲載されている。

その構成（目次）は、第一章、第二章、第三章、第四章とあるのみで、要旨の紹介もなく、見出しもない。

高橋訳は、春秋社の『世界大思想全集』の企画の中の一部であり、したがって世界的思想家の理論を紹介する純粋学問的なものであった。これまでの翻訳には、婦人運動という現実の世界における実践的課題と要請を念頭に、そこに翻訳者自身が関心を寄せ、自ら寄与したいという強い動機の表明があった。

高橋訳は、ミルの著書を翻訳するという行為の中に、翻訳者の社会的関心も背景として存在してはいるだろうが、やはり、学問的に客観化した翻訳となったといえるだろう。

高橋は日本における明治維新後のミルの理解が必ずしも正しく行なわれなかったゆえに、自分は「ミルの意向を明瞭たらしめることに全力を尽した」（訳者序）と言っている。

(6) 平塚らいてう「婦人の隷属」

高橋訳に続いて翌一九二九(昭和四)年一一月、平塚らいてう訳が出る。これも平凡社の『社会思想全集』という企画の中の第三六巻に収録されたものである。昭和初期にはこうした全集ものが流行ったのであろうか。この第三六巻にはセダ・ポール「プロレットカルト」(島中雄三・北島修一郎共訳)、ジョン・スチュアート・ミル「婦人の隷属」(平塚らいてう訳)、エデン・ポール、セダ・ポール「創造的革命」(島中雄三訳)、ウィリアム・メラア「直接行動」(島中雄三訳)の四本が収録されている。これらの収録書から、社会運動の理論・思想を集めた巻であることが推測できる。労働運動・婦人解放運動が、社会主義の思想的影響を強く受けて展開されていた時代の反映であろう。平塚らいてうという、婦人解放運動のリーダー的存在の人物が翻訳にあたっているのも、この書の特徴である。初めての女性による翻訳であり、その後も、戦後に大内兵衛夫人である大内節子が、夫兵衛と共にこの書の翻訳に加わっているが、女性一人での翻訳は平塚らいてう唯一人である。

平塚らいてうの翻訳は、ほぼ高橋訳に近い。第一章から第四章まで、見出しなしで、ただ高橋訳との違いは、小段落に一、二……と数字を入れたくらいである。訳文も単語の言い換え程度の差違である。あるいは高橋訳を参考にしているのかも知れない。題名も、片口泰二郎の「婦人の服従」、高橋久則の「婦人の隷従」、平塚らいてうの「婦人の隷属」と、ほぼ同様に直訳的で、女性の男性への従属性を強調する表題が続いた。

そして平塚訳をもって、戦前のミル著「ザ・サブジェクション・オブ・ウーメン」の日本への紹介は終わりを告げた。これ以降戦争の時代を迎え、言論出版がきびしく監視・弾圧されるなかで、こうした思想書の出版はできなくなった。

五　戦後の翻訳（戦後民主主義の時代）

一九四五年八月、敗戦によって日本は占領され、軍国主義の追放と民主化のための政治改革が矢継早に進められた。戦時中沈黙を強いられていた権利の主張が公然と社会に表われ、婦人解放の機運は、参政権の付与と共に活発化してきた。そうした状況の中で再びミルが見直されてきたのである。

この間の流れについて杉原四郎は次のように述べている。[31]

> あたかもその頃（大正一〇年代——筆者）、民権運動以来の活発さをみせた民主化運動に刺激されてか、ミルの思想に対する一般の関心もたかまり、学術的な研究の外に、ミルの著書の翻訳が相ついで刊行された。とくに『婦人解放論』の邦訳が大正末期の数年間に単行本だけで三種もでたことは、明治初期における『代議政体論』の邦訳の頻出が思い合わされて興味ふかい。だが昭和期に入って国家統制の程度がふたたび強化されるにともない、（中略）ミルに対する実践的関心は急速におとろえてゆき、それがふたたびよみがえるのは、第二次世界大戦の終末をまたなければならなかったのである。

山川菊栄は、戦後いち早く『婦人解放論』（鱒書房、一九四七年）を出版して、ミルの「夫人の隷従」とベーベルの「婦人論」を紹介した。この本は一九四九年啓示社より重版が発行された。

私がここで取り上げるのは啓示社版による。

この本はその表紙に、フランス革命の女性闘士ジャンヌ・ダルクの絵の一部を装丁に用いており、山川菊栄の意図を、ここに表現したものである。この書は、ミルとベーベルの二人の婦人論を、要旨の紹介という形で掲載しているのであるが、その構成からして山川がベーベルの婦人論をより重視していることがわかる。これは山川が自ら翻訳したわけではないと思われるが、誰の翻訳を参考にしたといったことには触れていない。

内容をみると、「ミルとベーベル」について簡単に紹介・解説して次のように述べている。


敗戦の結果、戦勝国の力で婦人解放のおくればせな仲間入りを始めた日本は、ミルやベーベルの著書によって婦人問題の何たるかを知ると同時に、すでに一歩を先んじている諸国の歩みを見ていかにかれら先覚者の主張が正しかったかを知り、民主主義日本の建設と発展の上に参考とすべきであろう。

ミルとベーベルの婦人論は、婦人解放論の代表的なものとして広く各国語に反訳《ママ》されており、日本訳も出ているが、この書には著者の見解の本質的な部分を紹介するにとゞまり、それを裏ずけるこまかな理論や、多くの例証、数字等は省いた。


つまりこれは、要約による紹介参考本、つまりダイジェスト本なのである。

ミルの部分はベーベルの部分の約五分の一の分量であるが、わかりやすい要約本らしく、五分節に分けて見出しをつけている。

表題は「婦人の隷従」とあり、これは戦前の高橋久則訳と同じである。またミル原本は四章から構成されているのであるが、山川は五つの見出しをつけて五分節に要約した。

一、女性の隷従は奴隷制度の遺物
二、女性の無権利は過去となる
三、夫婦の不平等の不正と害悪
四、智能の発達に有利な職業は男が独占する
五、婦人解放は人類の幸福

右の様な分け方で、原著書の第一章に当たる部分を一と二に分けたものと思われるが、この見出しだけで、著者ミルの主張が推測できるようになっているわけである。

こうしたミル婦人論の紹介、研究は一九五〇年代初め頃まで盛んに行なわれた。他のいくつかを列記すると、村田静子「婦人の隷従」（一九五〇年）、塩尻公明「J・S・ミルの女性論について」（一九五〇年）、玉城肇「J・S・ミルと『婦人の隷従』」（一九五三年）などである。[32]

山川菊栄によってミルの紹介があって以後続けて本格的な翻訳が始まり、山本修二、大久保純一郎・宮崎信彦、守田義広、大内兵衛・節子と、一九四八年から五七年までの間に四冊の翻訳本が出版

された。

(7) 山本修二訳『女性解放のために』

戦後、いち早く山川菊栄による紹介はあったが、改めて翻訳が出版されたのは、一九四八年、太平洋戦争に敗北して三年目の夏であった。すでに婦人参政権も実現し、戦後最初の総選挙(一九四六年四月)では、三九人の女性議員が誕生した。婦人解放の声は公然と社会に現われた。そうした明るい解放感の中で、ミルの「ザ・サブジェクション・オブ・ウーメン」は三たび日本社会の要請にこたえるべく翻訳された。

山本修二は、すでに戦前、一九二一(大正一〇)年に翻訳した野上信幸(彼は深間内基の翻訳以後途絶えていたこの書の全訳を初めてなし遂げた)が、その翻訳にあたって山本修二の助言を得たと書いているので、早くからこの書に注目していたと思われる。

さて山本訳のこの書は、戦後の紙不足の時代でもあり紙質も悪い。京都の世界文学社から出版され、定価は一六〇円であった。発行日が八月一五日であるのは、敗戦の日付を意識してのことであろうか。目次は第一~四章まであって、はしがきや序文はいっさいなく、いきなり本文である。そして最後に訳者のあとがきがある。

「あとがき」は「ジョン・スチュアート・ミルの『女性解放のために』(原名『女性の屈従』The Subjection of Women)が上梓されたのは一八六九年の事であるが」という書き出しで始められ、ミルがこの本を書くにあたって自ら『自叙伝』で語っているところの「大きな問題」「一つの課題」と述べていることについて、これは「言ふまでもなく所謂女性解放の問題であるが、それがどうしてミルの心の中に生まれたか、又ミル夫人のそれに対する影響の性質がどのやうなものであったか」をミルの生いたち、ミルとその夫人との出会いと生活を述べて説明している。

最後に山本修二のこの書への評価があるので、左に紹介する。

『女性の屈従』の優れたところは、それが女性解放を取り上げた最初の系統的な理論の書であるに止らず、この二人の男女の二十年に渉る恋愛の苦悩と七年半の結婚生活の幸福といふ二重の体験から産み出されたところにある。男女両性の法律的・社会的地位は時代によって変るであらう。しかしこの『女性の屈従』の中核となっている平等に基盤をおいた両性の人間的関係は永遠に輝かしく、或ひは永遠に実現の不可能であるものかも知れない。しかもその結論が血のにぢむやうな苦悩の体験によって到達されたところに、この本が『女性開放《ママ》問題のバイブル』と称せられる本当の意味があるのだと思ふ。

以上のような「あとがき」の内容で、ほとんどミル自身に寄り添って書かれ、その理論的評価で締めくくっており、日本の具体的な状況や、女性問題の実態には触れていない。また、戦前の同書の翻訳等にも触れられていない。ただ一点、先に指摘したように、発行日の八月一五日が、戦後の日本における女性の解放（男女平等や参政権）を意識して出版されたことを暗に示しているのみである。おそらく戦後の女性たちの解放感と政治参加への高揚の中で、社会的にも歓迎された本ではなかったろうかと思われる。この後の大内兵衛・節子共訳の『女性の解放』(一九五七年)が、山本訳本を参照しているることからも、この本が、やはりこの時代意味深い出版であったことを物語っていると思う。

(8) 大久保純一郎・宮崎信彦訳『ミル 婦人論』

一九五〇年三月に出版された春秋社「大思想選書」シリーズの一冊が『ミル 婦人論』(一五〇円)であった。

大久保・宮崎はこの書を「『婦人の隷従』と題されたものの全訳である」と述べているが、表題には「隷従」の語を使わず、単に「ミル 婦人論」とした。構成は第一～四章まで章のみを記し、「解題」において各章の内容を簡潔に表題的に記して読者がわかりやすいよう配慮している。

各章は説明文であるが筆者が恣意的に切り詰めて紹介する。第一章は男性の女性支配が、暴力と知性なき感情に基づく慣習に過ぎない所以を論証。さらに第一～一一節までが第一部で、世上一般に男子が婦人を支配するという慣習が行なわれているが、これは婦人が政治的に、また社会的に隷属的地位に留まらなければならないとする理由にはならない。第一二～二五節までが第二部で、婦人の無能力は除去されるであろうという信念が歴史にてらして是認しうること。第二章は結婚における男女の法的不平等が不当なものであること。第三章は政治的運動やその他知的独創性に有利ないろいろな機会が男子のみに独占されていること。第四章はもし婦人に男子と平等な機会を与えれば、どんな利益が生ずるか。以上のような説明文で、少々まわりくどい翻訳調ではある。第一章をその内容から二部に分けて説明している。この点、山川菊栄の紹介に基づく区分と同様である。

次にミルが婦人論を発表するにいたった思想的経緯を解説し、夫人の精神が強い影響を与えていることを指摘して以下のように言う。「かくてミルの『婦人論』は男性の知的理解と女性の自己主張とが、二人の男女の美しい愛のうちに編み合わされた類い稀れなる記念品の一つとなっている」と。同書奥付による訳者略歴によると、大久保純一郎は一九三一（昭和六）年東北帝大法文学部卒、宮崎信彦は一九三四（昭和九）年同大同学部卒であるから、二人は東北帝大（現東北大学）の先輩後輩の関係にあった。

戦後のミル婦人論の復活の中で、思想史上の労作として学術的価値を重んじた翻訳かと思われる。

(9)　守田義広訳『婦人解放論』

大久保・宮崎訳『ミル　婦人論』と同じ一九五〇年の九月ジープ社から守田義広訳で『婦人解放論』（一四〇円）が出版された。守田がどういう人物かはわからないが、再び解放の文字を表題に使用した点、戦後の婦人解放への社会的変革を意識してのことであることは明白であろう。「訳者のことば」によれば戦後の婦人参政権や男女同権が「我々日本人の内心の要求から得たのではなく、飽くまでも外部からのもの」であったことに、守田は「深い痛み」を感じていたようだ。

目次をみると「ミルの生涯・テーラー夫人との関係」があって本文に入る。

第一章　男性の女性支配は暴力と無分別の感情にもとづく

第一部　一般の習慣は、婦人の政治的並びに社会的従属に有利なる論拠を与へるものではない

第二部　婦人の無能は除去されるであらうとの信念を歴史は正常と認める
第二章　結婚に於ける法律できめた不平等の不正と悪影響について
第三章　政治的職務並びに独創力を養ふ機会は総て男性に独占せらる
第四章　男性と平等の機会を婦人に与へることに依って予想される幸福について

右の目次をみると、第一章を、第一部と第二部に分けて見出しをつけている。この点は、大久保・宮崎訳の説明と同様で、ただこれを目次の表題として明示した。

⑽　大内兵衛・節子訳『女性の解放』

一九五七（昭和三二）年三月に出版されたこの大内兵衛・節子夫妻による訳本は、今日、ミルの「ザ・サブジェクション・オブ・ウーメン」の完訳本として決定版といってもいい位置にある。しかも岩波文庫として出版されたため、読者は手軽にこの古典的名著を手に入れることができた（残念ながら、現在は絶版になっている）。

大内兵衛が再びこの書を翻訳することになったいきさつは、同書の本人による「解説」によるほかない。それは彼の妻である「大内節子がその改訳をしようと申し出たので、それをすすめ、その訳稿を見てやろうと約束した」という。おそらく大内兵衛自身にも、戦前の訳本のほとんどが関東大震災で焼失してしまったということからもう一度この本をよみがえらせたいという気持ちもあったことであろう。そしてこの新しい改訳については、「当時の（一九二三年版）私の訳は、いまよみ直してみるとずいぶん古風であり誤訳もあった。これに比べると、この訳は、訳として正確であり、まちがいも少ない。文章はそう流暢でないうらみはあるが、時代のちがいを思い、なるたけ朱筆を省いた。一応のできばえであると信じている」としている。

このように、戦後の決定版となった大内夫妻の訳本『女性の解放』は、妻である節子の主導によって始められ、二人の協力によって完成したのであった。このことは、まるでこの書がミルとその妻ハリエット・テイラーによる会話と議論から生まれたものであるという因縁に結ばれて、大内兵衛とその妻節子の共同の産物ができ上がったようにさえ思われる。ミルとハリエットの物語は、ミルに関する書物や解説で必ず語られる。

さて岩波文庫に収められた大内兵衛・節子訳の『女性の解放』はその序文にあるようにStanton Coit編（一九二四年刊）を底本にし、山本修二訳『女性解放のために』を参照した。スタントン・コイトによる「編者序説」には各章・節の要旨がまとめられており、ミルの主張がわかりやすく読めるようになっている。ここにその章・節の見出し紹介をしておこう。

第一章　男性の女性支配は暴力と無思慮な感情との上にたつ

第一節　一般の慣習からみて女性の政治的社会的従属を正当と思ってはならない

第二節　女性の無能力は除去しうるという信念の正しいことは歴史が教えている

第二章　結婚における法律上の不平等による不正と悪影響

第三章　知的独創性に適した政治上の職務その他の機会は男性に独占されている

第四章　男性と平等な機会を女性にあたえれば、どんな利益が出てくるか

右の章・節の見出しからミルの主張の概要の見当がつくであろう。
以上のように、第一章を二つの節に区分して、より理解しやすい構成にした点は、前出の各翻訳を含め戦後の特徴である。そして、表題に「隷従」ではなく「解放」という言葉を定着させたのも戦後の特徴である。大内夫妻の訳はその表現も一般の読者にわかりやすく工夫し、より大衆化された。日本語としてこなれた表現に努力し、また岩波文庫という入手しやすい版であったので、その後長く版を重ね、多数の人々に愛読された。

ベーベルの婦人論が日本にもたらされて、社会主義的婦人論が徐々に浸透し、戦後は、ミルを批判的に見ようという風潮もあった中で、ミルの翻訳本は続々と出版され、大衆に歓迎された。

大内夫妻は、こうした状況下で、「日本においていまのときに、この本が訳出される必要があるだろうかという問題」に自ら答えて次のようにいう。(33)

いまさらミルでもあるまいという説に反対ではないが、そう単純にいい切ることにも賛成しない。というのは日本の婦人問題は、女性に参政権が与えられたことによって決して全部解かれたとはいえないからである。また近く解かれるとも思えないからである。これは選挙権があっても、女性のすべてがそれを適当に使っていないということであり、かりにそれはだんだん正しく使われるようになるにしても、それによって解決しなくてはならぬ問題がまだ残るということである。

すなわち婦人参政権をもっと女性のために有効にするためには、女性も男性も、婦人参政権とはどういう目的をもつものであるかをもっとよく理解することが必要である。私はそういう理解のために、この古典は改めて読まるべき価値をもつと思う。

また「より必要なものはミルの議論の批評ではないか」という議論に対し、賛成しつつ次のように言う。

批評の地盤が各人において熟さなくては、ほんとうの批評はできないからであり、各人においてそういう地盤ができるためには、一般にいえば、社会においてそういう条件ができなければならない。その条件とは、女性がもつところの社会的能力、その生産的労働能力が伸びえないでいるということについての本当の自覚である。

さて、これは大内夫妻が改訳を完成させた一九五七年一月の弁である。

一八七八（明治一一）年に深間内基の初訳が紹介されて以来、大正末から昭和初期に盛んに翻訳され、戦争をはさんで戦後再復活したミルの「ザ・サブジェクション・オブ・ウーメン」は大内夫妻訳をもって終息した。大内夫妻訳は長く重版され、この書の翻訳としては決定版となった。この間約百年。一世紀に渡り日本人に受容されてきたこの書は、果して、大内夫妻が指摘した婦人参政権の目的の理解、女性の社会的能力の伸張のための条件に対する自覚、といったものが、二一世紀の今日、もはや充分であるといえるのか。ミルの存在が女性問題研究者の記憶からも消えつつあるとしたら、何か大事なものを失いつつあるようにも感じられてならない。「男女同権」も「女性の解放」もまだまだ、お蔵入りにはできない。

註

(1) 家永三郎「日本思想史における外来思想の受容の問題」『家永三郎集 第一巻思想史論』岩波書店、一九九七年、三二七頁。
(2) 『ベルツの日記』上、岩波文庫、一二二頁。
(3) 『福翁自伝』岩波文庫、一〇〇頁。
(4) 同右、一一五頁。
(5) 「中津留別之書」『福沢諭吉家族論集』岩波文庫、四〇頁。
(6) 小泉信三による岩波文庫版の解題。
(7) 『学問のすゝめ』三編、岩波文庫、二九頁。
(8) 同右。
(9) 同右、八編、七三~七七頁。ウェーランド「モラルサイエンス」の訳書は高橋達郎編訳『自主新論』、山本義俊訳『泰西修身論』、謝海漁夫訳『修身学』、久保田久哉訳『修身学初歩』(以上明治六年)、阿部泰蔵訳『修身論』(明治七年)などがある。
(10) 同右、十五編、一三四頁。
(11) 同右、一三五頁。
(12) 安西敏三「福沢諭吉とJ・S・ミル『女性の隷従』」『福沢諭吉年鑑』五、一九七八年参照。
(13) 『民間雑誌』第九号、一八七五年。以下雑誌は『明治文化全集 雑誌篇』に収録されたもの。坪井仙次郎は慶応義塾生。
(14)『万国叢話』第一号、一八七五年。
(15)『報四叢談』第一号、一八七四年。
(16)「米国政教」『明六雑誌』第十三号、一八七四年。
(17)『明六雑誌』第三十一号、一八七五年。
(18)「妾説ノ疑」『明六雑誌』第三十二号、一八七五年。
(19)『明六雑誌』第三十二号。
(20)「善良ナル母ヲ造ル説」『明六雑誌』第三十三号、一八七五年。
(21)「政論の三」『明六雑誌』第十二号、一八七四年。
(22)「夫婦同権弁」『明六雑誌』第三十五号、一八七五年。
(23) スペンサーの同書翻訳としてはその後明治一四年、松島剛訳『社会平権論』が出版され、とくに植木枝盛ら高知立志社で好んで読まれた。
(24) ミシェル・フーコー（一九二六〜八四）、フランスの哲学者。一九七〇年代から八〇年代にかけて活躍。主著に『性の歴史』がある。
(25)『世界の大思想28ミル』河出書房新社、一九七二年の「解説　J・S・ミルの思想と生活」で水田洋氏はハリエット・テイラーとの出会いについて、「一八一〇年からジェイムズ・ミル一家が住んでいたニューウィントン・グリーンでは、ハリエットの父はかれらの隣人であったから、ハリエットとJ・S・ミルは、おさななじみだったのである」（四四八頁）とある。しかし『ミル自伝』では「夫君の祖父なる人」が隣人であったとあり、その老紳士を「スコットランドの清教徒の立派な典型で、厳格厳正剛毅な人だったが子供にはやさしかった」と記している。
(26) 水田珠枝『女性解放思想の歩み』岩波新書、一九七三年、一六一頁。
(27) 大内兵衛・節子訳『女性の解放』解説、岩波文庫、一九五七年。
(28)『明治文化全集　婦人問題篇』のほか、最近では『世界女性学基礎文献集成』第一巻、ゆまに書房、二〇〇一年にも収録されている。

(29)『世界の大思想28ミル』。

(30)『郵便報知新聞』明治一一年六月一〇日。

(31) 杉原四郎『ミルとマルクス』(増訂版) ミネルヴァ書房、一九八五年(初版は一九五七年)二五四〜二五五頁。

(32) ミル本についての文献については杉原四郎「戦後のわが国におけるJ・S・ミル文献について」(上)(下)『関西大学経済論集』一九五四年、第三巻第四号、第四巻第二号参照。

(33)『女性の解放』解説、二〇九頁。

あとがき

深間内基の痕跡を追い求めて五年間、ようやく一書にまとめることができた。本書は史料不足から、情況証拠と推測が多く、厳しい研究者からは歴史書として認められないとお叱りを受けるかも知れない。しかし私はあえて推測の多用の危険を犯してでも基の生涯に迫りたかった。点しかない史料を線でつなぎ、その上に時代情況を構築して、その世界に自ずと基という人間が浮かび上がってくることを期待して、がまん強く作業した。表現不足や、将来訂正を必要とする誤りもあろうかと思う。

作業の過程で私自身、翻訳者・教育者・自由民権家としての基像とその歴史的役割について、再発見することができた。特にJ・S・ミル婦人論の初訳者として「男女同権」のことばと思想を日本に定着させたことの意味は大きい。そこに貫かれたものは啓蒙的思想であり、時代の情況に正面から立ち向かった基の真摯な生き様である。

今後新しい史料の発見や研究の深化によって、より正確な伝記、評論が生まれることを期待したい。

*　　*

さて今回は北は北海道から南は高知まで調査に訪れたが、多くの方に御協力いただき深く感謝している。

最後までお世話をかけた慶応義塾福沢研究センターの西澤直子さん、時間をさいて下さった仙台市博物館の船渡崇さん、また高知自由民権記念館の氏原さん、函館市史編さん室の紺野さん、ありがとうございました。

また宮城県図書館、仙台市民図書館、北海道立図書館の職員の皆さんにはていねいな対応をしていただきありがとうございました。ほかにも多くの地方図書館、大学図書館を利用させていただきました。

そして何よりも、どこの馬の骨とも知れぬ私にいろいろお話を聞かせて下さった深間内久子さん、本当にありがとうございました。

最後になりましたが、本書出版の希望を快く引受けて下さった日本経済評論社社長栗原哲也氏に感謝の意を表します。編集を担当して下さった新井由紀子さん、大変お世話になりました。

多くの人への感謝の気持ちでこの書を上梓できたことをとてもうれしく思っております。

二〇〇七年八月

鈴木しづ子

〔著者紹介〕

鈴木しづ子（すずき・しづこ）

1947年福島県生まれ

主要著書『明治天皇行幸と地方政治』（日本経済評論社、2002年）、『日本現代史の出発』（共著、青木書店、1978年）、『殖産興業と地域開発』（共著、柏書房、1994年）、『福島県女性史』（共著、福島県、1998年）

論文「士族授産の政治的側面について――国営安積開墾における久留米および高知士族入植の事情」（福島大学『行政社会論集』第8巻1号、1995年）、「福島県における国防婦人会の成立と展開」（福島大学『行政社会論集』第9巻1号、1996年）

『男女同権論』の男――深間内《ふかまうち》基《もとい》と自由民権の時代

2007年10月15日　第1刷発行　定価（本体3000円＋税）

著者　鈴木しづ子

発行者　栗原哲也

発行所　株式会社　日本経済評論社

〒101-0051　東京都千代田区神田神保町3-2
電話　03-3230-1661　FAX　03-3265-2993
E-mail:nikkeihy@js7.so-net.ne.jp
URL：http://www.nikkeihyo.co.jp/

装幀＊奥定泰之　印刷：藤原印刷／製本：山本製本所

乱丁落丁本はお取替えいたします。　Printed in Japan

ISBN978-4-8188-1959-7